COURS D'ÉTUDES

A L'USAGE DES ÉLÈVES

DE L'ENSEIGNEMENT SECONDAIRE SPÉCIAL

RÉDIGÉ CONFORMÉMENT AUX PROGRAMMES OFFICIELS

GÉOGRAPHIE COMMERCIALE

DES

CINQ PARTIES DU MONDE

(MOINS LA FRANCE)

PAR

M. H. PIGEONNEAU

DOCTEUR ÈS LETTRES, PROFESSEUR D'HISTOIRE AU LYCÉE LOUIS-LE-GRAND,
MEMBRE DE LA SOCIÉTÉ DE GÉOGRAPHIE.

Ouvrage approuvé par le Conseil supérieur de perfectionnement
de l'enseignement secondaire spécial

NOUVELLE ÉDITION
ENTIÈREMENT REVUE ET CORRIGÉE.

PARIS

LIBRAIRIE CLASSIQUE D'EUGÈNE BELIN

RUE DE VAUGIRARD, Nº 52

GÉOGRAPHIE COMMERCIALE

DES CINQ PARTIES DU MONDE

(MOINS LA FRANCE)

ENSEIGNEMENT SECONDAIRE SPÉCIAL

TROISIÈME ANNÉE

GÉOGRAPHIE COMMERCIALE

DES

CINQ PARTIES DU MONDE

(MOINS LA FRANCE)

PAR

M. H. PIGEONNEAU

PROFESSEUR D'HISTOIRE AU LYCÉE NATIONAL LOUIS-LE-GRAND
MEMBRE DE LA SOCIÉTÉ DE GÉOGRAPHIE

Ouvrage approuvé par le Conseil supérieur de perfectionnement
de l'enseignement secondaire spécial

CINQUIÈME ÉDITION CORRIGÉE

PARIS

LIBRAIRIE CLASSIQUE D'EUGÈNE BELIN

RUE DE VAUGIRARD, Nº 52.

1879

Tout exemplaire de cet ouvrage non revêtu de ma griffe
sera réputé contrefait.

GÉOGRAPHIE COMMERCIALE

DES

CINQ PARTIES DU MONDE

LA FRANCE

CONSIDÉRÉE DANS SES RELATIONS AVEC L'ÉTRANGER.

LIVRE I

Europe. Contrées limitrophes de la France.

INTRODUCTION

L'étude de la géographie commerciale universelle est le complément nécessaire de celle de la production et du commerce français. La France qui en a été le point de départ en restera le centre; car les nations étrangères nous intéressent surtout par leurs points de contact avec notre pays, par les débouchés qu'elles offrent à notre commerce; par les matières premières ou les objets de consommation que nous pouvons demander à leurs marchés.

Les contrées limitrophes de la France sont par leur situation géographique, par l'étendue de leurs relations avec notre pays, et par la place qu'elles occupent pour la plupart dans le tableau général du commerce de l'Europe, les premières qui doivent attirer notre attention.

Ce sont, d'après l'ordre d'importance, qui du reste est en général d'accord avec l'ordre géographique :

La **Grande-Bretagne,** séparée de la France par l'étroit canal de la Manche;

La **Belgique** et les **Pays-Bas:**

Le **Zollverein** (union douanière allemande), auquel se rattache, par sa position, l'empire d'**Autriche-Hongrie ;**

La Suisse ;

L'Italie ;

L'Espagne et le **Portugal** que leur situation et leurs intérêts intimement unis ne permettent pas de séparer.

CHAPITRE I (N° 1)

ROYAUME-UNI DE GRANDE-BRETAGNE ET D'IRLANDE.

PRODUCTION NATIONALE

Bornes. Population. Divisions politiques.— Le *Royaume-Uni de Grande-Bretagne et d'Irlande* est situé entre 50° et 60° lat. nord, 0° 30′ et 12° 45′ long. ouest. Il est borné au nord et à l'ouest par l'océan Atlantique, au sud par la Manche et le pas de Calais, à l'est par la mer du Nord.

Il comprend deux grandes îles : la *Grande-Bretagne* (Angleterre et Écosse) et l'*Irlande,* séparées par le canal du Nord, la mer d'Irlande, et le canal de Saint-Georges, et des groupes secondaires, au nord les îles *Orcades* et *Shetland,* à l'ouest les *Hébrides,* les îles *de Man* et d'*Anglesey,* dans la mer d'Irlande, au sud-ouest les îles *Sorlingues,* au sud l'île de *Wight* dans la Manche, et les îles de *Guernesey, Jersey* et *Aurigny* sur les côtes de France.

La superficie totale est d'environ 315,000 kil. carrés. La population dépasse 33 millions d'habitants, dont 24 pour l'Angleterre et le pays de Galles, 5 et demi pour l'Irlande et les petites îles, et 3 et demi pour l'Écosse. Le Royaume-Uni se divise politiquement en 117 comtés dont 52 pour l'Angleterre, 33 pour l'Écosse, et 32 pour l'Irlande.

La capitale est Londres sur la Tamise.

CAUSES DE LA PROSPÉRITÉ COMMERCIALE DE LA GRANDE-BRETAGNE.

La Grande-Bretagne n'est que le huitième des États de l'Europe par la superficie, le cinquième par la population : elle en est le premier par la richesse et par le commerce. Les principales causes physiques qui expliquent cette supériorité sont :

1° La position géographique et la configuration de la Grande-Bretagne.

2° Les richesses minérales qui ont favorisé le développement industriel ; mais il a fallu tirer parti de cette position, il a fallu exploiter ces richesses : l'Angleterre ne l'a fait que tardivement. Jusqu'au xive siècle, elle n'a pas d'industrie ; son seul commerce est l'exportation de la laine, et sa marine marchande est incapable de lutter contre celle des grandes villes italiennes, flamandes ou hanséatiques. C'est au milieu des guerres sanglantes contre la France, des troubles intérieurs du xve et du xvie siècles, que le génie anglais, trempé par ces longues épreuves, s'est dégagé lentement, et que toutes les forces intellectuelles et morales de la nation, surexcitées par la lutte même, se sont développées à la fois. Les mêmes causes qui ont donné à l'Angleterre Shakespeare et Bacon, ont créé ses premières grandes manufactures, et poussé vers l'Amérique et les Indes ses premiers navigateurs.

Position géographique. Située au nord-ouest du continent, l'Angleterre domine la mer du Nord sur une étendue de plus de 1,000 kil., elle observe l'entrée de la Baltique, elle commande la Manche et le pas de Calais, ce détroit anglo-français que la vapeur franchit en deux heures.

Jetée dans l'océan Atlantique comme un avant-poste de l'Europe, elle n'est séparée du continent de l'Amérique du Nord que par 800 lieues de mer et 9 jours de traversée. A 40 jours du cap Horn, à 35 du cap de Bonne-Espérance, elle peut disputer aux contrées les plus favorisées, l'Espagne et la France, le commerce de l'Amérique du Sud, celui de l'Afrique occidentale, celui des Indes, et de l'océan Pacifique par la route du Cap. La seule des grandes routes commerciales où elle puisse craindre une concurrence triomphante est celle de la Méditerranée et de l'isthme de Suez, vers l'Asie orientale et l'Océanie.

Configuration de la Grande-Bretagne. — La configuration des îles Britanniques n'est pas moins favorable au commerce que leur position. Baignées par des mers orageuses mais toujours navigables, creusées par des golfes profonds et de vastes estuaires, ceux de la Tamise, de l'Humber, du Forth, de la Clyde, de la Severn, elles présentent un développement total de plus de 10,000 kil. de côtes, un kil. par 21 kil. c. de superficie. Aucun point du territoire n'est éloigné de la mer de plus de 150 kil.

PRODUCTION AGRICOLE DE LA GRANDE-BRETAGNE.

Climat et nature du sol. — Aux avantages de sa situation géographique et de sa configuration, la Grande-Bretagne joint ceux d'une immense production qu'elle doit en partie à la nature, en partie à l'industrie de ses habitants. Située, moitié dans la zone tempérée, moitié dans la zone froide septentrionale, son climat est humide et brumeux, mais plus doux et plus égal que celui des pays continentaux placés sous les mêmes latitudes. La fertilité du sol est loin d'égaler celle de la France ou de la Belgique. Cependant le génie de l'homme a triomphé de la nature et a fait du sol anglais un des plus productifs du monde, parce qu'il est un des mieux cultivés.

Production agricole.—Les *céréales* produisent de 40 à 50 hectolitres par hectare; la *pomme de terre* remplace le froment en Irlande et en Écosse; l'*orge* et le *houblon* remplacent la vigne qui ne mûrit pas sous le ciel brumeux de la Grande-Bretagne; les *fruits* et les *légumes* abondent dans la région méridionale; les *cultures industrielles*, plantes oléagineuses, plantes textiles (*lin*), sont arrivées à un degré de perfection inconnu aux trois quarts de la France. Les *forêts* n'occupent plus qu'un espace insignifiant, un peu plus d'un million d'hectares.

Cependant de toutes les productions agricoles, une seule suffit à la consommation de la Grande-Bretagne, celle des *prairies artificielles* et *naturelles*, favorisée par l'humidité féconde du sol et du climat, et qui a créé en Angleterre ces admirables races de bestiaux que le continent tout entier lui envie et lui emprunte.

Depuis longtemps **l'élève du bétail** est une des sources de la prospérité agricole de la Grande-Bretagne : ses pâturages et ses prairies nourrissent (recensement de 1874) environ 10 millions de bêtes à cornes, 2,800,000 chevaux, et 35 millions de moutons qui fournissent en moyenne 45 millions de kil. de laines fines ou communes.

Les races de *Durham* pour les bœufs, celles d'*York* et de *Lincoln* pour les chevaux, celles d'*Essex*, de *New-Leicester*, de *Suffolk* pour la race porcine, et de *Dishley* pour les moutons, présentent les types les plus perfectionnés, et ceux que l'étranger a surtout cherché à imiter.

PRODUCTION INDUSTRIELLE

INDUSTRIES EXTRACTIVES

La richesse minérale de l'Angleterre, une des principales sources de sa propérité industrielle et commerciale, est sans rivale dans le monde.

Les **houillères** qui donnaient, en 1801, 13 millions de tonnes, en fournissent aujourd'hui 126 millions, représentant sur place une valeur de plus de 800 millions de francs, et dont 105 millions environ sont absorbés par la consommation britannique.

Les principaux bassins houillers sont ceux de *Glasgow* et d'*Edimbourg* en Écosse ; ceux du *Northumberland* (Newcastle), du *Yorkshire* (Leeds, Barnsley), du *Cumberland* (Whitehaven), du *Lancashire* (Liverpool, Manchester), du *Staffordshire*, et du *pays de Galles* (Glamorganshire, Cardiff, Swansea), en Angleterre.

Les **mines de fer**, qui en 1836 produisaient environ 3 millions de tonnes de minerai brut, en livrent aujourd'hui à l'industrie plus de 16 millions. Les principales exploitations sont celles du Cleveland, dans le *Yorkshire*, du comté de *Lincoln*, de l'*Écosse* et du *Pays de Galles*.

Les **mines de cuivre** fournissaient autrefois près des deux tiers du cuivre consommé dans les deux continents. Le pays de *Cornouailles*, le *Pays de Galles*, le *Devonshire*, l'île de *Man* et l'*Irlande* sont les principaux centres d'exploitation. On évalue la production moyenne des dix dernières années à 100,000 tonnes de minerai représentant 6,500 tonnes de cuivre métallique.

Les **mines d'étain** de *Cornouailles* et de *Devon* produisent annuellement de 12 à 15,000 tonnes ; cependant, comme celles de cuivre, ces mines commencent aujourd'hui à s'épuiser. Le *Pays de Galles,* le *Cumberland*, les comtés *de Derby* et d'*York*, l'*Écosse* et l'*Irlande* possèdent des **mines de plomb** argentifère qui produisent annuellement plus de 80,000 tonnes de minerai, d'une valeur totale de près de 30 millions.

Les mines de zinc, de manganèse, d'arsenic, sont moins importantes.

Les *marais salants* et les mines de *sel gemme*, dont les plus riches sont celle de *Northwich* (Chester) et de l'*Irlande* donnent lieu à une exportation de près d'un million de tonnes : le commerce en est entièrement libre.

Les granits d'*Ecosse* et de *Cornouailles*, les pierres de taille, les schistes écossais, le graphite du *Cumberland*, les ardoisières du *Westmoreland* et du *pays de Galles*, le kaolin de *Cornouailles*, les argiles de toute espèce, les tourbes et les marnes représentent une exploitation qu'on ne saurait évaluer à moins de 100 millions.

Le revenu minéral anglais, estimé en 1860 à 850 millions, dépasse aujourd'hui 1 milliard et demi, et la valeur des métaux extraits des différents minerais s'élève à 550 millions.

INDUSTRIE MANUFACTURIÈRE.

Les richesses agricoles et minérales de la Grande-Bretagne dont nous venons de présenter le tableau sont la première cause de sa supériorité industrielle. L'emploi des machines est la seconde : c'est aux machines et surtout à la vapeur que l'Angleterre doit cette puissance illimitée de production qui lui permet d'accepter sans crainte toutes les concurrences, qui centuple la somme du travail, et qui grandit sans cesse avec les besoins de la consommation. On a calculé qu'avant l'invention des premiers métiers mécaniques, en 1767, il aurait fallu 91 millions d'hommes pour produire la quantité de cotons filés et tissés que l'Angleterre livre au commerce en une seule année : et le nombre des ouvriers employés aujourd'hui par toutes les industries anglaises ne dépasse pas 17 millions !

1° INDUSTRIES TEXTILES.

Les industries textiles tiennent le premier rang en Angleterre.

1° Fils et tissus de coton. — L'industrie cotonnière de la Grande-Bretagne, qui consomme à elle seule plus de la moitié du coton produit dans le monde, date de la seconde partie du xviiie siècle. En 1760, on estimait à peine à 5 millions la valeur des étoffes de coton fabriquées en Angleterre : en 1875, on évaluait à 38 millions de broches de filature, à 385,000 métiers, et à 220,000 chevaux-vapeur l'outillage de l'industrie anglaise : à plus de 6 millions de quintaux métriques la quantité de coton brut consommé par les manufactures : enfin à 600,000 personnes au moins le nombre des travailleurs employés par l'industrie cotonnière. Les principaux centres de fabrication sont en Angleterre : **Manchester** (360,000 h.), dans le *Lancashire;* en Écosse, **Glasgow.** avec leur ceinture de villes vassales *Salford* (136,000 hab.), *Bolton, Oldham, Preston, Rochdale, Bury* (Manchester), *Renfrew, Paisley* et *Lanark* (Glasgow).

2° Fils et tissus de laine. — L'industrie de la laine est nationale en Angleterre : la moyenne de la consommation des manufactures anglaises, dans les dix dernières années, était de 160 millions de kilogrammes de laines brutes, et le nombre des broches de filature dépassait 6,500,000 en 1875.

Leeds (290,000 h.), pour la filature et les draps, **Bradford** (170,000 h.), pour les châles et les tissus mélangés, **Halifax**, pour les tapis et les étoffes d'ameublement, **Huddersfield**, pour les étoffes légères, *Norwich* et *Leicester* (Angleterre), pour les flanelles, *Perth* et *Glasgow* (Écosse), sont les grands centres de production.

3° Tissus de lin et de jute. — Le Royaume-Uni est sans rival pour la filature du lin et pour la fabrication des toiles de toute espèce : on ne saurait évaluer le nombre des broches à moins de 1,700,000.

Belfast, Dublin, Cork, en Irlande, *Dundee,* en Écosse, possèdent les manufactures les plus importantes.

Sans avoir la même supériorité, les soieries de *Manchester,* de *Londres,* de *Coventry,* de *Paisley* (Ecosse); les dentelles de *Nottingham,* les broderies d'*Irlande,* la lingerie de *Londres,* n'ont guère à redouter que la concurrence française.

2° INDUSTRIES MÉTALLURGIQUES.

Fontes, fers et aciers. — L'abondance du minerai et du combustible, la facilité des transports assurent à l'Angleterre une supériorité décisive sinon pour la qualité, du moins pour la masse de ses produits. Neuf cents hauts-fourneaux y produisent annuellement 8 à 9 millions de tonnes de fonte. Les principaux groupes métallurgiques sont :

1° *Pour les* **Hauts-fourneaux et les Forges,** le *Pays de Galles,* où l'immense agglomération d'usines, qui porte le nom de *Merthyr-Tydwill,* compte aujourd'hui plus de 53,000 habitants ; le *Yorkshire,* qui met en œuvre les minerais du Cleveland, le *Staffordshire* avec les établissements gigantesques de *Wolverhampton;* la région de la *Clyde* et du *Forth*, en Écosse, avec les forges de *Glasgow*, de *Carron*, etc., et les hauts-fourneaux, qui produisent annuellement plus d'un million de tonnes.

2°.*Pour les* **aciers,** Sheffield et Barnsley, dans le *Yorkshire.*

3° *Pour les* **ouvrages en fer et en acier** et les industries mécaniques, *Birmingham,* avec sa population de 370,000 h. et ses immenses manufactures d'armes, de machines, de quincaillerie, dont les produits peuvent s'écouler, par les canaux et les chemins de fer, vers tous les ports du Royaume-Uni :

Sheffield (270,000 h.), la première fabrique et le premier marché de coutellerie du monde entier :

Presque tous les grands centres industriels pour la fabrication des machines à vapeur, des métiers mécaniques et de l'outillage des filatures.

3° AUTRES INDUSTRIES.

Parmi les autres industries anglaises qui rivalisent avec celles du continent, on doit citer :

1° Dans la catégorie des industries du **vêtement** et de **la toilette** : la *chapellerie* de Londres et de Manchester; la *ganterie* de Londres et d'Oxford, la *cordonnerie* de Northampton.

2° Parmi les industries du **bâtiment et du mobilier,** la *verrerie* de Newcastle et de Birmingham, les *glaces* de *Saint-Helens;* la *porcelaine* tendre de *Worcester;* et surtout la **poterie** du *Staffordshire.* Les manufactures de *Stoke-sur-Trent* (135,000 h.), de Longport, etc., emploient plus de 80,000 ouvriers, et livrent annuellement au commerce pour une valeur de 100 millions de poteries communes ou de faïences fines. Newcastle, Bristol, Glasgow, suivent de loin le Staffordshire.

3° Parmi les industries **alimentaires,** les *salaisons,* (jambons) d'*York,* les *conserves* de poisson, de viande, de légumes, de lait, les *beurres salés* d'Irlande (Cork), les *fromages* de Chester, les *distilleries* d'alcool (whiskey) et les *brasseries*, répandues dans tous les grands centres de population, les raffineries de sucre de cannes, de Londres, de Liverpool, de Bristol, suffisent à la consommation intérieure et à une exportation considérable.

4° Parmi les **industries chimiques**, les *huileries* et les *savonneries* de Liverpool, les *produits chimiques* de Glasgow, de Newcastle, de Birmingham, soutiennent sans fléchir la concurrence de l'Allemagne et de la France.

5° Parmi les **industries du transport**, la *carrosserie* et la *sellerie* de Londres, la fabrication des wagons et des machines à vapeur à Birmingham, à Wolverhampton, etc., n'ont pas de rivales sur le continent.

Les chantiers de **constructions maritimes** de *Greenock, Glasgow, Liverpool, Newcastle, Sunderland, Londres, Waterford, Cork*, ont pour débouché non-seulement la Grande-Bretagne, mais tous les pays civilisés, et la moyenne annuelle des bâtiments qui en sortent est d'environ 1,000 navires, dont 500 à vapeur, et de plus de 500,000 tonneaux.

6° Enfin Londres, Sheffield, Birmingham, fabriquent pour le monde entier les instruments de marine, d'optique et de précision.

La **papeterie** (Maidstone), la **librairie** et l'**imprimerie** (Londres, Glasgow, Édimbourg) doivent à la multiplicité des publications périodiques ou autres une prodigieuse activité. On évalue à plus de 180,000 tonnes par an le poids du papier fabriqué dans le Royaume-Uni.

Tel est dans ses principaux traits le tableau de cette industrie britannique, qui a devancé toutes les autres, qui a osé la première accepter la libre concurrence de l'étranger, qui ne regarde un progrès que comme un pas vers un autre progrès, et qui, en substituant la machine aux bras de l'ouvrier, en multipliant à l'infini la division du travail, a atteint l'extrême limite de la production rapide et à bon marché : mais cette

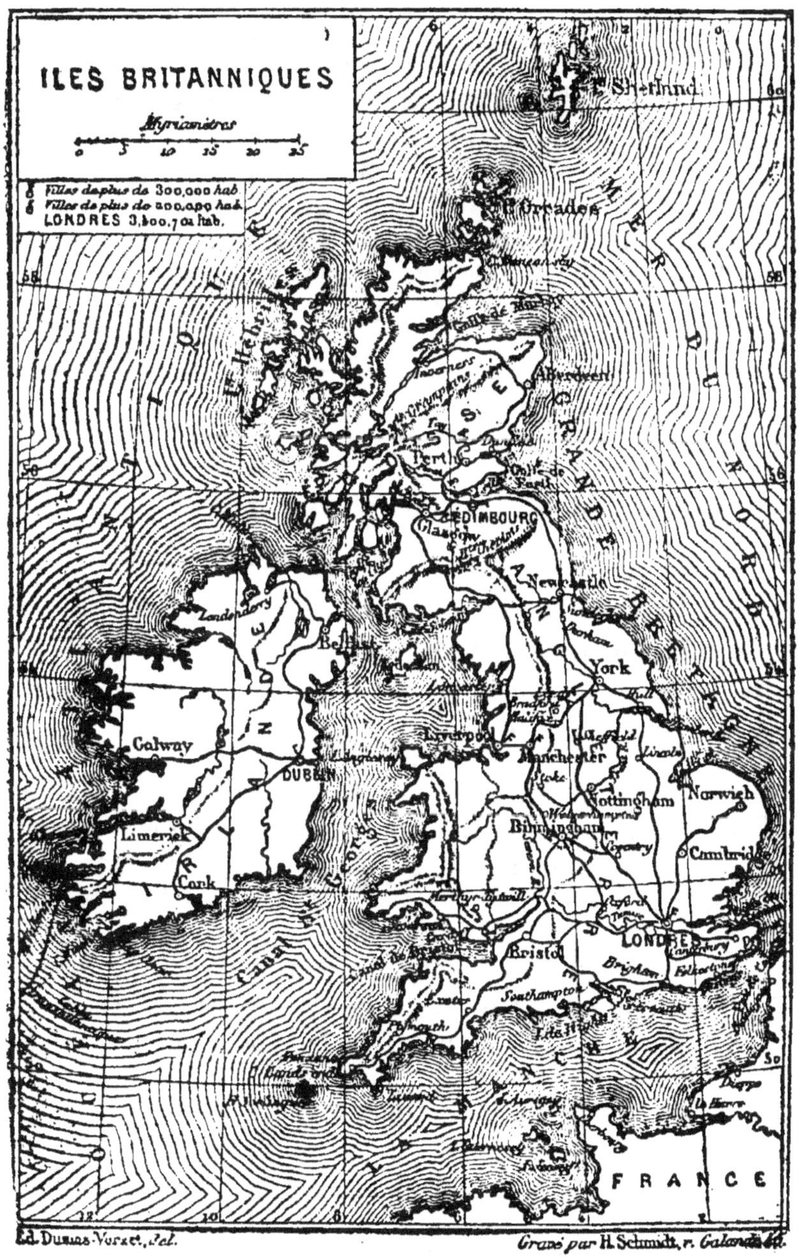
ILES BRITANNIQUES
Myriamètres
0　5　10　15　20　25
Villes de plus de 300,000 hab.
Villes de plus de 200,000 hab.
LONDRES 3,800,7 ou hab.
Sherland
Orcades
MER DU NORD
Aberdeen
Perth
EDIMBOURG
Glasgow
Newcastle
York
Londonderry
Belfast
Galway
DUBLIN
Liverpool
Manchester
Limerick
Nottingham
Norwich
Birmingham
Cambridge
Cork
Bristol
LONDRES
Southampton
FRANCE
Le Havre
Carte I.

Ed. Dumas-Vorzet, del.　　　Gravé par H. Schmidt, r. Galande 61.

prospérité même soulève de redoutables problèmes, la misère grandit avec la richesse, les populations entassées dans les villes s'étiolent et se démoralisent, l'ouvrier réclame une augmentation de salaire et une diminution des heures de travail, des associations puissantes (*trade's unions*) stimulent et soutiennent les grèves et les coalitions. L'Angleterre n'expiera-t-elle pas sa suprématie industrielle comme la France a expié ses prétentions à la suprématie politique et militaire?

CHAPITRE II (N° 2)

COMMUNICATIONS EXTÉRIEURES

COMMUNICATIONS AVEC LA FRANCE.

Les îles Britanniques sont en communication avec tous les points du globe par de grandes lignes de navigation maritime, qui ont pour point de départ et d'arrivée les principaux ports du Royaume-Uni.

Nous ne saurions indiquer en détail les communications de la Grande-Bretagne avec les ports français.

L'intercourse entre les deux pays représente un mouvement de 27,000 navires et de plus 4,700,000 tonneaux, dont plus de 3 millions et demi couverts par le pavillon anglais et 900,000 sous pavillon français. Tous les ports de quelque importance, dans les deux pays, prennent part à ce mouvement; 23 lignes régulières de navigation à vapeur rattachent nos ports de la Manche, de l'Océan et la Méditerranée à ceux de la Grande-Bretagne, et mettent Paris à 12 heures de Londres, le Havre à 24 heures de Liverpool.

Les ports anglais peuvent se diviser, au point de vue de leurs relations et de la nature de leur commerce, en trois groupes : *ports de grande navigation* à vapeur et à voiles; *ports charbonniers; ports de communication spéciale avec la France et de cabotage.*

Quatre ports de la Grande-Bretagne entretiennent avec presque tous les points du globe des communications régulières, par des lignes de paquebots qui sillonnent les mers dans toutes les directions, et dont le réseau s'agrandit à mesure que de nouveaux débouchés s'ouvrent au commerce européen : ce sont Londres, Liverpool, Southampton et Glasgow.

Londres, capitale du Royaume-Uni (3,450,000 h.), est située sur la Tamise, à 73 kil. de la mer du Nord.

Ses puissantes compagnies de navigation à vapeur embrassent dans leur immense réseau tous les ports et toutes les mers, et emploient plus de 680 navires, d'une force totale de 85,000 chevaux-vapeur, et d'un tonnage qui dépasse 270,000 tonnes.

Si l'on ajoute à leur mouvement régulier, l'intercourse avec les possessions britanniques, la France, les États Scandinaves, la Hollande, la Russie, l'Allemagne, les États-Unis, et la navigation côtière (1), on atteint pour l'ensemble de la navigation (navires chargés et sur lest) le chiffre de 23,000 navires, et de 6,900,000 tonneaux, à l'entrée, de 19,000 navires et 4,700,000 tonneaux à la sortie (total 11,600,000 tonneaux).

Centre des chemins de fer, des lignes télégraphiques, Londres est le principal entrepôt et le plus grand marché de l'Angleterre pour les cafés, les sucres, les thés, les épices, le tabac, les vins et spiritueux, les céréales, les graisses, la laine, la soie, les peaux, le pétrole, etc..., elle reçoit les deux tiers des produits manufacturés de l'étranger, et la presque totalité des métaux précieux dont le mouvement (importation et exportation) s'élève à plus d'un milliard 400 millions.

Une partie de ces marchandises sont réexportées à l'étranger, avec les produits de l'industrie britannique dont Londres est le plus vaste débouché : toutes ces

(1) Les bâtiments qui font le cabotage ne sont enregistrés dans les ports anglais, soit à l'entrée, soit à la sortie, que quand ils ont un chargement. De là les différences entre l'entrée et la sortie, la plupart des caboteurs sortant sur lest.

richesses sont entassées dans des docks gigantesques, ceux des Indes Orientales et Occidentales, de Londres, de Sainte-Catherine, docks Victoria, docks commerciaux, etc.., qui couvrent une superficie de 600 hectares.

Liverpool, sur la Mersey (5,000 habitants en 1700, 520,000 en 1876), est le second port du Royaume-Uni.

Favorisé par un admirable système de canaux et de chemins de fer, débouché du comté de Lancastre, et de l'industrie de Manchester, Liverpool est en communication régulière avec tous les ports du globe; mais surtout avec l'Amérique, les Indes et l'Australie.

Le mouvement général de la navigation de Liverpool était en 1800 de 450,000 tonneaux, il atteignait en 1874, 11 millions et demi de tonneaux portés par 26,000 navires (8,600,000 t. pour le commerce extérieur).

Liverpool reçoit et exporte toute espèce de marchandises, mais son marché est sans rival pour les cotons, les céréales, les bois précieux, et ne le cède qu'à Londres pour les sucres, les denrées coloniales, les tabacs, les laines, les peaux brutes, etc.

Sa flotte marchande comptait en 1873, outre les navires à voiles, 420 navires à vapeur jaugeant 240,000 tonneaux.

Southampton (60,000 h.) est situé sur la Manche, à l'embouchure du Test : c'est un port de transit, une sorte de déversoir par où s'écoule le trop-plein du commerce maritime de Londres. Sa position favorable dans la partie la plus large de la Manche, l'a désigné comme le point de départ des lignes postales de l'Amérique du Sud, de l'Orient et de l'Australie (mouvement de 1 million 430,000 tonneaux pour la grande navigation).

Glasgow, sur la Clyde et le canal du Forth (535,000 hab.), avec ses avant-ports, Port-Glasgow et Greenock, est en communication régulière avec les États-Unis par New-York, la Nouvelle-Bretagne par Halifax, le Brésil et les États de la Plata, par Rio-Janeiro et Buenos-Ayres, la *France* par le *Havre, Saint-Nazaire,* et *Bordeaux.* Le mouvement de son port atteint presque 3 millions de tonneaux.

Les autres ports les plus fréquentés sont, dans le versant de l'Atlantique.

Bristol, sur l'Avon (200,000 h.), près de l'embouchure de cette rivière dans la Severn, en relations avec l'Espagne, le Portugal et les Antilles (mouvement de près de 1,600,000 tonneaux).

En Irlande, *Limerick* sur le Shannon; *Cork,* au sud de l'île (80,000 h.), le premier marché de l'Europe pour le beurre et les viandes salées; *Dublin,* sur la mer d'Irlande, à l'embouchure du Liffey, capitale de l'Irlande (315,000 h.), rattachée par des services réguliers aux principaux ports du Royaume-Uni, au Havre et à Bordeaux; *Belfast* (175,000 h.), sur le canal du Nord (mer d'Irlande), principal débouché du commerce de l'Irlande avec la Grande-Bretagne.

Dans le versant de la Manche.

Plymouth (70,000 h.), le second port de guerre de la Grande-Bretagne, et le point de départ d'une ligne régulière qui communique avec le Cap et Maurice par Sainte-Hélène, en 39 jours.

Dans le versant de la mer du Nord.

Hull, à l'embouchure de l'Humber (130,000 h.), centre des relations avec le Nord de l'Europe (mouvement de près de 3 millions de tonneaux).

Newcastle, sur la Tyne, à 16 kil. de la mer (137,000 h.), l'un des entrepôts les plus considérables de la Grande-Bretagne pour les marchandises tirées de l'Europe septentrionale, le débouché de l'industrie et des mines du Northumberland (mouvement de 5,900,000 tonneaux).

Leith, sur le Forth, faubourg et port d'Édimbourg.

Dundee, sur le Tay (120,000 h.), et *Aberdeen,* sur la Dee (90,000 h.), en relations avec le Nord de l'Europe.

PORTS CHARBONNIERS.

Les ports charbonniers appartiennent tous au versant de l'Atlantique ou à celui de la mer du Nord.

Les plus septentrionaux sont *Ayr,* sur le golfe de la

Clyde (Écosse), et *White-Haven*, sur la mer d'Irlande, débouché des houillères du Cumberland.

Le Pays de Galles exporte ses houilles par *Llanelly*, *Swansea*, *Cardiff* (mouvement de 3,700,000 tonneaux) et *Newport*, situés sur le canal de Bristol.

Sur la mer du Nord, les ports du Northumberland, *Blyth*, *Seaham*, *Hartlepool*, *Stockton* partagent le commerce de la houille avec Newcastle et *Sunderland* (100,000 h.), l'un des ports les plus actifs (mouvement de 2,900,000 tonneaux), et le premier chantier de construction de l'Angleterre.

PORTS DE COMMUNICATION SPÉCIALE AVEC LA FRANCE ET DE CABOTAGE.

Outre les lignes régulières de Dunkerque, de Calais, de Boulogne, du Havre et de Bordeaux à *Londres*, de Bordeaux et du Havre à *Liverpool*, du Havre et de Saint-Malo à *Southampton*; du Havre, de Bordeaux et de Saint-Nazaire à *Glasgow*, par Dublin; de Bordeaux à *Bristol*, de Saint-Malo à *Plymouth* par Jersey, de Dunkerque et du Havre à *Hull* et à *Leith*, un grand nombre de ports anglais de la Manche doivent leur importance à leurs communications avec les ports français.

Les principaux sont : *Douvres*, *Folkestone*, *New-Haven*, *Brighton*, *Littlehampton*, *Saint-Hélier* dans l'île de Jersey, en relations journalières avec Calais, Boulogne, Dieppe, le Havre, Honfleur, Granville et Saint-Malo par des lignes de vapeurs anglais.

D'autres ports, tels que *Portsmouth*, le premier port militaire de l'Angleterre (120,000 h.), *Falmouth*, *Poole*, sur les côtes de la Manche, *Harwich*, *Yarmouth* en Angleterre et *Inverness*, en Écosse, sur la mer du Nord, *Londonderry*, *Galway*, *Waterford*, *Wexford*, en Irlande, sans être desservis par des lignes spéciales, sont visités par de nombreux navires anglais et étrangers.

Mouvement de la navigation. Effectif maritime. — En résumé, le mouvement total de la grande navigation dans tous les ports du Royaume-Uni, s'élevait en

1874 à 106,000 navires chargés jaugeant près de 39 millions de tonneaux, dont 60 pour 100 sous pavillon anglais. La navigation à vapeur entre pour plus de moitié dans le chiffre total du tonnage. Le nombre des navires sur lest s'élevait à 22,000 jaugeant 6,500,000 tonneaux. Le mouvement du cabotage était de 181,500 bâtiments (entrées seulement) chargés jaugeant 22 millions de tonneaux.

L'effectif maritime du Royaume-Uni était en 1874 de 21,464 navires à voiles, jaugeant 4,108,000 tonneaux et de 4,033 vapeurs jaugeant 1,871,000 tonneaux. En 1866 on ne comptait que 2,401 vapeurs jaugeant 676,247 tonneaux.

NAVIGATION INTÉRIEURE, FLEUVES ET CANAUX

La configuration de la Grande-Bretagne, longue et étroite, la direction de la chaîne de partage des eaux, qui la coupe du sud au nord, ne lui permettent point d'avoir de grands fleuves : mais le nombre de ses cours d'eau, la largeur et la profondeur de leur lit, leur admirable distribution compensent leur peu d'étendue.

Les plus importants, pour la navigation intérieure sont :

1° **Dans le versant de la mer du Nord.**

Le *Forth* (Leith), en Ecosse.

L'*Humber*, formé par la réunion du Trent et de l'Ouse, espèce de bras de mer large de 1,600 mètres à la jonction de ses deux principaux affluents (Hull).

La *Tamise* (Londres), navigable pendant 260 kil. sur 320 et large de 10 kil. à son embouchure.

2° **Dans le versant de l'océan Atlantique,** *et de la mer d'Irlande.*

La *Severn* (Bristol, etc...), navigable pendant 230 kil. et qui forme ce golfe large et profond qui a reçu le nom de canal de Bristol.

La *Mersey* (Liverpool), qui se jette dans la mer d'Irlande après un cours de 100 kilomètres.

La Clyde (Glasgow) rendue navigable à force de travaux jusqu'au-dessus de Glasgow et longue de 128 kil.

La navigation intérieure de la Grande-Bretagne est complétée par le système de canaux le plus parfait et le plus développé qui existe en Europe. La Grande-Bretagne n'a pas de chaînes de montagnes considérables, sauf les monts Grampians en Écosse et les montagnes du pays de Galles, mais le sol accidenté présente des ondulations assez importantes pour rendre difficile et surtout coûteuse la construction des canaux.

Cependant le développement du réseau britannique est aujourd'hui de 4,800 kilomètres : 21 canaux franchissent la ligne de partage des eaux, entre la Tamise et la Severn, l'Humber et la Mersey, la Clyde et le Forth, la mer du Nord et l'Atlantique, et, malgré l'activité des chemins de fer, les canaux entrent encore pour une part considérable dans la circulation du Royaume-Uni, et surtout dans le transport des houilles, des sels et des matériaux de construction. En Angleterre seulement on a calculé que sur une partie du réseau qui ne comprend guère que 3,400 kilomètres, le transport des marchandises s'élevait, année moyenne, à 23,300,000 tonnes.

ROUTES DE TERRE. CHEMINS DE FER. LIGNES TÉLÉGRAPHIQUES

Routes. — A une époque où les routes de terre et le cabotage étaient les seules voies de communication pour le commerce intérieur, le Royaume-Uni avait créé un système de grandes routes que la France pouvait seule égaler en Europe : ce réseau dépasse aujourd'hui 50,000 kilomètres, mais il a perdu presque toute son importance commerciale depuis le développement des chemins de fer.

Chemins de fer. — L'exploitation sérieuse des chemins de fer n'a commencé dans la Grande-Bretagne qu'en 1830 : dix ans plus tard, elle n'avait encore que 3,300 k. livrés à la circulation : aujourd'hui l'étendue des lignes exploitées est de 27,000 kilomètres, celle des lignes concédées de 6,000 : en 1864, elles avaient transporté 229 millions de voyageurs et plus de 130 millions de tonnes de marchandises; ce mouvement a presque doublé (422,000 voyageurs et 180,000 tonnes de marchandises en 1872 pour 25,000 kilomètres), et pas une ville, pas une usine, pas une exploitation minérale de quelque importance ne reste en dehors de cet immense réseau.

Lignes télégraphiques. — Tous les points du territoire britannique sont en communication par des lignes télégraphiques, dont plusieurs sous-marines. Le câble électrique sous-marin de Douvres à Calais, rattache la Grande-Bretagne à tout le continent, depuis 1852. D'autres lignes télégraphiques internationales fonctionnent aujourd'hui entre Folkestone et Boulogne, Dieppe et Beachy-Head; Cherbourg et Southampton par Jersey et les îles Anglo-Normandes.

Londres communique avec la Belgique, par Ostende;

Les Pays-Bas, par la Haye;

L'Allemagne, le Danemark et la Scandinavie par des lignes directes;

Enfin avec les Etats-Unis par les câbles transatlantiques, et directement avec les Indes par le câble de la Méditerranée et de l'océan Indien.

COMMERCE DE LA GRANDE-BRETAGNE

Nous n'avons pas à nous occuper ici du commerce intérieur de l'Angleterre : il est du reste très-facile de s'en faire une idée par l'activité de la production, la variété des moyens de transport, le chiffre élevé du revenu public, qui dépasse 66 francs par tête d'habitant en Angleterre et en Écosse, 28 francs en Irlande, et dans lequel les douanes, les postes, le timbre, l'impôt sur les voyageurs des chemins de fer, les droits sur les patentes, le sucre, le malt et les spiritueux figurent pour la somme énorme de 1,800 millions.

Le *commerce extérieur* de la Grande-Bretagne n'a pas

de rival dans le monde. La valeur annuelle de ses échanges pendant la dernière période quinquennale est en moyenne de plus de 15 milliards.

Le tableau suivant donnera une idée du mouvement de ces échanges pour les chiffres supérieurs à 500 millions.

	IMPORTATIONS en Angleterre. (Valeur moyenne, 1871-1875.)	EXPORTATIONS (1871-1875)	TOTAL de la valeur moyenne actuelle.	MOYENNE de 1855 à 1860.
	Millions	Millions	Millions	Millions
Colonies britanniques.	2,000	1,800	3,800	2,170
Etats-Unis.	1,820	825	2,645	1,345
France.	1,150	500	1,650	600
Zollverein.	475	650	1,125	760
Turquie et Egypte.	500	325	825	449
Hollande et colonies.	375	400	775	403
Russie.	500	230	730	460
Belgique.	375	175	550	»
Chine et Japon.	355	175	530	400
Espagne et colonies.	355	150	505	»

IMPORTATIONS

L'importation, dont la valeur déclarée est toujours supérieure à celle de l'exportation, s'élève en moyenne dans les cinq dernières années à neuf milliards ou 360 millions de livres sterling par an : elle n'était, en 1854, que de 3 milliards 800 millions. Les principaux objets de l'importation sont : parmi les matières premières, *les cotons* fournis par les États-Unis, les Indes, le Brésil, l'Égypte.

Les laines provenant d'Espagne, d'Allemagne, de Russie, des colonies anglaises d'Afrique et d'Australie, et de l'Amérique du Sud.

Les lins, les chanvres, de Belgique, de Russie, de Prusse, le *jute* des Indes, les *soies gréges* de la Chine, du Japon, du Levant et d'Italie.

Malgré la richesse de ses mines, l'Angleterre dont la dévorante industrie dépasse la production, demande à la

Suède et à la Russie, leurs fers ; à la Malaisie, ses étains ;
à l'Espagne, à l'Australie, au Chili, leurs cuivres ; à
l'Allemagne et à l'Espagne, leurs minerais de plomb ; à
la Belgique et à la Prusse, leur zinc, qu'elle reçoit par
Hull, Newcastle, Londres, Swansea, Liverpool et Bristol.

Les États-Unis, le Mexique, le Pérou, la Russie envoient
à Londres pour plus de 200 millions d'argent, la Californie et l'Australie pour plus de 500 millions d'or, que
la banque d'Angleterre revend au monde entier.

Les *matières tinctoriales,* indigo du Bengale, cochenille
et bois de teinture du Honduras et du Brésil ; les *graisses*
de Russie et de l'Amérique du Sud, les *engrais* et le
guano des mers du Sud, se négocient surtout à Londres,
qui partage avec Hull le commerce des *bois de construction,* avec Liverpool celui des bois *précieux,* des *peaux* de
Russie et d'Amérique, des *huiles* végétales ou minérales
et surtout du pétrole des États-Unis.

Parmi les denrées alimentaires, les plus importantes sont : les *céréales* de Russie, des États-Unis,
des provinces du Danube, de France et d'Égypte : les
vins de France, d'Espagne, de Portugal et des Deux-
Siciles (80 millions de litres) : les *sucres* des Antilles
anglaises, de l'Inde, de Cuba, du Brésil et de Java :
les *cafés* fournis pour les deux tiers par les colonies
anglaises (70 millions de kilog.) : les *thés* de Chine et de
l'Inde (80 millions de kilog.) : les *tabacs,* les *cacaos,* les
épices, etc.

Parmi les produits manufacturés, les soieries,
les lainages, les étoffes imprimées, la mercerie, les articles de modes, la ganterie, les bronzes, les porcelaines
de France, les toiles et les dentelles de Belgique, les
tissus de Suisse et du Zollverein, les châles de l'Inde
trouvent en Angleterre, malgré la prodigieuse activité de
l'industrie nationale, de nombreux débouchés.

EXPORTATIONS

La valeur totale de l'exportation était en 1875 de

5,621,000 fr. contre 6,445,000 en 1872, 4,146,000 en 1865, et 2 milliards 930 millions en 1855. Trois articles forment à eux seuls les deux tiers de l'exportation des produits du sol ou de l'industrie nationale.

1° Les *tissus et fils de coton*, pour près de deux milliards.

Les *tissus et fils de laine*, pour 1,200 à 1,300 millions.

Les *tissus et fils de lin* et de *jute*, 250 millions.

2° Les *fers*, la fonte et l'acier, 750 millions.

La quincaillerie et la coutellerie, 110 millions.

3° La *houille*, 200 à 300 millions.

Les cuivres, le plomb et l'étain, la poterie, la verrerie, la bière, les peaux ouvrées, etc... en forment le complément.

TRANSIT ET RÉEXPORTATION.

La Grande-Bretagne n'exporte pas seulement les matières premières tirées de son sol ou mises en œuvre par son industrie, elle est encore le plus vaste entrepôt de l'Europe, le canal par où se déversent sur toute la surface du globe, les denrées ou matières premières qu'elle tire des lieux de production, et qu'elle revend au consommateur moins hardi, ou moins favorisé par sa position géographique.

La valeur des marchandises réexportées dépasse en moyenne (1871-75) 1,600 millions. Les principales sont les *cotons*, la *laine*, le *lin*, les *soies*, les *denrées coloniales*, les *céréales*, le *tabac* et les *produits manufacturés*, surtout les soieries et les articles de modes français.

Les bénéfices réalisés sur ces opérations, et sur lesquels les tableaux officiels des douanes gardent nécessairement le silence, rétablissent l'équilibre entre le chiffre des exportations et celui des importations, et sont à la fois la récompense et l'un des plus puissants mobiles de l'activité du commerce anglais.

COMMERCE DE LA GRANDE-BRETAGNE
AVEC LA FRANCE

Dans cet immense trafic, nous n'avons indiqué que par un chiffre général la part de la France.

1° Parmi les marchandises que nous tirons d'Angleterre pour la consommation nationale, figurent au premier rang les *soies* (800,000 à 1,200,000 kilog.); les *cotons en laine* (16 à 18 millions de kilog.); les *laines* de toute sorte (35 millions de kilog.); les *fers*, les fontes et les aciers; les *cuivres;* les *houilles* (20 millions de quintaux); les *peaux brutes;* les *matières tinctoriales* et les *produits chimiques*.

Les seules *denrées alimentaires* que nous importions en quantités considérables, sont le café, le riz, les viandes fraîches ou salées, et quelquefois les céréales.

Parmi les *objets manufacturés*, les tissus de laine et de coton représentent une valeur moyenne de 50 millions : les machines, mécaniques, et ouvrages en métaux, une valeur de 17 millions; et le chiffre total de nos importations pour les articles fabriqués ne dépasse pas 140 à 160 millions.

2° A l'exportation ce sont au contraire les *produits de notre industrie* qui représentent les valeurs les plus considérables : les tissus de soie (1,646,000 kilog.), de laine, de coton figurent seuls pour 260 millions de francs; les articles de modes pour 20 millions; la mercerie, pour 30 millions; les ouvrages en peau et en cuir, pour 40 à 50; les peaux préparées, pour 20 à 25.

Les *denrées alimentaires* viennent au second rang; les vins, les spiritueux pour une valeur de 80 millions, qui ne peut que s'accroître à mesure que l'Angleterre s'habituera aux vins français, et que notre commerce comprendra mieux ses véritables intérêts trop souvent compromis par la fraude.

Les œufs et le beurre, pour une valeur de 100 millions; les fruits de toute espèce pour 25 millions; les sucres bruts ou raffinés, pour 100 millions.

Parmi *les matières premières*, les soies, les résines et les bois sont les seules dont le commerce ait assez d'importance pour mériter une mention.

Dans le tableau qui précède ne sont pas compris les métaux précieux en lingots, ou monnayés. C'est de l'Angleterre que nous recevons presque tout l'or brut nécessaire à la consommation française.

CHAPITRE III (N° 3)

INSTITUTIONS COMMERCIALES

Caractère national. — Marin par nécessité, l'Anglais doit à ses instincts voyageurs l'habitude des aventures lointaines et périlleuses. Il ne redoute pas l'émigration comme nos populations plus sédentaires et plus attachées au sol où la vie est plus douce et plus facile. Chaque année l'esprit d'aventures, et il faut bien le dire aussi, la misère entraîne près de deux cent mille Anglais ou Irlandais aux États-Unis, en Australie, dans la Nouvelle-Zélande, dans la Nouvelle-Bretagne ; partout où il y a un sol à défricher et une fortune à conquérir. Mais c'est surtout à ses fortes traditions de famille, aujourd'hui ébranlées, que le peuple anglais a dû ce génie colonisateur qui a fait la grandeur de sa patrie.

L'organisation même de la société anglaise et les institutions politiques qui en sont la conséquence ont puissamment contribué à développer l'esprit commercial de la nation.

La société anglaise est aristocratique, et l'aristocratie favorise la grande culture, la grande industrie et le grand commerce par la concentration des capitaux et des terres dans un petit nombre de mains.

D'autre part, l'habitude des luttes politiques, les institutions qui laissent à l'individu une large part d'initiative et de liberté, ont développé en Angleterre l'esprit d'association et le sentiment de la responsabilité personnelle, conséquence nécessaire de la liberté. L'Anglais qui sait qu'il ne sera ni entravé ni protégé par l'Etat dans ses entreprises particulières, ne compte que sur ses propres forces, et n'attribue qu'à lui-même, la responsabilité de ses échecs et le mérite de ses succès.

Grandes compagnies. — L'esprit d'association se manifesta d'abord en Angleterre comme dans presque tous les pays commerçants, par la formation de compagnies privilégiées, dont la plus célèbre et la plus ancienne, la *Compagnie des Indes,* formée en 1600 et abolie en 1859, a tenu sa place dans l'histoire à côté des plus grands empires.

Aujourd'hui, tout privilége est effacé, et les nombreuses sociétés de commerce qui existent en Angleterre ont un caractère purement privé.

Les principales compagnies en exercice sont : 1° **Les compagnies de transport.** Les chemins de fer, les canaux et les grandes lignes de navigation sont exploités par des compagnies dont quelques-unes seulement reçoivent une subvention de l'Etat.

Les compagnies de navigation les plus importantes sont : la *Compagnie péninsulaire et orientale* (Londres, Liverpool, Southampton), fondée en 1837, et qui dessert l'Espagne, la Méditerranée, l'océan Indien, l'Asie orientale et l'Australie.

Compagnie des Indes occidentales et de l'océan Pacifique (Liverpool), fondée en 1864, et qui dessert les Antilles, le golfe du Mexique et la côte occidentale de l'Amérique, depuis la Californie jusqu'au Chili.

Compagnie du Pacifique, qui dessert les ports de l'Amérique du Sud, de Pernambouc à Valparaiso et Callao par l'Atlantique et le détroit de Magellan (Liverpool).

Compagnie générale de navigation à vapeur, qui dessert la Belgique, la Hollande et Hambourg (Londres).

Compagnie nationale de navigation à vapeur (Londres, Liverpool), et *Compagnie Cunard* (Liverpool), qui desservent concurremment les lignes des Etats-Unis.

Compagnie d'Afrique (Liverpool).

Compagnie royale des Paquebots à vapeur des Indes occidentales, fondée en 1856, à Southampton, pour les Antilles, le Brésil et l'Amérique du Sud.

2° *Les principales* Compagnies télégraphiques sont la Compagnie internationale, la Compagnie transatlantique et celle du télégraphe indien.

3° **Compagnie d'assurances**. — Presque toutes ces compagnies, quelle que soit la nature de leurs opérations, ont leur siége ou des agences à Londres. On évaluait déjà, en 1860, à 64 milliards les valeurs assurées par les Compagnies d'assurance contre l'incendie ; à près de 7 milliards les sommes garanties par les *Compagnies d'assurance sur la vie*. Parmi les Compagnies d'assurances maritimes, les plus importantes, réunissant à elles seules la moitié des assurances du Royaume-Uni, ont leur siége à Londres.

Il faut mentionner en outre l'association du *Lloyd anglais,* fondée au xvii° siècle, et qui est à la fois une agence d'assurances et de renseignements maritimes, la plus étendue et la mieux organisée des institutions de ce genre.

INSTITUTIONS DE CRÉDIT.

Le plus important des établissements de crédit est la **Banque d'Angleterre**, fondée à Londres en 1694, et divisée en deux départements distincts, celui de l'émission des billets et celui des opérations de banque. L'acte de 1844, en même temps qu'il fixait la limite des émissions de la Banque à 14 millions sterling (plus la valeur de l'encaisse métallique), lui a accordé un demi-monopole en interdisant la fondation de toute nouvelle banque d'émission, et en limitant le maximum de circulation de chacune des banques existantes à la moyenne de sa circulation en avril 1844.

On évalue à 26 millions de livres sterling la valeur des billets mis en circulation par les banques du Royaume-Uni (650 millions).

Il existe à Londres un établissement qui n'a pas encore d'analogue en France, la *Maison de liquidation (Clearing-House)*, chargée de liquider par l'intermédiaire des banques les comptes des commerçants ou des autres particuliers. La masse des comptes qui aboutit au Clearing-House, ne représente pas annuellement moins de 80 millions de francs.

A côté des institutions de crédit proprement dites, se multiplient les *Caisses d'Epargne,* où les dépôts représentent une somme de plus d'un milliard et demi, les *Sociétés de secours mutuels* et les associations de toute espèce si largement favorisées par les habitudes et par le caractère national.

RÉGIME DOUANIER. TRAITÉS DE COMMERCE.

Régime douanier.— La liberté du commerce et de l'industrie est une conséquence logique de toutes les institutions de l'Angleterre ; aussi toutes les industries s'exercent-elles librement, sauf les restrictions exigées par la sûreté publique. En matière de douanes, nulle législation n'est plus libérale que celle de la Grande-Bretagne.

Aucun droit n'existe à l'exportation. A l'importation, toutes les matières premières sont exemptes, quelle que soit leur provenance. Les droits ne pèsent que sur certaines denrées alimentaires; la prohibition a complétement disparu, depuis 1846, du système douanier de l'Angleterre. Le thé, le tabac, le sucre, les spiritueux, les vins, le café, les raisins de Corinthe et les fruits produisent à eux seuls plus de 460 millions sur un revenu total de 475 millions environ.

Traités de commerce.— Les relations internationales entre la Grande-Bretagne et tous les peuples commerçants du monde sont réglées par des traités de commerce, qu'il serait trop long d'énumérer. Il en est un cependant que l'on ne peut passer sous silence, parce qu'il a inauguré en France la liberté du commerce et la suppression des prohibitions : c'est le traité anglo-français, signé le 23 janvier 1860, et remis en vigueur en 1873, et qui a plus que doublé en 15 ans les relations des deux puissances.

A l'extérieur, le commerce anglais est protégé par de nombreuses agences consulaires et par des stations navales répandues dans toutes les mers; et jamais peuple ne s'est montré plus jaloux des droits de ses citoyens, et plus disposé à venger toute atteinte portée à l'honneur de son pavillon, ou à ses intérêts commerciaux.

POIDS ET MESURES.

Le système métrique est facultatif en Angleterre. Les poids, mesures et monnaies en usage dans le commerce sont :

Mesure itinéraire.	Le mille = 1,609 mètres.
Mesure de longueur.	Le yard = 0^m,914.
Poids.	La livre = 453 gr. 544.
—	Le quintal = 50 kilogr. 796.
—	La tonne = 1,015 kilogr. 940.
Mesures de capacité.	Le gallon = 4 litres 5434.
—	La tonne marine = 1 mètre cube 132.
Monnaies.	La livre sterling ou souverain, monnaie de compte et monnaie réelle (or) = 25 francs.
—	La guinée (monnaie de compte) = 26 fr. 50 c.
— .	Le demi-souverain (or) = 12 fr. 50 c.
—	La couronne, argent = 6 fr. 25 c.
—	Le shilling, *id.* = 1 fr. 25 c.
—	Le penny, cuivre = 0 fr. 10 c.

EMPIRE COLONIAL ANGLAIS.

Dans chacune des parties du monde, la Grande-Bretagne possède au moins un grand centre colonial, rattaché à la métropole par une série de possessions secondaires qui marquent comme autant d'étapes anglaises sur toutes les routes commerciales du globe.

En Asie, c'est l'**Empire anglais des Indes** avec ses 200 millions d'habitants, d'où partent et où viennent aboutir 4 grandes routes de commerce.

1° *Route de l'Europe vers l'Asie méridionale et orientale par Suez.* Gibraltar et Malte à l'entrée du premier et du second bassin de la Méditerranée, Aden et Périm au débouché de la mer Rouge, observent ou commandent les stations les plus importantes de cette route.

2° *Route de la Chine et du Japon.* L'île de Ceylan, l'île de Singapour à l'entrée du détroit de Malacca, celle de Hong-Kong sur les côtes de Chine, sont les trois grandes étapes du commerce, et toutes trois sont des colonies anglaises.

3° *Route de l'Australie, de la Nouvelle-Zélande et des Iles Malaises.* Ceylan et Singapour en sont les relâches nécessaires.

4° *Route de l'Afrique orientale et australe.* Les îles Seychelles et l'île Maurice avec son excellent mouillage sont échelonnées comme des sentinelles anglaises sur cette quatrième route, autrefois le grand chemin du commerce entre l'Europe et les Indes.

En **Afrique**, le centre de la domination anglaise est la **Colonie du Cap**, autrefois la clef de la route des Indes, mais qui retrouvera dans ses richesses agricoles, dans son influence prépondérante sur toute l'Afrique australe, l'importance que lui enlève le percement de l'isthme de Suez.

Une chaîne de comptoirs et de possessions anglaises, Bonny, Cap-Corse, Sierra-Leone, Bathurst, échelonnés depuis la rivière de Gabon jusqu'au Sénégal, dominent la côte occidentale d'Afrique. Port-Natal occupe une partie de la côte orientale ; enfin l'Ascension et Sainte-Hélène assurent à l'Angleterre les deux seuls mouillages qui existent dans l'océan Atlantique sur la grande route de l'Europe au cap de Bonne-Espérance.

Dans l'Amérique du Nord, la **Nouvelle-Bretagne**

avec ses richesses minérales et agricoles, avec ses forêts et ses pêcheries (Terre-Neuve), avec son immense territoire qui s'étend de l'océan Atlantique au Grand-Océan, est le centre de la domination britannique.

Sur la route de l'isthme de Panama, qui sera pour l'océan Pacifique ce que celle de Suez est pour l'océan Indien, l'Angleterre possède les îles Bermudes, les îles Bahama, l'archipel presque entier des Petites-Antilles, Balise sur la côte de Honduras, et l'île de la Jamaïque.

Dans l'**Amérique du Sud**, la *Guyane* donne à l'Angleterre un poste d'observation sur le continent ; et les îles *Falkland* une relâche sur la route du cap Horn.

Enfin en **Océanie**, tout un continent, l'**Australie**, dont les annexes, la *Tasmanie*, la *Nouvelle-Zélande*, seraient à elles seules de riches possessions coloniales, s'ouvre au génie colonisateur du peuple anglais et fait déjà concurrence à l'Europe par ses laines, à l'Amérique par ses métaux précieux.

La superficie totale des possessions britanniques est de 20,500,000 kilomètres carrés ; la population coloniale de plus de 220 millions d'habitants ; le mouvement de la navigation dans les colonies dépasse 37 millions de tonneaux.

Libres dans leur commerce et dans leur gouvernement, sauf aux Indes, où le despotisme est nécessaire au maintien de la domination anglaise, ces colonies ne sont pas seulement des débouchés commerciaux, de riches pays de production, de vastes possessions territoriales ; ce sont surtout des centres d'influence britannique, ce sont les anneaux de cette chaîne gigantesque dont l'Angleterre a su entourer le globe ; et quel que soit leur avenir, qu'elles se séparent ou qu'elles restent dépendantes de la mère-patrie, celle-ci n'en conservera pas moins l'honneur et le profit d'avoir imposé à une partie du monde ses idées, sa civilisation et sa langue, qui est devenue celle du commerce.

CHAPITRE IV (N° 4)

ROYAUME DE BELGIQUE.

Bornes. Superficie. Population. — Le royaume de Belgique est situé entre 49° 30' et 51° 31' lat. N., 0° 12' et 3° 47' long. E.

Il est borné au nord-ouest et au nord par la mer du Nord, au nord-est par la Hollande, à l'est par la Prusse rhénane et le grand-duché de Luxembourg, au sud et au sud-ouest par la France.

Sa superficie est de 29,455 kilomètres carrés; sa population d'environ 5 millions et demi d'habitants.

Il se divise politiquement en 9 provinces et 41 arrondissements. La capitale est Bruxelles (365,000 habitants avec les communes limitrophes).

Situation commerciale. — Dès le xii° siècle, la Belgique était une des contrées les plus riches et les plus commerçantes de l'Europe. Les tisserands de Gand et de Bruges étaient une puissance avec laquelle comptaient les rois de France et d'Angleterre, et la Flandre jouait dans le nord de l'Europe un rôle égal à celui des grandes républiques d'Italie dans le Midi. La Belgique doit cette antique prospérité qu'elle a conservée à deux causes principales : sa situation géographique et la facilité de ses voies de communication.

Sa proximité de l'Angleterre en fait un des débouchés du commerce anglais avec le continent. Sa position intermédiaire, entre la France d'une part, les Pays-Bas et l'Allemagne du Nord de l'autre, lui assure un immense commerce de transit, et suffirait à expliquer son importance et sa prospérité commerciale.

Production agricole. — Le climat de la Belgique est tempéré, mais humide, comme la plupart des climats maritimes. Sur 2,945,500 hectares, les *céréales* occupent un million d'hectares, les *cultures industrielles*, le chanvre, le lin, la garance, le colza, le tabac, la betterave, le houblon, couvrent 250,000 hectares; les *forêts*, 500,000; les *jardins potagers*, 35,000; les *prairies* permanentes ou artificielles, plus de 600,000, qui nourrissent 1,300,000 bêtes à cornes, 580,000 moutons, et une race de chevaux de trait fort estimée (chevaux flamands).

Production minérale. — La richesse minérale de la Belgique n'a pas moins contribué à sa prospérité que sa richesse agricole.

La nature lui a donné en abondance la houille et le fer, ces deux puissants agents de la civilisation moderne.

Houille. — La production de la *houille* en Belgique est de 16 millions de tonnes, dont plus de 10 millions absorbés par la consommation intérieure. Les centres d'exploitation sont le *Hainaut* (Mons, Charleroi), la province de *Liége* et celle de *Namur*.

Fer. — *Charleroi*, *Liége* et *Namur* sont les principaux centres d'exploitation pour les *fers*, dont la production s'élève à plus de 700,000 tonnes de minerai lavé.

Zinc. — La Belgique occupe le second rang en Europe pour la production du *zinc* et vient après la Prusse : les usines exploitées dans la province de Liége par les sociétés de la Vieille et de la Nouvelle-Montagne, produisent annuellement plus de 60,000 tonnes de zinc, évaluées à 30 millions de francs.

Le cuivre, le plomb, le nickel, sont également l'objet d'une exploitation assez importante; enfin les marbres, les pierres écaussines (petit granit) du Hainaut et de la province de Namur, les ardoises du Hainaut et du Luxembourg, les argiles, la tourbe, donnent lieu à un commerce très-actif dont la France est le principal débouché.

Industries manufacturières. — La richesse agricole et minérale de la Belgique, la facilité de la circulation, le nombre et l'importance de ses débouchés, ont conservé à son industrie sa supériorité traditionnelle. Nous avons déjà dit que la richesse industrielle d'un pays était en raison du nombre et de la force de ses machines ; en 1860, la Belgique possédait déjà plus de 4,900 appareils à vapeur représentant une force de plus de 160,000 chevaux, ou le travail de 3,360,000 hommes de peine; plus de la moitié de la population du royaume ! En 1870, le nombre des machines s'élevait à 11,000, et celui des chevaux-vapeur à 346,000.

1° Industries textiles. — En 1874, la Belgique livrait à ses 750,000 broches près de 16 millions de kilog. de coton, et produisait pour une valeur de près de 80 millions de fils ou de tissus presque entièrement destinés à la consommation nationale. Le centre de la filature et de la fabrication belge est *Gand* (130,000 h.), sur l'Escaut, la troisième ville de la Belgique, que son admirable situation, ses canaux, ses chemins de fer, sa proximité d'Anvers et d'Ostende, désignent comme le Manchester belge.

Tissus de chanvre et de lin. — La Belgique, après une crise amenée par la substitution du tissage mécanique au tissage à la main, a reconquis sa supériorité dans cette industrie qui fit autrefois la richesse de la Flandre. Elle occupe plus de 320,000 broches et de 200,000 ouvriers, et consomme annuellement 80 millions de kilogr. de lin brut. *Gand, Roulers, Bruges* (50,000 h.), chef-lieu de la Flandre occidentale; *Courtrai,* sur la Lys, sans rivale pour la fabrication des toiles fines, soutiennent l'antique réputation de l'industrie flamande.

Tissus de laine. — La Belgique fabrique environ pour une valeur de 260 millions de fils ou de tissus de laine, dont une partie destinée à l'exportation. Le principal centre de l'industrie des lainages est *Verviers,* dans la province de Liége (40,000 h.) On évalue à plus de 100 millions la valeur annuelle de sa production.

Dentelles. — L'industrie des dentelles occupe en Belgique plus de 100,000 ouvrières. Le principal centre est *Bruxelles,* qui exporte ses produits dans le monde entier : *Ypres, Gand, Bruges, Courtrai, Malines* sur la Dyle (35,600 h.), *Louvain* et *Anvers* tiennent un rang important dans l'industrie des dentelles.

2° Industries métallurgiques, etc. — Fers et aciers. Les métropoles de l'industrie du fer sont : *Charleroi*, sur la Sambre, *Liége* (100,000 h.) avec ses armes à feu, *Seraing* avec ses machines, et *Namur*, sur la Meuse. La production réunie de l'arrondissement de Charleroi et de celui de Liége, en 1874, s'élevait pour les fontes à plus de 500,000 tonnes, pour les fers à 720,000 tonnes, y compris les fers ouvrés.

3° Autres industries. — Les *tanneries* d'Anvers, de Bruxelles, de Stavelot et de Gand; les *fabriques de produits chimiques* des provinces de Namur, de Liége et de Hainaut, rivalisent avec celles d'Allemagne et de France.

La papeterie belge fabrique annuellement plus de 23,000 tonnes de papier, dont elle exporte les deux tiers. Les centres de cette fabrication, Bruxelles, Tournai, Gand, Namur, Louvain, Malines, sont également les principaux marchés de la librairie belge, l'une des plus actives de l'Europe, malgré la suppression de la contrefaçon, à laquelle elle demandait autrefois des ressources peu honorables, détruites aujourd'hui par les conventions internationales qui garantissent la propriété littéraire.

Parmi les *industries alimentaires,* les seules qui méritent une mention sont les *brasseries* (Bruxelles, Louvain, Mons, etc.), les *raffineries* de sucre de betterave et la préparation des *viandes salées* (jambons de Bastogne, dans le Luxembourg belge).

Charleroi et *Liége* sont les deux principaux centres de la fabrication du **verre** et des *glaces* en Belgique : les verres à vitres représentent une valeur de plus de 15 millions dans la seule province du Hainaut.

Frontières de terre. — Lignes de navigation fluviale. — La Belgique touche par ses frontières de terre, au sud, à la France; au nord-est, à la Hollande; à l'est, à l'Empire d'Allemagne. Elle est traversée du sud au nord par deux fleuves importants, l'Escaut et la Meuse, tous deux tributaires de la mer du Nord, mais dont les bouches appartiennent à la Hollande, et les sources à

BELGIQUE
ET
HOLLANDE
OU PAYS-BAS
Par M. Th. Bénard
Echelle
Kilomètres le m. en lieues
Chemins de fer
Canaux
MER DU NORD
FRISE
GRONINGUE
Leeuwarden
DRENTHE
Zwolle
OVER-YSSEL
HOLLANDE
SEPT.
UTRECHT
OVER-YSSEL
HOLLANDE
GUELDRE
Arnheim
BRABANT SEPT.
MER DU NORD
ZÉLANDE
ANVERS
FLANDRE
ORIENT.
FLANDRE
OCCID.
Bruges
LIMBOURG
BELGE
Cologne
BRUXELLES
Hasselt
BRABANT
MÉRID.
BELGIQUE
Lille
HAINAUT
Mons
LIÈGE
NAMUR
Arras
LUXEMBOURG
BELGE
LUXEMBOURG
Luxembourg
Arlon
FRANCE

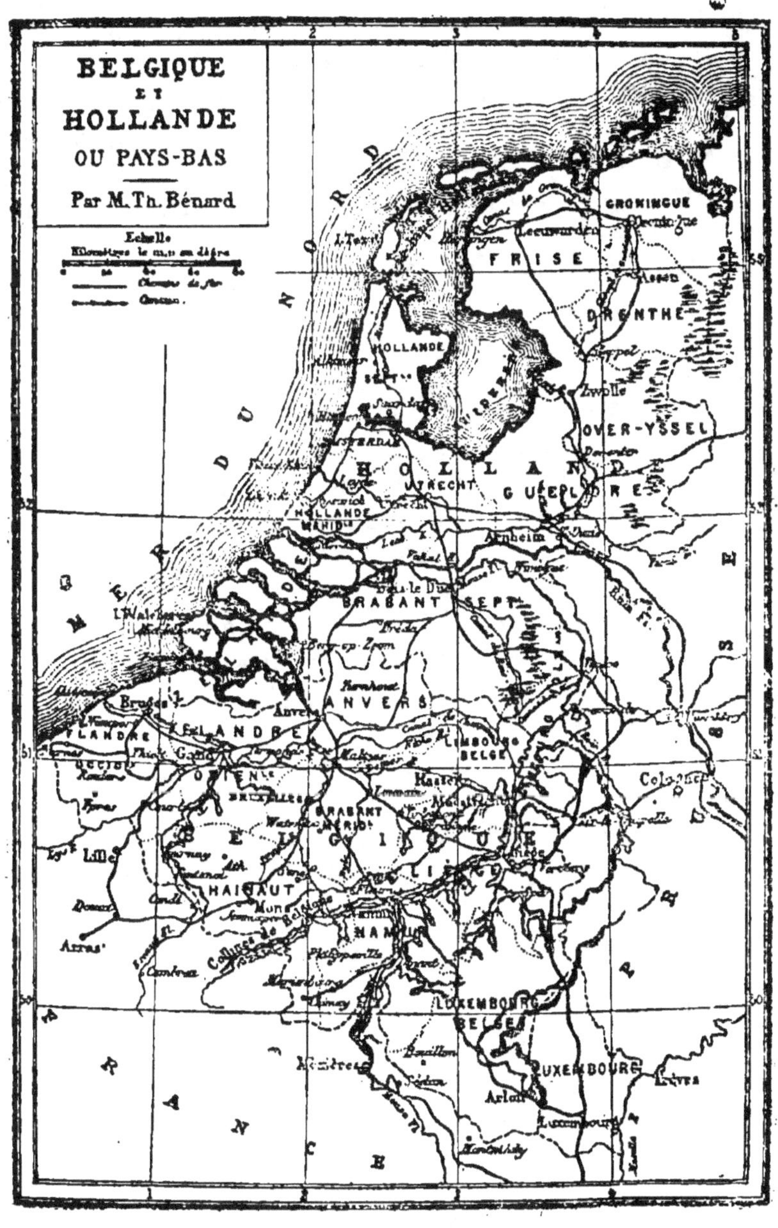

Carte II.

la France. Ce sont les deux grandes artères de la navigation intérieure de la Belgique, et deux des grands chemins de son commerce avec la France et les Pays-Bas.

Canaux. — La navigation fluviale est complétée par un système de canaux qui n'a de rival qu'en Angleterre et en Hollande, et qui présente avec les fleuves et rivières un développement de plus de 1,500 kilomètres de voies navigables.

On peut diviser les canaux de la Belgique en deux grandes classes : 1° Canaux de communication internationale; 2° Canaux de jonction entre la Meuse et l'Escaut.

I. **La France** communique avec la Belgique par trois canaux : celui de *Mons à Condé*, important pour le transport des houilles; celui de *Roubaix à l'Escaut*, et celui de *Dunkerque à Furnes*, qui se prolonge en suivant le littoral belge par Nieuport, Ostende, Bruges jusqu'à l'embouchure de l'Escaut.

Avec la **Hollande**, la Belgique communique : 1° par le *canal de la Meuse*, de Liége à Bois-le-Duc et Rotterdam; 2° par le *canal de l'Écluse*, et le canal du Sas de Gand, entre Gand et les bouches de l'Escaut.

II. La Meuse est unie à l'Escaut par 3 lignes principales :

1° Le *canal de la Meuse*, prolongé par celui de la Campine et par le canal du Nord, qui établit la communication entre Liége et Anvers.

2° Le canal de *Charleroi* (sur la Sambre) *à Bruxelles*, et à *Anvers*.

3° Le *canal de Charleroi à Mons*, prolongé jusqu'à l'Escaut par le canal d'Anthoing.

Enfin le *canal d'Ostende à Bruges* et de Bruges à Gand, établit une communication intérieure entre Anvers et Ostende, et sert de débouché au port de Bruges.

Chemins de fer. Lignes télégraphiques. — Le réseau des chemins de fer, dont le développement dépasse 3,450 kilomètres, est le plus vaste de l'Europe, par rapport à l'étendue du territoire.

On peut ramener les chemins de fer à 4 lignes principales :

1° *Ligne de l'Ouest*, de Lille à Anvers par Courtrai et Gand, l'une des grandes voies de transit entre les Pays-Bas et la France.

2° *Lignes du centre*, de Lille à Anvers par Bruxelles : de Valenciennes à Bruxelles par Mons : de Maubeuge à Bruxelles par Mons et à Anvers par Erqueline, Charleroi et Louvain.

Ces trois lignes servent également de débouché au transit entre les Pays-Bas et la France.

3° *Ligne de l'Est*.

De Maubeuge à Aix-la-Chapelle par Charleroi, Namur, Liége et Verviers. (Grande voie du transit entre la France et l'Europe septentrionale.)

4° *Lignes de la mer du Nord* à la frontière orientale.

D'Ostende à Anvers, à Liége et à Trèves (Prusse rhénane).

Ces diverses lignes sont la voie du transit entre la Suisse, l'Allemagne et l'Angleterre.

La navigation fluviale et les chemins de fer figurent pour plus des deux tiers des transports dans le commerce extérieur de la Belgique, la navigation maritime y entre à peine pour un tiers. Des lignes télégraphiques rattachent la Belgique à tous les points du continent, et à l'Angleterre par Ostende.

Principaux ports. Lignes de navigation maritime. — La Belgique n'a que deux grands ports, Ostende sur la mer du Nord, et Anvers sur l'Escaut dont les bouches appartiennent à la Hollande ; Nieuport sur l'Yser et sur le canal de Furnes, n'est qu'un port de pêche et de cabotage ; Gand et Bruges sont plutôt des ports fluviaux que des ports maritimes.

Ostende doit sa prospérité aux canaux, aux voies ferrées qui la rattachent à toute la Belgique, et surtout à sa proximité de l'Angleterre.

Deux lignes de paquebots la relient à Londres et à Douvres : c'est le principal débouché du commerce anglais avec la Belgique, et du transit entre l'Angleterre et l'Allemagne.

Anvers, sur la rive droite de l'Escaut, est une ville de 140,000 h., le plus grand marché de la Belgique et l'un des plus importants de l'Europe. La sûreté de son port, son fleuve large de 700 mètres et qui porte les plus gros navires; ses canaux et ses chemins de fer qui l'unissent à la France, à la Hollande, à l'Allemagne, sa situation au centre des populations les plus commerçantes de l'Europe, les lignes régulières de steamers qui communiquent avec Hull, Londres, Saint-Pétersbourg, Rotterdam, le *Havre* et *Bordeaux;* les ports espagnols de Santander à Barcelone, New-York, Rio-Janeiro et Buenos-Ayres, sont la garantie d'un brillant avenir.

Les principaux articles du commerce et du marché d'Anvers sont : les sucres de la Havane, du Brésil et de Java, les cafés du Brésil, de Haïti et des entrepôts hollandais, les bois de construction du Nord, les bois de teinture et d'ébénisterie du Brésil, les cuirs de la Plata, les cotons du Brésil et des entrepôts anglais, les huiles de pétrole des États-Unis, les laines de la Plata, le riz des Indes orientales, les tabacs de la Havane et des États-Unis.

Mouvement de la navigation maritime.— Le mouvement général de la navigation en Belgique, était en 1874, de 6,800 navires, jaugeant 2,400,000 tonneaux contre 8,200 navires et 1,600,000 tonneaux en 1861.

L'effectif de la marine marchande, en 1875, était de 70 bâtiments dont 28 à vapeur, et de 46,000 tonneaux, contre 145 bâtiments et 45,050 tonneaux en 1859.

Commerce extérieur. — Le commerce extérieur de la Belgique (commerce spécial), d'après la moyenne des cinq dernières années, s'élève à plus de deux milliards et demi, sans compter le transit.

Mouvement des échanges avec la France. — Dans ce mouvement d'échanges, la France figure pour plus de 900 millions, déduction faite du transit.

Parmi les marchandises que nous tirons de Belgique,

les houilles, les lins, les bestiaux, les laines, les zincs et les sucres, représentent une valeur moyenne de 240 millions sur 440 millions. (Commerce spécial.)

Notre exportation, qui s'élève à 500 millions de marchandises françaises, consiste surtout en tissus de laine, de soie et de coton, mercerie, laines en masse, céréales, bois communs, vins, bestiaux, etc.

Les dix-neuf vingtièmes de ces échanges ont lieu par voie de terre.

Autres pays. — Après la France viennent, d'après les documents belges (commerce spécial) :

L'Angleterre,   420 à 480 millions ;
Le Zollverein,   380 à 410   »
Les Pays-Bas,   300 à 330   »
Les États-Unis, 100 à 130   »
La Russie,   80 à 100   »

IMPORTATIONS.

La valeur des marchandises importées dépasse 1 milliard 400 millions:

Parmi les matières premières, Anvers, le grand marché de la Belgique, demande en partie à l'Amérique, en partie aux entrepôts anglais, les cotons et les laines ; à l'Angleterre et à la Russie, les bois et les chanvres. Le Zollverein envoie ses fers et ses fontes ; les mines de Cornouailles, leurs cuivres ; l'Allemagne et l'Espagne leurs plombs bruts ; Londres, les métaux précieux entassés dans les caves de la Banque ; la Suisse et la Russie, leurs bois de construction, leurs graisses et leurs résines.

Anvers le dispute aux grands marchés anglais pour les bois de teinture, les huiles de pétrole, les peaux du Brésil et de la Plata, dont il avait importé en 1873, 1,500,000 pièces.

Parmi les denrées alimentaires, les céréales figurent pour 8 millions d'hectolitres, tirés des États-Unis et de la Russie.

Anvers le dispute au Havre pour le commerce des *sucres*, du tabac, du café, du riz et des épices.

Parmi les produits manufacturés, les tissus de France, d'Allemagne, de Suisse et d'Angleterre, les modes, l'ébénisterie, les glaces, la mercerie française, les machines d'Angleterre, la faïence et la porcelaine du Zollverein, sont les principaux objets importés.

EXPORTATION ET TRANSIT.

La valeur de l'exportation, sans y comprendre les marchandises en transit, est de plus de 1,150 millions.

Les principaux objets exportés sont, parmi les *matières premières :*

1° Les houilles (3,900,000 tonneaux) à destination de la France ; les fers et fontes brutes ; le zinc brut ou laminé ; le lin brut ou filé pour la France et l'Angleterre ; le houblon ; les pierres brutes ou taillées.

2° *Parmi les denrées alimentaires,* les bestiaux, le beurre, le riz mondé et blanchi et surtout les sucres bruts ou raffinés.

3° *Parmi les produits manufacturés,* les industries métallurgiques, clouterie, armurerie, rails, machines, quincaillerie figurent au premier rang dans l'exportation belge pour plus de 150 millions où l'armurerie entre pour 20 millions.

La verrerie et la cristallerie exportent pour le Levant, l'Europe méridionale et l'Amérique, 39 millions de produits.

L'exportation du papier s'élève à 16 millions de francs, celle des dentelles, des tissus de laine, de coton et de lin rivalise avec les produits similaires de France, d'Angleterre et du Zollverein.

Le transit, dont la valeur dépasse 980 millions, porte principalement sur les denrées coloniales, les laines, les peaux, les huiles des entrepôts d'Anvers, les cafés et les épices expédiés par la Hollande pour la France, et les produits manufacturés anglais et français (soieries, lai-

nages, etc.), à destination du Zollverein et du nord de
l'Europe (1).

Ajoutons, pour mieux faire apprécier l'importance de
ces chiffres, qu'en 1857 le commerce total de la Belgique
ne dépassait pas 1 milliard 819 millions, et qu'en 1842 il
était inférieur à un milliard.

RÉGIME DOUANIER. TRAITÉS DE COMMERCE.

Régime douanier. — La liberté de l'industrie est
complète en Belgique. Les tarifs douaniers comptent parmi
les plus modérés de l'Europe. Les taxes ne s'élèvent en
moyenne qu'à 2,55 pour cent de la valeur des objets importés : et le revenu douanier ne dépasse pas 20 millions
ou environ un douzième du revenu total de l'État.

Toutes les matières premières entrent en franchise :
aucune prohibition n'existe à l'importation : les taxes
pèsent surtout sur les cafés, les sucres bruts, les bois de
construction et les objets manufacturés.

Traités de commerce. — La Belgique est représentée par des consuls dans tous les grands centres de
commerce, et des conventions internationales règlent
ses relations avec toutes les puissances commerçantes.
L'une des plus importantes est le traité signé avec la
France en 1861, et remis en vigueur en 1873. Ce traité,
qui repose sur les mêmes bases que le traité anglo-français, a contribué à développer les relations déjà si suivies
des deux peuples et à ouvrir de nouveaux débouchés au
commerce belge.

Législation. Poids. Mesures. Monnaies. — Le
code de commerce français est en vigueur en Belgique :
la Belgique a également emprunté à la France ses tribunaux et ses chambres de commerce, son système métrique, et ses monnaies. La monnaie belge a cours en
France.

(1) Annales du commerce extérieur.

La banque nationale fondée en 1850 est le principal établissement de crédit.

CHAPITRE V (N° 5)

ROYAUME DES PAYS-BAS.

Bornes. Superficie. Population. — Le royaume des Pays-Bas est situé entre 50° 45′ et 53° 30′ lat. N., 1° 4′ et 4° 53′ long. E. Il est borné à l'ouest et au nord par la mer du Nord, à l'est par la Prusse (Zollverein), au sud par la Belgique.

Le grand-duché de Luxembourg, enclavé entre la Prusse, la Belgique et la France, appartient au roi des Pays-Bas, mais fait partie du Zollverein et ne dépend pas de la Hollande.

La superficie totale est de 32,840 kil. car. : la population est de 3,800,000.

Le royaume se divise administrativement en onze provinces. La capitale est la Haye (98,000 h.); la principale ville, Amsterdam (290,000 h.).

Situation commerciale. — La Hollande n'occupe sur la carte d'Europe qu'un espace insignifiant. Terre de marécages et de tourbières, conquise sur l'Océan et défendue à peine par ses digues; sans soleil, sans forêts, sans mines, elle ne doit rien à son industrie à qui manquent la plupart des matières premières, et peu de chose à sa richesse agricole, qui est tout artificielle. Cependant, au XVIe et au XVIIe siècle, la Hollande était la première puissance commerçante de l'Europe; et aujourd'hui son commerce, son empire colonial, qui ne le cède qu'à celui de la Grande-Bretagne, lui assurent encore un des premiers rangs après l'Angleterre, la France et l'Allemagne.

Cette prospérité, hors de proportion avec ses ressources apparentes, la Hollande la doit à ses voies navigables, au développement de ses côtes, à son admirable situation maritime, sur la mer du Nord, au centre des populations les plus commerçantes de l'Europe ; situation qui a fait des Hollandais les rouliers des mers, les courtiers du commerce universel, et les banquiers de l'Europe.

Climat, nature du sol. — Le climat de la Hollande est brumeux, froid, et humide : le sol, en partie situé au-dessous du niveau de la mer, est sablonneux ou marécageux ; mais le travail a triomphé de la nature : les marais et les lacs entourés de digues, desséchés par de puissantes machines, sont devenus des polders couverts de prairies et de moissons ; la mer a reculé, et si dans cette lutte corps à corps avec l'Océan, l'homme a parfois été vaincu, il ne s'est jamais découragé.

Production agricole. — La Hollande a 2,168,150 hectares de terres cultivables sur 3,284,000. Les deux tiers de cette étendue sont occupés par d'immenses *prairies* qui nourrissent près d'un million et demi de bêtes à cornes, 850,000 moutons, des chevaux robustes et de haute taille (250,000). Les porcs qui sont au nombre de 320,000, et la volaille sont l'objet d'un commerce considérable avec l'Angleterre.

Parmi les *cultures industrielles*, les plus importantes sont celles du lin et du chanvre, du tabac et du colza.

Les jardins potagers et ceux qui sont destinés à la culture des fleurs occupent un espace considérable, surtout dans la Hollande proprement dite, et leurs produits n'ont pas de rivaux en Europe : mais les Pays-Bas manquent de forêts.

Production minérale et pêcheries. —L'argile et la tourbe sont les seules productions minérales de la Hollande, qui n'a pas de pierre à bâtir, et qui construit ses édifices en bois ou en briques.

Les pêcheries des côtes de Hollande comptent parmi les plus riches de l'Europe ; mais les Hollandais ne se contentent pas de la pêche côtière, et chaque année des centaines de barques ou de navires vont se livrer dans la mer du Nord, sur les côtes d'Écosse et même à Terre-Neuve et en Islande, à la pêche de la morue, du maquereau, du hareng, dont la Hollande avait autrefois le monopole et qui est encore aujourd'hui l'une des ressources de sa nombreuse population maritime.

Production industrielle. — La Hollande, commerçante et maritime, n'est pas un pays industriel; la nature lui a refusé la plupart des matières premières, et le combustible; et les conditions d'infériorité où elle se trouve ne lui permettent pas de lutter contre la Belgique, l'Angleterre, l'Allemagne et la France, qui l'entourent.

Principales industries. — Les seules industries importantes sont celles qui se rattachent directement à l'agriculture ou au commerce :

La fabrication du beurre et du fromage à *Edam*, à *Alkmaar*, etc.

Les distilleries de genièvre, de *Schiedam* sur la Meuse et de *Delft*.

Les raffineries de sucre d'*Amsterdam*, de *Leyde*, etc., qui exportent près de 60 millions de kilogrammes.

Les briqueteries de *Groningue* et de la Frise.

La taille des diamants, industrie spéciale d'*Amsterdam* qui y occupe 10,000 ouvriers et où le commerce des diamants atteint une valeur de plus de 100 millions.

La papeterie, la librairie et l'imprimerie de *Leyde*, d'*Utrecht*, de *Harlem*, d'*Amsterdam*, autrefois le grand atelier de la contrefaçon et des publications clandestines.

Enfin les constructions maritimes, la plus ancienne et l'une des plus actives industries des Pays-Bas, qui comptent près de 700 chantiers.

Principaux ports. Lignes de navigation. — Les côtes de Hollande, semées de bancs de sable et d'îles basses et marécageuses; creusées par le golfe du Zuyderzée, petite mer intérieure de 3,900 kil. car. de superficie, qu'il est aujourd'hui question de dessécher et de rendre à la culture, sont formées de dunes sablonneuses depuis l'embouchure de la Meuse jusqu'au Texel, plates et inondées, sur les bords du Zuyderzée et jusqu'à l'embouchure de l'Ems, et au golfe du Dollart.

Deux grands ports centralisent presque tout le commerce extérieur, Rotterdam et Amsterdam.

Rotterdam (130,000 h.), à l'embouchure de la Meuse, tend à devenir la première place de commerce de la Hollande. Des services réguliers la font communiquer avec tous les grands ports d'Angleterre, avec *Dunkerque,* le *Havre*, *Bordeaux* en **France**, avec les principaux ports de la mer du Nord, de la Baltique et de la Méditerranée; avec New-York et Batavia; les bateaux à vapeur du Rhin la rattachent à l'Allemagne continentale; les chemins de fer à la Belgique et à la Prusse. Entrepôt des produits des colonies hollandaises, cafés, sucres, tabacs, indigos, thés, riz, épices, que lui apportent les navires de la *Société de Commerce des Pays-Bas*, principal dépôt des produits agricoles de la Hollande, port de transit entre le Zollverein et l'Angleterre, Rotterdam reçoit ou expédie chaque année plus de 5,600 navires de mer, près de 14,000 bâtiments par le Rhin et la Meuse, et 60 à 80,000 barques belges et hollandaises qui approvisionnent son marché des produits de l'agriculture.

Amsterdam (290,000 h.), la seconde capitale de la Hollande, est situé sur le Zuyderzée, et communique avec la mer du Nord par un canal de 82 kil. qui débouche à Nieuw-Diep, près du port militaire du Helder, en face de la rade du Texel.

Amsterdam est le plus grand marché financier et le premier entrepôt des Pays-Bas, et entretient des relations plus actives que Rotterdam avec l'Amérique, les Indes, la Chine et le Japon.

Le mouvement de l'intercourse avec l'étranger et les colonies est en moyenne de 4,000 navires chargés : celui du commerce de 650 à 700 millions.

Les ports de *Flessingue* et de *Middelbourg,* dans l'île de Walcheren, à l'embouchure de l'Escaut occidental, de *Dordrecht,* sur la Meuse, sont en relations avec la Belgique, l'Angleterre et même les Indes orientales.

Harlingen, sur le Zuyderzée est le port d'exportation de la Frise et communique avec Londres et Hull par un service régulier.

Mouvement de la navigation maritime. — Le mouvement général de la navigation, qui ne cesse d'augmenter depuis dix ans, était en 1855 de 12,030 navires chargés, et de 2,113,576 tonneaux ; et en 1874 de 13,000 navires chargés et 4,600,000 tonneaux en chiffres ronds.

L'effectif de la marine marchande est de 1,827 navires jaugeant 512,000 tonneaux dont 80 bateaux à vapeur (1874).

Navigation fluviale. — La Hollande possède les embouchures de trois grands fleuves également importants comme voies de communication intérieure, comme routes de transit et de commerce international : l'Escaut, la Meuse et le Rhin, grande route du commerce avec l'Allemagne et du transit entre la Grande-Bretagne et le Zollverein.

Canaux. — Le système de canalisation de la Hollande favorisé par la nature du sol est le plus complet de l'Europe : les canaux sont les grandes routes, et des milliers de barques ou de bateaux à vapeur y transportent sans cesse les voyageurs et les marchandises. Outre ceux que nous avons cités, les principaux sont :

1° Le *canal d'Amsterdam* à Rotterdam, par Harlem (33,000 h.), Leyde, La Haye, et Delft avant-port de Rotterdam (120 kil.).

2° Le *canal de Harlingen au golfe du Dollart,* et à l'embouchure de l'Ems par Leeuwarden, capitale de la Frise, Groningue (40,000 h.), et le port de Delfzyl en face d'Emden (145 kil.).

Chemins de fer. — Malgré l'activité de sa navigation intérieure, et les nombreuses routes de terre qui circulent sur les digues de ses canaux et suppléent pendant l'hiver à la navigation, la Hollande a environ

1,600 kil. de chemins de fer en exploitation ou en construction.

Les lignes principales, qui font déjà aux canaux une concurrence sérieuse, sont :

1° Celle d'*Anvers à Amsterdam* par Rotterdam, la Haye et Leyde (185 kil.).

2° Le *chemin de fer central néerlandais*, d'Utrecht à Zwolle (Over-Yssel), Groningue et Leeuwarden.

3° La *ligne d'Utrecht à Emmerich*, et à la frontière allemande, par Arheim et Emmerich.

Lignes télégraphiques. — La Hollande est couverte d'un réseau télégraphique qui la met en communication avec tout le continent et avec l'Angleterre par un câble de 218 kil. entre Scheveningen et Oxford-Ness.

Valeur des échanges. — Le commerce extérieur de la Hollande, qui était en 1856 de 1,582,297,000 fr., s'élevait, en 1873, année moyenne de 1871 à 1875, à 2 milliards 400 millions, dont plus d'un milliard trois cents millions à l'importation en y comprenant les métaux précieux (40 millions).

Les pays qui prennent à ce commerce la part la plus active, sont, d'après les estimations hollandaises, la *Grande-Bretagne* (724 millions), le *Zollverein* (720 millions), les *collonies hollandaises* (270 millions), la *Belgique* (330 millions), la *France* (38 millions), la Russie, Hambourg, la Norvége et la Suède, les Etats-Unis, la Chine et le Japon, où la Hollande a perdu le monopole commercial qu'elle y exerçait depuis deux siècles.

Importation. — Parmi les produits importés, les principaux sont : 1° *Matières premières :* la *houille* et les métaux (fer, cuivre, etc.), d'Angleterre, du Zollverein et de Belgique, l'étain de Banca destiné à la réexportation ; les cotons d'Asie et d'Amérique dont une partie en transit, les chanvres, le lin, les graines oléagineuses, la potasse, les résines, les graisses de la Russie et des pays de la Baltique, les bois de construction de la Suède et de la Norvége, les peaux de l'Amérique du Sud et de Russie, les matières tinctoriales de Java, de l'Inde et de Campêche.

2° *Denrées alimentaires :* les céréales de la Baltique, les vins de France et d'Espagne, les riz, le sucre, les cafés, les thés, les épices des Indes hollandaises dont Rotterdam et Amsterdam sont les principaux marchés, et que leurs entrepôts, rivaux de ceux de Londres, déversent dans le monde entier ; enfin, les tabacs que reçoit le port d'Amsterdam, et qui sont manufacturés à Utrecht et à la Haye.

La Hollande tire de l'étranger un grand nombre de produits manufacturés, destinés à la consommation ou même à la réexportation : tels que les tissus d'Angleterre, de Belgique, du Zollverein, de France et de Suisse, la quincaillerie, les armes, les machines belges, anglaises et prussiennes ; les modes, la mercerie et la verrerie françaises, etc.

Exportation. — L'exportation, qui s'élève à plus d'un milliard, ne comprend guère que 450 millions de produits du sol ou de l'industrie hollandaise : le tabac pour Londres et pour la France, les légumes, les bestiaux, le beurre, le fromage, le genièvre à destination des ports anglais, le poisson frais ou salé, qui s'exporte surtout dans le midi de l'Europe, les tissus de coton et de laine destinés aux colonies et à la Chine, les pierres précieuses, polies et taillées à Amsterdam, les sucres raffinés, les peaux préparées, les navires et les agrès qui s'échangent avec les produits de l'Europe septentrionale.

Les produits des colonies : cafés, sucres, riz, épices, thés, indigo, cochenille, étain de Banca, qui sont considérés comme hollandais et qui se répandent dans toutes les parties de l'Europe, surtout dans les pays de la Baltique et en Allemagne, représentent une valeur de plus de 550 millions.

Le commerce de réexportation et de transit qui a pour objet les céréales, les métaux, les bois, les chanvres, les graines oléagineuses, les résines, la potasse, les huiles végétales et minérales et les produits manufacturés, dépasse aujourd'hui 400 millions.

Compagnies de commerce. — De toutes ces compagnies, la plus puissante est la *Société de commerce des Pays-Bas* (Handels-maatschappy), fondée en 1824, au capital de 75 millions pour l'exploitation du commerce et pour le perfectionnement de l'industrie nationale. Elle sert d'intermédiaire à l'Etat pour le transport et la vente du produit des impôts en nature perçus dans les Indes néerlandaises : ces ventes qui se font aux enchères sur les marchés d'Amsterdam, de Rotterdam et de Middelbourg, règlent le prix des cafés, des épices et des sucres sur toutes les places de l'Europe.

Etablissements de crédit. — La Hollande est, après l'Angleterre et la France, le premier marché financier de l'Europe, et elle possède un capital de plus de 3 milliards 600 millions engagé dans toutes les grandes entreprises européennes. Les principaux établissements de crédit sont : la *Banque des Pays-Bas*, créée à Amsterdam, en 1811, au capital de 15 millions de florins, et qui possède le monopole de l'émission des billets : la *Banque de Crédit des Pays-Bas*, la *Société de crédit industriel* d'Amsterdam, etc.

Régime douanier. — Le tarif douanier des Pays-Bas est un des plus libéraux de l'Europe : aucune taxe n'y est supérieure à 5 °/₀ de la valeur, et le coton, la houille, la plupart des matières premières sont exemptes. Le produit des douanes ne dépasse pas 10 millions, le 20ᵉ du revenu total de l'État (200 millions).

Traités de commerce. La Hollande a des traités de commerce et des conventions postales et télégraphiques avec toutes les puissances européennes : un traité signé avec la France (1865) assure à la Hollande les avantages des conventions conclues avec l'Angleterre, la Belgique, etc., et ouvre à notre pavillon les ports des Indes néerlandaises.

Colonies. — Une des principales causes de la prospérité de la Hollande, que nous ne pouvons qu'indiquer ici, c'est son empire colonial, le premier du monde après celui de l'Angleterre. Si les comptoirs de *Guinée* ont été cédés à l'Angleterre, si la *Guyane* et les *Antilles* hollandaises ne se développent que lentement, les immenses colonies de l'Océanie, *Java, Sumatra*, Banca, Bornéo, Timor, les Moluques, Célèbes, la Nouvelle-Guinée, avec leur population de 25,000,000 d'hab., marchent de progrès en progrès, malgré le système du monopole qui fait de l'État le seul propriétaire, le seul agriculteur et le seul commerçant dans les Indes néerlandaises, et qui finira sans doute par céder à l'opposition du parti libéral en Hollande.

Poids et mesures. — Les Pays-Bas ont adopté en 1835 le code de commerce français, et, en 1850, le système métrique des poids et mesures sous des noms différents. L'unité monétaire est le *florin* ou *gulden* (monnaie de compte) = 2 fr., 1164 : les monnaies sont : (or) le **guillaume** = 21 fr. 85, et le **demi-guillaume** = 10 fr. 40, (argent) le **ryksdaaler** = 5 fr. 25, le **gulden** = 2 fr. 10, etc., et le **cent**, monnaie de cuivre = 0,021.

L'unité de *poids* est le **pund** = 1 kilog.

L'unité *itinéraire* le **mille** = 1 kilomètre.

CHAPITRE VI (N° 6)

EMPIRE D'ALLEMAGNE, ZOLLVEREIN (UNION DOUANIÈRE ALLEMANDE).

Bornes. Superficie. Principaux États. Population. — On donne le nom de Zollverein à une association douanière formée de 1819 à 1854, sous l'impulsion de la Prusse, et qui comprend toutes les provinces prussiennes et l'empire d'Allemagne tel qu'il est constitué aujourd'hui.

Les limites du Zollverein sont, au nord, la mer du Nord, le Danemark (Jutland) et la Baltique; à l'est les provinces polonaises de la Russie et de l'Autriche; au sud, l'Autriche et la Suisse; à l'ouest, la France, la Belgique et les Pays-Bas.

Les États qui en font partie sont, outre le grand-duché de Luxembourg, qui n'appartient pas à l'empire d'Allemagne (2,587 kil. car., 200,000 hab.) :

1° Le **Royaume de Prusse**, le plus riche, le plus peuplé et le plus puissant des États du Zollverein, qui s'étend du Rhin au Niémen, qui touche à l'Autriche, à la Russie et à la France. La superficie de la Prusse, en y comprenant les provinces nouvellement annexées, est de 347,000 kil. c. ; sa population est de 25,800,000 habitants. Capitale *Berlin*, sur la Sprée, 900,000 h.

2° Le **Royaume de Saxe** (2,760,000 h.), c. *Dresde*.

3°, 4° et 5°. Les deux grands duchés de *Mecklembourg*, sur la Baltique, et celui d'*Oldenbourg* sur la mer du Nord.

6°, 7° et 8°. Les trois **Villes hanséatiques**, *Brême*, *Hambourg* et *Lubeck*.

9° Le grand-duché de *Hesse-Darmstadt*.

10° Le grand-duché de *Saxe-Weimar*.

11° à 22°. Les sept principautés et les cinq duchés de la *Thuringe*.

23° Le **Royaume de Bavière** (5,000,000 d'hab.), cap. *Munich*.

24° Le **Royaume de Wurtemberg** (1,800,000 h.), c. *Stuttgart*.

25° Le grand-duché de **Bade** (1,500,000 h.), capitale *Carlsruhe*.

26° Le gouvernement d'**Alsace-Lorraine** (1,530,000 hab.), c. *Strasbourg*.

La superficie totale, y compris la Prusse, est de 540,630 kil. c., et la population est de 42,800,000 habitants.

Situation commerciale. — Située au centre de l'Europe, l'Allemagne donne la main à la Russie et à la France, à la Suisse et aux pays scandinaves ; c'est le cœur du monde européen ; toutes les grandes artères commerciales la traversent, toutes les grandes voies du transit continental lui appartiennent : mais en multipliant les douanes, en hérissant d'obstacles le sol germanique, le morcellement politique entravait le mouvement commercial : les petits intérêts mal compris paralysaient la prospérité générale ; aussi le Zollverein a-t-il rendu un grand service à l'Allemagne, sinon à l'Europe, en reportant aux limites de l'ancienne Confédération ces barrières intérieures qui à chaque pas arrêtaient le commerce et décourageaient l'industrie. En faisant son unité commerciale, l'Allemagne a dû accepter ou subir en même temps une centralisation politique qui la livre aux ambitions de la Prusse. L'avenir dira si elle a acheté trop cher son unité par la perte de l'indépendance nationale des États secondaires et de leur originalité intellectuelle.

La frontière continentale du Zollverein présente un développement de 4,400 kil., sa frontière maritime n'en a guère que 1,800, dont 500 sur la mer du Nord et 1,300 sur la mer Baltique. Ce sont des côtes basses, sablonneuses, à demi inondées, bordées de golfes marécageux ; les bons ports sont rares : aussi malgré des efforts persévérants et des progrès incontestables, le commerce maritime du Zollverein n'a-t-il pas grandi dans la même proportion que le développement de ses relations continentales.

PRODUCTION NATIONALE

Climat, nature du sol. — La vaste étendue du territoire du Zollverein entraîne une grande variété de sol et de climat : au nord les brumes du *Hanovre*, les neiges et les glaces de la *Pologne* et de la *Prusse orientale*, au sud le ciel italien, et le soleil de la *Bavière ;* sur les bords de la Baltique, des plaines immenses, des sables, des marécages, des dunes couvertes de sapins ; sur les bords du Rhin, des vallées fertiles, où mûrit la vigne ; en *Saxe* et dans les montagnes du *Harz* et de la *Forêt-Noire*, des terrains granitiques, un sol tourmenté, des traces de volcans éteints.

Aussi l'Allemagne présente-t-elle une variété de productions qui est un des éléments de sa richesse.

Production agricole. — La production des *céréales,*

peu considérable dans le nord, est très-active dans le centre et dans le midi; la culture de la *pomme de terre*, celle du *houblon* en Alsace, en Bavière et dans le Wurtemberg.

Les *jardins* et les *vergers* dépassent les besoins de la consommation.

La *vigne* réussit sur les bords de la Moselle et du Rhin, sur ceux du Danube, et dans quelques districts de la Saxe. Les vins de *Johannisberg*, de *Rudesheim*, etc., comptent parmi les crus les plus renommés du globe. On évalue la production moyenne du Zollverein à environ 4,160,000 hectolitres.

Parmi les *cultures industrielles*, le premier rang appartient à celle de la *betterave*, puis viennent le *lin* et le *chanvre*, les *graines oléagineuses*, les *plantes tinctoriales* et surtout la garance, en Bavière et dans le Palatinat; le *tabac* dont la production est évaluée à plus de 600,000 quintaux. Enfin les riches *forêts* de chênes, de hêtres, de pins et de sapins, du Wurtemberg, de la Saxe, de la Prusse septentrionale, de la Prusse rhénane, de la Thuringe, donnent lieu à une immense exploitation.

Les *prairies* du Hanovre, de la Prusse, de la Bavière, les pâturages du Wurtemberg et de la Saxe, nourrissent de nombreux bestiaux que l'on évalue à 16 millions de têtes de gros bétail, pour tout le Zollverein. Les statistiques récentes évaluent le nombre des *moutons* à 28 ou 29 millions : le Wurtemberg, la Bavière, la Prusse, la Saxe, comptent parmi les pays producteurs les plus importants pour la laine.

Les *chevaux* d'attelage du Mecklembourg, du Holstein et du Hanovre, les chevaux de selle de la Prusse et de la Saxe (3,250,000 têtes), sont l'objet d'un commerce considérable et comptent parmi les races les plus estimées de l'Europe.

Les porcs sont au nombre de plus de 6 millions et demi.

Production minérale. — L'Allemagne avec ses montagnes, ses terrains calcaires et granitiques, est dans les conditions les plus favorables pour la production minérale.

L'exploitation de la **houille** appartient surtout à la Prusse, qui tire des bassins de la Ruhr, de la Sarre, du Rhin, de Beuthen (Silésie) et de Waldenbourg (Silésie), plus de 26 millions de tonnes. La production totale de l'Allemagne est de 30 millions de tonnes de houille et de 7,500,000 tonnes de lignite.

Pour la production du **fer** comme pour celle de la houille, la Prusse est au premier rang par ses mines de Silésie, de Westphalie, et des provinces de la rive gauche du Rhin (3,800,000 tonnes de minerai brut).

Les mines du *Harz* (Hanovre et Brunswick), celles de la Silésie, de la Saxe, etc., donnent des **plombs** argentifères qui le disputent aux meilleurs plombs anglais (90,000 tonnes).

Les mines de **cuivre** du Harz, rivalisent avec celles de Cornouailles ; les mines de **zinc** de Tarnowitz en Silésie, celles de la Prusse rhénane, de la Westphalie, du duché de Bade, placent le Zollverein au premier rang de la production européenne (412,000 tonnes).

Les mines de **sel gemme** de la Saxe prussienne, du Wurtemberg, de la Thuringe et de la Lorraine et les marais salants de la Baltique et de la mer du Nord produisent annuellement plus de 6 millions de quintaux.

A ces richesses naturelles il faut ajouter les *marbres* du Riesengebirg, les pierres *lithographiques* de Bavière, les pierres *meulières* de Saxe, le *kaolin* du Nassau et de la Saxe prussienne, les *agathes* de l'Allemagne rhénane (Oberstein), l'*ambre jaune* de la Prusse orientale, enfin les innombrables sources minérales dont plusieurs (Kissingen en Bavière, Ems, Wiesbaden en Prusse, Bade, etc.) jouissent d'une renommée universelle et attirent chaque année des milliers d'étrangers.

Industries manufacturières. — L'abondance des matières premières et du combustible végétal et minéral, l'heureuse disposition des cours d'eau, la facilité des communications, tout concourt à favoriser l'industrie allemande, qui au moyen âge rivalisait avec celle de l'Italie et des Flandres, mais les entraves qui gênaient la liberté industrielle, le régime des corporations, les traditions opiniâtres de la féodalité, ont longtemps arrêté le progrès moderne.

I. INDUSTRIES TEXTILES.

Fils et tissus de coton. On évaluait, en 1860, la population occupée par cette industrie dans toute l'étendue du Zollverein, à plus de 300,000 ouvriers, dont 112,000 en Prusse, 30,800 en Bavière et 12,000 en Saxe. Le nombre des broches s'élevait à 2,400,000 : depuis l'annexion de l'Alsace il dépasse 5 millions. Les principaux centres de fabrication sont :

1° En Prusse, dans la province rhénane, *Elberfeld* (70,000 h.) et *Barmen* (75,000 h.), sur la Vipper, les deux métropoles d'une région industrielle, dont l'activité et le rapide développement rappellent le prodigieux essor des industries de Manchester.

2° En **Bavière**, *Augsbourg* sur le Leck (50,000).

3° En **Saxe**, *Chemnitz* (68,000 h.), qui se livre à la fabrication des mousselines et des étoffes légères.

4° En **Alsace**, *Mulhouse*, centre d'une région industrielle sans rivale pour la filature et la fabrication des tissus imprimés : le nombre des broches s'élève à 2,100,000. La production totale du coton manufacturé en Allemagne dépasse 900,000 quintaux.

Tissus de laine. On évalue la production totale du Zollverein à 45 millions de kilogrammes, dont 15 millions pour l'exportation.

Le nombre des filatures dépasse 1,800 établissements, qui emploient 1,200,000 broches à crochets et 400,000 broches à carder.

La Prusse tient le premier rang dans la fabrication ; *Aix-la-Chapelle* (74,000 h.), *Cologne, Dusseldorf*, dans la province rhénane, rivalisent avec les fabriques d'Elbeuf et de Verviers.

RÉGIONS DU CENTRE ET DU NORD
EMPIRE D'ALLEMAGNE
EMPIRE AUSTRO-HONGROIS
ÉTATS SCANDINAVES
Drontheim
Scandinaves
Christiania
NORVÈGE
SUÈDE
STOCKHOLM
Gothembourg
Jutland
DANEMARK
MER DU NORD
Golfe de Botnie
I. Peipus
Niémen
Mémel
Tilsit
Vilna
Kœnigsberg
PRUSSE ORIENTALE
POMÉRANIE
BERLIN
MECKLEMBOURG
POSEN
Varsovie
HANOVRE
BRANDEBOURG
SILÉSIE
WESTPHALIE
Lublin
HESSE
DRESDE
DUCHÉS SAXONS
GALICIE
BADE
Monts Carpathes
WURTEMBERG
BOHÊME
MUNICH
MORAVIE
AUTRICHE
HONGRIE
TRANSYLVANIE
SUISSE
CARINTHIE
Alpes
Szegedin
ITALIE
CROATIE & SLAVONIE
Turin
ROUMANIE
FLORENCE
Danube Fl.
Golfe de Gênes
TURQUIE
Chemins de fer
Kilomètres

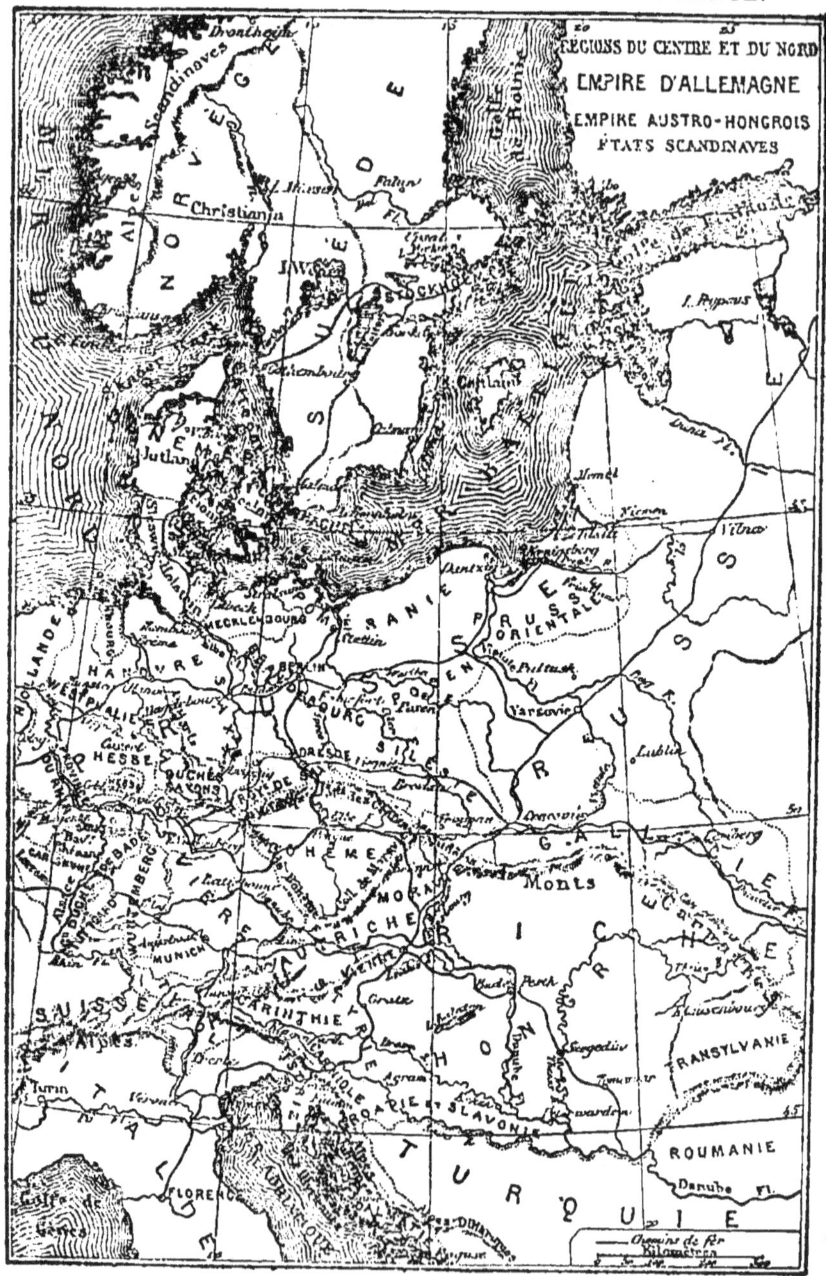

Carte III.

La Saxe, qui emploie plus de 20,000 ouvriers, possède à *Bautzen*, à *Chemnitz*, à *Camenz*, etc., des manufactures de tissus fins qui le disputent aux produits français.

L'Alsace (*Sainte-Marie-aux-Mines*, *Bischwiller*), la Lorraine (*Metz*), fabriquent des fils et des draps.

Tissus de lin et de chanvre. La filature du lin occupe dans le Zollverein plus de 305,000 broches, et le tissage mécanique plus de 6,000 métiers ; la Prusse, avec les manufactures de *Bielefeld*, en Westphalie, de *Duren* (province rhénane), de *Liebau* et de *Freibourg* (Silésie), de *Stettin*, de *Hanovre*, d'*Osnabruck*, la Saxe avec les toiles damassées de *Chemnitz*, tiennent le premier rang dans la fabrication allemande.

Soieries. Le premier rang appartient à la Prusse ; *Elberfeld*, pour les tissus de tout genre, *Berlin*, pour les étoffes mélangées, *Crefeld*, ville de près de 60,000 habitants, située sur la rive gauche du Rhin, berceau de l'industrie des soieries en Allemagne, pour les rubans et les velours, marchent sur les traces de Lyon et de Saint-Étienne.

Dentelles. La fabrication des dentelles est répandue dans toute l'Allemagne, où elle occupe près de 150,000 ouvrières ; la Saxe à elle seule en emploie 100,000. *Dresde* et *Annaberg* sont les centres de cette industrie.

II. INDUSTRIES MÉTALLURGIQUES.

Depuis un quart de siècle les industries métallurgiques ont pris en Allemagne d'immenses développements.

La **Prusse** marche au premier rang avec ses forges au bois de Westphalie et de Silésie, ses forges à la houille du bassin de la Sarre, et de la Ruhr, ses fonderies de la province rhénane ; ses aciers de *Stollberg*, et ses gigantesques usines d'*Essen* près de Dusseldorf, qui fabriquent en même temps l'acier brut, les canons, les armes à feu, les machines à vapeur. La production totale de l'empire est de près de 4 millions de quintaux d'acier (3 millions et demi fabriqués en Prusse), de 3 millions de tonnes de fonte et de 1 million 200,000 tonnes de fer. La coutellerie et les armes blanches de *Solingen* dans la Prusse rhénane; la quincaillerie de *Remscheid* (Prusse rhénane) et de *Berlin;* les fabriques de machines de Berlin et d'Aix-la-Chapelle, soutiennent la concurrence belge et anglaise.

Enfin les fonderies et les lamineries de zinc, de plomb et de cuivre occupent environ 12,000 ouvriers : et en 1871 la production du zinc brut ou en feuilles, et du blanc de zinc s'élevait à 900,000 quintaux, représentant une valeur de 60 millions environ ; celle du plomb en blocs et de la litharge à environ 600,000 quintaux dont un septième provient des usines de Silésie.

III. AUTRES INDUSTRIES.

1° Parmi les industries du **vêtement** et de la **toilette**, la *bijouterie* de *Hanau* et de *Pforzheim* (Bade), la *ganterie* de Berlin et de Dresde, la *cordonnerie* qui occupe plus de 300,000 ouvriers, les fabriques de *cuirs vernis* de Mayence, de Worms et d'Elberfeld, rivalisent avec l'industrie anglaise et française.

2° Parmi les industries du **mobilier** les *bronzes* d'Iserlohn (Westphalie), l'*horlogerie* de Willingen dans la Forêt-Noire, de Nuremberg et de Munich ; la *tabletterie*, la fabrication des jouets et des ouvrages en bois à Nuremberg en Bavière, et dans la Forêt-Noire ; les *porcelaines* de Munich, de Berlin, de Meissen, en Saxe ; les *miroirs* de Furth, en Bavière, la *gobeletterie* de Nuremberg et de Forbach, la *cristallerie* de Saint-Louis (Lorraine) et de Waldenbourg (Silésie); les *glaces* de Berlin placent le Zollverein après la France, la Belgique et l'Angleterre.

3° Les produits **chimiques**, soudes, acides, phosphates pour engrais, allumettes chimiques, couleurs industrielles et artistiques de Barmen, de Magdebourg, de Berlin, de Breslau, de Stuttgart, de Emden, en Hanovre, le disputent à ceux de l'Angleterre : les *tanneries* d'Augsbourg, de Berlin, de Cologne, de Kœnigsberg sont les premières du continent.

4° **La raffinerie des sucres indigènes** occupe 1,330 fabriques répandues dans toute l'Allemagne, et produit 260 à 265 millions de kilogrammes.

Les *brasseries* de Prusse, de Bavière et d'Alsace, les *distilleries* de la Silésie, de la Poméranie et du Brandebourg, les *manufactures de tabac*, surtout celles de Brême, comptent parmi les plus actives de l'Europe.

5° La *carrosserie* de luxe de Berlin, d'Aix-la-Chapelle, de Francfort-sur-le-Main, le dispute à celle de France et d'Angleterre. Les constructions maritimes ont pris depuis quelques années une grande activité.

6° **Papeterie et librairie.** La fabrication du papier (180,000 tonnes), activée par un immense commerce de librairie, et par un grand nombre de publications soit périodiques, soit isolées, est répandue dans tous les pays du Zollverein. Il en est de même du commerce des livres, des cartes et des gravures. *Stuttgart, Munich, Gotha, Berlin, Dresde, Gœttingue, Erfurth,* et presque toutes les grandes villes d'Allemagne, ont des imprimeries et des librairies importantes ; mais le centre de l'industrie typographique et du commerce de la librairie est **Leipzig** (110,000 h.), siége de l'association du Bœrserverein qui réunit toute la librairie allemande.

Les instruments de musique, de précision et d'optique de *Berlin* et de *Munich* peuvent rivaliser avec ceux de Paris et de Londres.

COMMUNICATIONS EXTÉRIEURES ET INTÉRIEURES

Principaux ports. Lignes de navigation. — La France entretient peu de relations avec les ports allemands, sauf les villes hanséatiques. Le mouvement de notre commerce par mer avec l'Association allemande ne dépasse pas 400,000 tonneaux.

Les débouchés maritimes les plus importants des pays qui font partie du Zollverein sont :

1° Sur la mer du Nord :

Emden (Hanovre), sur le golfe du Dollart, à l'embouchure de l'Ems.

Sur la rive gauche de l'Elbe, *Stade* et *Harbourg*, situé en face de Hambourg, dont il n'est séparé que par le fleuve :

Altona (Holstein), ville de 76,000 habitants, à un kilomètre de Hambourg, naguère le premier port continental du Danemark, et l'un des plus vastes entrepôts commerciaux du nord de l'Europe, aujourd'hui destiné à devenir une succursale de Hambourg ; et *Tonningen*, dans le Sleswig, à l'embouchure de l'Eyder, menacé par la construction du canal de l'Elbe à la Baltique, qui lui enlèvera le transit entre les deux mers.

Brême, port franc, sur le Weser, à 80 kil. de son embouchure, est la capitale d'un petit État de 250 kil. c. de superficie, et qui renferme une population de 130,000 âmes. Fondée au xe siècle, devenue l'une des premières villes de la ligue hanséatique, Brême doit son importance moderne à ses relations avec l'Angleterre et l'Amérique, et à l'émigration allemande dont elle est l'un des principaux débouchés. Entrepôt du commerce du Hanovre, de la Westphalie et du Brunswick, rattachée à New-York, à Baltimore, à la Nouvelle-Orléans, à Londres, à Hull, à Southampton, au *Havre,* etc..., par une grande compagnie de navigation à vapeur fondée en 1856 (le Lloyd de l'Allemagne du nord), Brême étend ses relations à toutes les parties du monde : son commerce dépasse 1,200 millions de francs; le mouvement de sa navigation 7,500 navires en y comprenant ceux qui s'arrêtent à Bremershafen et à Vegesack, sur le Weser, ses deux avant-ports.

Hambourg, port franc, sur la rive droite de l'Elbe, à 130 kil. de la mer du Nord, est souveraine d'un territoire de 407 kil. c., qui renferme une population de 340,000 h. dont 240,000 pour la ville même et ses faubourgs. Fondée vers la fin du viiie siècle par des pêcheurs, elle était déjà, au xive, la reine de la mer du Nord et le centre de la ligue hanséatique : son admirable position entre deux mers, sur l'un des plus beaux fleuves de l'Europe, son port long de 5 kil., et qui reçoit des navires de plus de 1,500 tonneaux, expliquent sa prospérité passée et garantissent son avenir. Hambourg est à la fois le plus grand débouché du commerce de l'Allemagne, le plus vaste entrepôt, le marché financier le plus actif du nord de l'Europe.

Ses chemins de fer la rattachent à toute l'Europe septentrionale, et une ligne directe la met à 30 heures de Paris ; ses bateaux à vapeur communiquent avec l'Amérique du Nord par New-York ; avec l'Amérique centrale par Colon ; avec les ports de l'Amérique du Sud depuis Bahia jusqu'à Callao ; avec l'Extrême-Orient par Singapour, Hong-Kong et Chang-Haï ; avec la France par le *Havre* et *Bordeaux ;* avec l'Angleterre par Londres, Hull, Newcastle, Southampton, etc.; avec la Hollande par Amsterdam et Rotterdam ; avec la Norwége par Christiania et Bergen ; avec l'Espagne par Barcelone ; avec l'Italie par Gênes, Naples et Palerme.

Le mouvement de sa navigation s'élève, en moyenne (1871-75), à 11,000 navires de mer, jaugeant plus de 3 millions et demi de tonneaux, et à plus de 9,000 radeaux ou chalands qui montent ou descendent l'Elbe.

Aussi évalue-t-on son commerce à plus de 4,100,000,000 de francs, dont 2,500,000,000 à l'importation. L'Allemagne, la Grande-Bretagne, les États-Unis, la France, la Suède et la Norwége, les Indes occidentales, l'Amérique du Sud, les Pays-Bas, sont les pays qui entrent pour le chiffre le plus considérable dans ce prodigieux total.

La marine de Hambourg compte 400 bâtiments et 208,000 tonneaux.

Le petit port de *Cuxhaven*, à l'embouchure de l'Elbe, lui sert d'avant-port.

2° Sur la Baltique les principaux ports sont :

Kiel (32,000 h.), dans une admirable situation maritime, rattaché par un canal à la mer du Nord, par des lignes de paquebots à tous les ports de la Baltique, par des chemins de fer à toute l'Allemagne, un des marchés les plus actifs de l'Europe du Nord pour les céréales, les bois, le colza et les bestiaux.

Lubeck, sur la Trave, une des trois villes hanséatiques (40,000 h.), en communication régulière par des services à vapeur avec la Russie, la Suède, le Danemark, et l'un des grands marchés de la Baltique.

Rostock et *Wismar*, débouchés maritimes des deux Mecklembourg.

Stralsund, en face de l'île de Rugen : Stettin, sur l'Oder (80,000 h.), à 70 kil. de la mer, avec son avant-port *Swinemunde*, le premier port marchand de la Prusse, débouché des céréales, des bois, des laines, des métaux, de la Silésie, du Brandebourg et de la Poméranie.

Dantzig (90,000 h.), sur la Vistule, près de son embouchure, le second port de Prusse, l'entrepôt des grains et des bois de la Pologne et, depuis le xiv⁰ siècle, une des reines de la Baltique :

Pillau, à l'entrée de Frische-Haff, qui sert d'avant-port à *Elbing* (31,000 h.), et à *Kœnigsberg* (112,000 h.), capitale de la Prusse orientale, située sur la Pregel, à 4 kil. de son embouchure, débouché de toute cette partie de la Prusse et des provinces limitrophes de la Pologne et de la Russie.

Memel, sur le Kurische-Haff, non loin de l'embouchure de Niémen, est une ville de 20,000 âmes, dont le port, fermé par les glaces, du mois de décembre au mois de mars, appartient par la nature de ses relations, moins à la Prusse, dont elle fait partie, qu'à la Russie qui lui envoie par le Niémen ses bois, ses chanvres et ses céréales..

Mouvement de la navigation maritime. Marine marchande. — Le mouvement de la navigation dans les ports du Zollverein, y compris les ports francs, était (1874), d'environ 48,000 navires jaugeant 13,200,000 tonneaux à l'entrée et de 47,000 navires jaugeant 12,900,000 tonneaux à la sortie, dont 58,000 navires pour la Prusse, 27,500 pour les villes hanséatiques et 5,000 pour l'Oldenbourg.

L'effectif maritime est de 4,240 bâtiments (1876) à voiles jaugeant 860,000 tonneaux, et de 260 vapeurs (240,000 tonneaux), d'une force de 4,600 chevaux.

Voies navigables. — Le territoire du Zollverein, presque entièrement composé de vastes plaines ou de pays légèrement accidentés, est sillonné par de nombreux cours d'eau navigables, qui servent à la fois de routes au commerce international, et de moyens de communication intérieure : 17,000 barques à voiles, 400 bateaux à vapeur ou remorqueurs, entretiennent sur les fleuves et les canaux du Zollverein une circulation de voyageurs et de marchandises qui le dispute à celle des chemins de fer.

Les fleuves du **bassin de la mer du Nord** sont :

1° Le **Rhin**, dont les sources appartiennent à la Suisse, les bouches à la Hollande, mais qui, dans la plus longue et dans la plus belle partie de son cours, est allemand sur ses deux rives.

Le Rhin est à la fois l'une des grandes routes du commerce intérieur du Zollverein, et l'une des voies de transit les plus fréquentées entre l'Angleterre, les Pays-Bas, la Belgique et l'Europe centrale et méridionale.

Ses principaux ports sont : *Ludwigshafen* et *Mannheim* (40,000 h.), l'un sur la rive gauche, l'autre sur la rive droite, au confluent du fleuve avec le Necker ;

Mayence (54,000 h.), sur la rive gauche, dans le grand-duché de Hesse-Darmstadt, au confluent du Rhin et du Main ;

Coblentz, sur la rive gauche, dans la *Prusse rhénane*, au confluent de la Moselle ;

Cologne, la première ville de la Prusse rhénane (130,000 h.), la principale station et le plus vaste entrepôt du commerce du Rhin.

Dusseldorf (70,000 h.), au centre de la région manufacturière la plus riche de la Prusse rhénane, et *Wesel* près de la frontière de Hollande.

2° Le **Weser** (380 kil.) arrose le Hanovre, la Prusse rhénane et la Hesse prussienne, et doit au commerce de Brême presque toute son importance.

3° L'Elbe (1,080 kil.), navigable depuis son entrée sur le territoire du Zollverein, traverse la Saxe et la Prusse, le Hanovre et le Holstein. Ses principaux ports sont *Dresde* (180,000 h.), capitale du royaume de Saxe, *Magdebourg* en Prusse (98,000 h.), enfin sur l'Elbe inférieur Harbourg, Stade, Hambourg, Altona que nous avons déjà cités.

Les fleuves qui appartiennent au **bassin de la mer Baltique** sont :

1° La **Trave** (100 kil.) avec le port de Lubeck, unie par un canal à l'Elbe.

2° L'**Oder** (950 kil.), qui traverse la Prusse (Silésie, Brandebourg, Poméranie) : avec les ports de *Breslau* (210,000 h.), *Francfort* sur l'Oder (44,000 habitants), et *Stettin*.

3° La **Vistule**, qui traverse toute la Pologne russe, et amène sur la frontière prussienne à *Thorn*, et de là à *Marienbourg* et à *Dantzig*, les grains et les bois polonais.

4° La **Pregel** et ses affluents amènent à *Kœnigsberg* les grains et les autres produits des provinces limitrophes de la Prusse et de la Russie.

5° Les services à vapeur du **Niémen** font de *Tilsitt* et de *Memel* deux des entrepôts de la Lithuanie.

3° **Bassin de la mer Noire.**

Le Danube, qui prend sa source dans la Forêt-Noire (grand-duché de Bade), devient navigable à *Ulm* dans le Wurtemberg.

Les principales étapes de la navigation du haut Danube sont : *Ratisbonne*, ville bavaroise de 30,000 h. dont le commerce s'étendait autrefois jusqu'à Constantinople ; et *Passau*, au confluent de l'Inn et du Danube, sur la frontière autrichienne, où s'arrêtent les services à vapeur autrichiens.

Les travaux de canalisation, bien qu'ils aient pris depuis un demi-siècle de vastes développements, sont encore loin de répondre à tous les besoins du commerce.

La longueur totale des canaux exploités n'est que de 3,500 kilomètres. On peut les ramener à quatre systèmes principaux.

1° Canal de jonction entre le Rhin et le Danube.

Projeté par Charlemagne, ce canal n'a été exécuté qu'en 1840 par le roi Louis de Bavière, dont il porte le nom. Il rattache les deux fleuves par le Main, affluent du Rhin, le Regnitz, affluent du Main, et l'Atmuhl, affluent du Danube. Il commence à Nuremberg et finit près de Ratisbonne : les difficultés que présente la navigation du Main et de la Regnitz l'ont empêché d'acquérir l'importance commerciale à laquelle il semblait réservé.

2° Canaux de jonction entre le Niémen, la Vistule, l'Oder et l'Elbe.

Une longue ligne de navigation intérieure parallèle aux rivages de la Baltique, unit les bouches de l'Elbe à celles de la Vistule par le Havel, affluent de l'Elbe, le canal de *Finow*, l'Oder, la Wartha, la Netze, affluent de la Wartha, et le canal de *Bromberg* qui débouche dans la Vistule.

3° Canaux de jonction entre la mer du Nord et la Baltique.

Un canal qui emprunte en partie le cours de l'Eyder, et qui commence à *Tonningen,* pour finir dans la baie de *Kiel,* réunit déjà les deux mers.

Un second canal projeté doit partir de l'embouchure de l'Elbe, traverser le Sleswig et une partie du Holstein et se terminer à *Eckernsforde.* Il pourra recevoir les plus forts navires de commerce.

4° Les canaux de l'Alsace-Lorraine unissent la Saône au Rhin par le canal de l'**Est** et le Rhin à la Seine par le canal de la Marne au Rhin qui franchit le col de Saverne.

Routes de terre. Chemins de fer. — Les routes de terre du Zollverein ont un développement de plus de 80,000 kil.; mais, comme dans toute l'Europe occidentale, le rapide progrès des chemins de fer les a reléguées au second plan : le Zollverein possède 27,000 kilomètres de chemins de fer exploités qui appartiennent en grande partie à l'Etat et que l'on peut ramener à huit lignes principales :

Lignes de l'ouest à l'est.

1° La *grande ligne de l'Europe septentrionale*, voie du transit par terre entre la France, la Belgique et la Russie, traverse *Aix-la-Chapelle, Cologne, Hanovre, Magdebourg, Berlin*, l'un des premiers marchés de l'Europe pour les céréales, les huiles de graines, les alcools, les bestiaux, les laines, les sucres de betterave, les bois de construction et les métaux, *Francfort-sur-l'Oder, Bromberg* et *Kœnigsberg*.

2° *Les deux grandes lignes de l'Europe centrale* traversent également le territoire allemand : l'une passe par *Mayence, Francfort-sur-le-Main*, ville de 90,000 h., l'un des centres intellectuels et commerciaux de l'Allemagne centrale, *Weimar, Leipzig*, située au cœur de l'Allemagne, intermédiaire entre l'Occident et l'Orient de l'Europe, célèbre par ses trois foires annuelles pour les laines, les cuirs, les pelleteries, les tissus de coton, de soie et de laine, les articles de Paris, la mercerie et surtout la librairie ; *Dresde*, entrepôt des laines de la Saxe ; *Breslau*, dont les foires et les marchés aux laines, aux grains et aux bestiaux n'ont pas de rivaux dans l'Allemagne orientale.

3° La seconde ligne traverse *Strasbourg, Francfort, Wurtzbourg, Nuremberg*, la principale place de commerce de la Bavière, *Amberg* et la Bohême.

4° La *ligne du Danube* appartient au Zollverein jusqu'à la frontière autrichienne et traverse *Carlsruhe, Ulm, Augsbourg* et *Munich*.

Lignes du sud au nord.

5° Les *chemins de fer rhénans*, parallèles au cours du Rhin, disputent à la batellerie le transit entre la Hollande, la Belgique et la Suisse, et traversent Wesel, Dusseldorf, Cologne, Coblentz, Mayence, Mannheim, Carlsruhe, pour aboutir à Bâle.

6° La *ligne de Brême* et de *Hambourg* à la *frontière italienne* se prolonge par Gœttingue, Nuremberg, Augsbourg et Munich jusqu'à la frontière du Tyrol autrichien.

7° La *ligne de la Baltique à l'Adriatique* traverse Berlin et Dresde et aboutit à la frontière de Bohême.

8° La *ligne de Dantzig* à Vienne passe par Bromberg, Breslau, Oppeln, et vient couper, au-dessous de Ratibor, la frontière autrichienne.

Lignes télégraphiques. — Un vaste réseau de lignes télégraphiques unit tous les centres de population et de commerce, et complète le système des communications internationales du Zollverein.

COMMERCE EXTÉRIEUR

Le commerce général du Zollverein est évalué à 11 milliards 500 millions, en y comprenant le mouvement des échanges avec les Villes hanséatiques. Le commerce spécial s'élevait en 1873 à 7 milliards 700 millions de francs, sans y comprendre le mouvement des métaux précieux, et en 1874 à 7 milliards 370 millions.

L'*Angleterre*, la *France*, l'*Autriche*, la *Russie*, les Pays-Bas, la Suisse, la Belgique, les États-Unis, sont les puissances qui y prennent la plus large part.

Importation. — L'importation s'élève à environ 4 milliards 690 millions, sans les métaux précieux.

Les principales **matières premières** importées sont : le *coton*, provenant en partie des entrepôts anglais et des villes hanséatiques, les *laines* de Russie, d'Autriche, d'Espagne, d'Amérique et d'Australie ; les *lins* et les *chanvres* de Russie ; les *soies gréges* (3,150,000 kilogr.).

La *houille* de Belgique et d'Angleterre (6 millions de quintaux), les *métaux* anglais, les *matières tinctoriales*, les *bois d'ébénisterie* et de construction, les *peaux* (60 millions de kilogr.), les *huiles* non comestibles, etc., etc.

Parmi les **denrées alimentaires**, les plus importantes sont : les *céréales* de Russie et de Pologne, le *riz*, les fruits secs, les *vins* de France, d'Espagne et d'Autriche, les *sucres coloniaux* presque tous destinés à la réexportation, les *cafés*, les *tabacs* (120 millions de francs).

Les produits manufacturés, tissus belges, français, suisses et anglais, soieries et modes françaises, quincaillerie anglaise et belge, bronzes, verrerie, porcelaine, etc., représentent une valeur de 810 millions.

Exportation. — L'exportation, qui s'élève à près de 3 milliards, comprend surtout, comme **matières premières** :

La *laine* de Silésie et de Brandebourg ; les *lins* de Dantzig, de Marienbourg et de Hanovre ; la *houille* de Prusse, le *fer ;* le minerai de *zinc*, presque entièrement destiné à l'Angleterre ; le *plomb ;* les *bois*, les *peaux* et *pelleteries*, les *huiles* ou *graines oléagineuses*.

Les **denrées alimentaires** et objets de consommation naturels, *céréales* de Hambourg et de Dantzig ; *sel* du Hanovre, *vins* du Rhin ; les *eaux-de-vie*, les *sucres raffinés*, les *bestiaux* du nord de l'Allemagne, s'exportent pour toutes les parties de l'Europe ; enfin parmi les **produits manufacturés**, les toiles, les lainages, les cotonnades, les soieries, la quincaillerie, les objets en bois, les livres, la porcelaine, les faïences, représentent les trois quarts de l'exportation dont le complément est formé par le papier, les tabacs, les produits chimiques, les cuirs, les instruments de musique et de précision.

Transit et réexportation. — Le commerce de transit, favorisé par la position de l'Allemagne, représente une valeur de 1,400 à 1,500 millions, et s'accroît sans cesse depuis la suppression des droits ; les cotons, les fers, les cafés et autres denrées exotiques, les tabacs, les céréales russes, les vins français, le bétail, les fils et tissus, les machines, la bijouterie, sont les principaux objets de ce commerce.

Relations de la France avec le Zollverein. — La part de la France dans le commerce du Zollverein s'élève, pour la période de 1871 à 1875, à plus de 720 millions.

Les marchandises du Zollverein destinées à la consommation française, représentent une somme de 300 millions, dans laquelle les *laines* figurent pour 8 à 9 millions, les *bestiaux* pour 36, les *peaux brutes* pour 10 millions, les *bois communs* pour 12, les *houilles* de la Prusse rhénane pour 9 à 18, les *tissus* de laine pour 8 à 10, les *métaux bruts* pour 4 à 8 millions.

Les marchandises françaises exportées représentent une valeur de 400 à 460 millions, dont une partie, il est vrai, est destinée à la Russie et à l'Autriche ; au premier rang figurent nos *soieries*, malgré la rivalité des soieries prussiennes, notre *mercerie*, nos *lainages*, qui le disputent à ceux de la Saxe et de la Prusse, nos *vêtements confectionnés*, nos *vins* et nos *résines* indigènes.

Nos cotonnades, nos toiles, nos ouvrages en peau et en cuir, notre orfévrerie, luttent péniblement contre la concurrence des marchandises anglaises ou de la fabrication nationale.

Notre commerce direct avec les villes hanséatiques s'élève à 58 millions, dont 12 millions en transit ; les peaux brutes, les cuivres, les zincs, les laines, sont les principaux articles que nous apportent les navires de Brême et de Hambourg : dans le chiffre de nos exportations, qui s'élève à 20 millions, les vins figurent pour 11 millions, les résines pour 3 millions et demi ; les sucres raffinés, les peaux brutes et les fruits pour plus de 3 millions.

Régime douanier. Traités de commerce. — Les tarifs douaniers du Zollverein, qui ont laissé longtemps subsister des droits assez élevés et même plusieurs prohibitions absolues, ont été modifiés par l'adoption du traité franco-prussien de 1862, qui supprime toutes les prohibitions et ramène les droits à un taux modéré. Complété par des conventions analogues conclues entre le Zollverein, l'Angleterre, la Belgique, la Suisse, l'Autriche et l'Italie, ce traité a inauguré la liberté commerciale en Allemagne.

Monnaies. Poids et Mesures. — Les *monnaies* adoptées pour tout le Zollverein par la convention du 24 janvier 1857 étaient dans l'Allemagne du nord : le thaler = 3 fr. 75 (valeur réelle, 3,71) ;

Le *silbergroschen*, qui vaut un 30me de thaler = 0,125.

Dans l'Allemagne du sud, le **florin** = 2 fr. 1164 ;

Le *kreutzer*, qui vaut un 60me de florin.

Depuis la réforme de 1873, l'unité monétaire est le *marc d'empire*, qui vaut un tiers de thaler ou 1 fr. 25 c.

= 35 kreutzer, et qui se divise en cent *pfennige*. Les monnaies d'argent ne circulent plus que comme appoint. Les monnaies d'or sont les pièces de cinq, dix, et vingt marcs.

A Hambourg, la *monnaie de compte* est encore le **marc banco** = 1 fr. 8814.

La base du nouveau système métrique des poids et mesures est la **livre du Zollverein**, qui pèse 500 grammes. Le **quintal** (*centner*), est de 50 kilogr.; la tonne de mer (*last*), de 2 mètres cubes 83.

La principale mesure de longueur était le **fuss**, dont la valeur variait suivant les États. Elle était en moyenne de $0^m,29$. Depuis 1872, les mesures métriques ont remplacé les anciennes mesures, et le mètre (*stab*), est officiellement adopté.

La principale mesure itinéraire est le **mille géographique allemand** = 7 kil. 500.

CHAPITRE VII (N° 7)

EMPIRE D'AUTRICHE-HONGRIE.

Bornes. Superficie. Population. — L'empire d'Autriche-Hongrie est situé entre 42° 10' et 51° lat. nord, 7° et 24° 20' long. est.

Il est borné au nord par la Saxe, la Prusse et la Pologne russe; à l'est, par la Russie et les Principautés danubiennes; au sud, par la Turquie d'Europe, l'Adriatique et le royaume d'Italie; à l'ouest, par la Suisse et la Bavière.

La superficie totale est de 624,300 kil. c., la population de 36 millions d'habitants.

La capitale de l'empire est Vienne (1,020,770 hab., en comptant les 36 communes limitrophes).

Situation commerciale. — Placée au centre de l'Europe, touchant à l'Adriatique, qui lui ouvre le commerce de la Méditerranée et des Indes par l'isthme de

Suez, l'Autriche doit surtout son importance commerciale au Danube qui la traverse tout entière, et qui semble tracer au commerce de l'Orient sa route vers l'Europe centrale et occidentale. Grâce aux chemins de fer et à la vapeur, Vienne est redevenue ce qu'étaient au moyen âge les riches cités de la vallée du Danube, la grande étape entre Paris et Constantinople.

PRODUCTION NATIONALE

Production agricole. — Sur 62 millions d'hectares, l'Autriche possède environ 22 millions d'hectares de terres arables. La Hongrie, la Galicie, la Moravie, sont les principaux centres de production pour les *céréales,* que l'on évalue dans tout l'empire à 200 millions d'hectolitres (40 environ pour le froment).

Les *vignes,* qui couvrent 1 million et demi d'hectares, sont une des richesses de l'Autriche ; la Hongrie produit à elle seule 10 à 12 millions d'hectolitres sur 18 millions ; et quelques-uns de ses vins, entre autres le célèbre Tokai, sont recherchés dans le monde entier. On cultive l'*olivier* dans quelques cantons de la Dalmatie.

Le *houblon* est cultivé dans la Bohême, qui en produit à elle seule plus de 80 millions de quintaux métriques : la *betterave* est très-répandue, surtout dans la partie allemande de l'empire ; le *lin* réussit en Bohême et en Moravie ; le *chanvre* en Hongrie et en Croatie.

La production annuelle du *tabac* est d'environ 40 millions de kilog., dont 25 millions proviennent de la Hongrie.

Les immenses pâturages de la Hongrie, les prairies de l'Autriche, de la Moravie et de la Galicie, nourrissent plus de 13 millions de *bêtes à cornes,* 3,600,000 chevaux, et 22 millions de *bêtes à laine,* parmi lesquelles les races de Moravie et de Silésie, celles de Bohême, de Transylvanie et de Hongrie, peuvent soutenir la concurrence avec les plus estimées de l'Europe et de l'Amérique. La Hongrie élève un grand nombre de *porcs* (7 millions dans tout l'empire), destinés surtout à la consommation du pays.

Production minérale. — Par ses richesses minérales, l'Autriche occuperait en Europe un des premiers rangs, si l'exploitation n'avait été longtemps retardée par l'imperfection des moyens de transport.

Les gisements de *houille* et de *lignite* de la Bohême, de la Moravie, de la Styrie, de la Carinthie et de la Hongrie, produisent aujourd'hui de 45 à 50 millions de quintaux, qui seraient loin de suffire à la consommation, sans les admirables forêts des Alpes et des Carpathes (16 millions d'hectares), et les tourbières de la Hongrie.

Le *fer* est exploité dans presque tout l'empire, mais surtout en Styrie et en Bohême : la production de la fonte et du fer métallique s'élève à près de 700,000 tonnes.

La Bohême, la Transylvanie, la Hongrie, possèdent des mines de *cuivre,* qui ne le cèdent pas aux plus beaux minerais de Suède.

De riches filons de *plomb* et de *zinc* se rencontrent en Hongrie, surtout dans le district de Temeswar.

Le produit des mines d'*argent,* que l'on rencontre allié à l'antimoine, au soufre et au plomb, en Bohême et en Hongrie, est d'environ 9,200,000 francs.

Les minerais d'*or* de la Transylvanie et de la Hongrie, rapportent de 6 à 7 millions par an.

Les mines de *mercure* d'Idria, en Carniole, et quelques exploitations moins importantes en Bohême et en Hongrie, fournissent annuellement deux à trois cent mille kilogrammes.

Les mines de *sel gemme* de Wielicszka, près de Cracovie, et celles de *Salzbourg,* sont les plus riches du monde : le produit·des premières dépasse annuellement 29 millions de francs.

Industrie manufacturière. — Les richesses métalliques, l'abondance du combustible végétal, les nombreux cours d'eau offrent à l'industrie, en Autriche, les conditions les plus favorables : cependant la législation, l'organisation du pays, les habitudes de la population, ont longtemps paralysé le progrès industriel, et aujourd'hui encore le petit nombre des machines maintient l'industrie autrichienne dans une infériorité qui ne peut s'expliquer ni par la nature du sol, ni par la position géographique.

Industries textiles. — L'industrie des *cotons*, qui ne date que du commencement du siècle, a pour centres principaux, Vienne (Pottendorf), Prague, Reichenberg, en Bohême, et quelques districts de Hongrie : on estime à près de 2 millions le nombre des broches, qui ne suffisent pas à la consommation nationale, quoique l'Autriche exporte quelques tissus dans le Levant.

Tissus de laine. Cette industrie, grâce à l'abondance de la matière première, est une des plus florissantes de l'Autriche. Les draps de Brünn, de Vienne, de la Bohême, de la Silésie, les châles de Vienne, les flanelles et les tapis de Reichenberg, de Presbourg, en Hongrie, suffisent à la consommation intérieure, et permettent à l'Autriche de livrer au commerce étranger, près de 90 millions de produits chaque année.

Pour le tissage et la filature du *lin,* le principal centre est la Moravie et la Bohême : on évalue à 430,000 le nombre des broches dans tout l'Empire.

Les *soieries* de Vienne représentent une valeur de plus de 100 millions : les dentelles de Bohême ne sauraient rivaliser avec celles de la Saxe et de la France.

Industries métallurgiques. — Les deux centres de l'industrie des *fers* sont la Bohême et la Styrie, dont les mines et les forêts fournissent la matière première et le combustible. Gratz et Klagenfurth, dans la région styrienne, pour la fonte du fer et la fabrication des aciers, Reichenberg et Prague, en Bohême, sont les métropoles de l'industrie sidérurgique.

La *coutellerie* de Steyer, sur l'Enns ; la *construction des machines,* à Vienne et à Brünn ; la fabrication *des faux* et des *haches,* en Styrie et en Carinthie, ont une importance considérable.

Autres industries. — La *tannerie* et la *cordonnerie* de Vienne et de Pesth, la *tabletterie* et la *maroquinerie* de Vienne ; — les *terres cuites* et les faïences de la basse

Autriche, les *porcelaines* de Carlsbad, en Bohême, s'ouvrent tous les jours de nouveaux débouchés.

La *verrerie* est encore aujourd'hui l'industrie nationale de la Bohême, qui occupe à la fabrication du verre, et surtout du verre de couleur, près de 30,000 ouvriers.

L'*industrie des produits chimiques* est une des plus actives de l'Autriche. Prague, Goritz, en Illyrie, Trieste, et surtout Vienne, n'ont pas de rivales en Allemagne. Les *salaisons,* le *sucre de betterave* et la *brasserie* sont les trois grandes industries alimentaires. Les *pianos* de Vienne ont conservé leur vieille réputation, et la *papeterie* produit annuellement 73,000 tonnes.

COMMUNICATIONS EXTÉRIEURES ET INTÉRIEURES.

La France n'est unie à l'Autriche par aucune ligne régulière de navigation; les relations entre Trieste et Marseille sont cependant assez actives.

Principaux ports. Lignes de navigation maritime. — Les provinces méridionales de l'Autriche, Istrie, Croatie, Dalmatie, sont baignées par l'Adriatique, sur une étendue de 500 kil.

Trieste (Istrie, 110,000 h.), est aujourd'hui l'entrepôt le plus considérable de l'Autriche.

La sûreté de son port, la franchise dont elle jouit depuis 1719, les chemins de fer qui la rattachent à l'Italie et à l'Allemagne, enfin la création de la compagnie du Lloyd autrichien, qui dessert tous les ports de l'Adriatique et du Levant, ont donné à sa prospérité un essor que les événements d'Italie ont ralenti sans l'arrêter, et qui ne peut que grandir par l'ouverture de l'isthme de Suez.

Le mouvement de son port dépasse 16,500 navires et 2 millions de tonneaux, y compris 3,000 bateaux à vapeur, jaugeant 1,200,000 tonneaux.

Les principales échelles de la navigation du Lloyd dans l'Adriatique sont :

Fiume, port franc, en Hongrie ; *Zara*, capitale de la Dalmatie ; *Raguse* et *Cattaro*, débouchés du commerce du Monténégro et de l'Herzégovine.

Mouvement de la navigation. — Le mouvement général de la navigation en Autriche varie entre 20,000 et 24,000 navires sous pavillon autrichien, et quatre à cinq mille sous pavillon étranger.

L'effectif maritime est de 7,200 navires ou embarcations (330,000 tonneaux), dont 600 bâtiments de long cours (283,000 tonneaux), et 79 vapeurs (57,500 tonneaux), appartenant presque tous à la compagnie du Lloyd (1875).

Navigation fluviale. — La navigation fluviale de l'Autriche se borne à celle du *Danube* et de ses affluents, la *Morava* et la *Theiss* (rive gauche), la *Save* et la *Drave* (rive droite).

Le Danube entre en Autriche en franchissant un défilé formé par les montagnes de Bohême et la chaîne de l'Ausrück, arrose *Linz*, *Vienne*, la capitale de l'empire, *Presbourg*, *Pesth-Bude* (280,000 habitants), capitale du royaume de Hongrie, *Péterwardein*, *Semlin* et *Bazias*, la dernière station des chemins de fer autrichiens.

La navigation du Danube, libre aujourd'hui et ouverte à toutes les concurrences, a été longtemps le monopole d'une compagnie fondée en 1830, et qui, en 1858, comptait déjà 106 bateaux à vapeur, et avait transporté près de 1,300,000 voyageurs et 760,000 tonnes de marchandises. Sous le régime de la liberté, et malgré la rivalité des chemins de fer, cette navigation n'a fait que s'accroître et dépasse de beaucoup celle du Rhin et de l'Elbe, les deux grands fleuves du Zollverein.

Routes de terre. Chemins de fer. — Tout le territoire de l'Autriche est sillonné par des routes bien entretenues, sauf dans quelques parties de la Galicie, de la Hongrie et des provinces croates.

Les chemins de fer, qui présentent un développement de 16,300 kil. exploités, peuvent se ramener à six lignes principales, qui sont, en même temps que les grandes voies de communication intérieure, des routes de transit et de communication internationale.

1° *Ligne de l'Europe centrale,* de la frontière de Bavière à la frontière de Russie, par *Prague,* capitale de la Bohême (190,000 h.), sur les deux rives de la Moldau, *Cracovie,* sur la Vistule (50,000 h.), *Lemberg* (90,000 h.), capitale de la Galicie, et *Brody,* sur la frontière russe, qui doit à la franchise de son territoire situé en dehors des douanes autrichiennes, et à ses foires importantes, d'être un des marchés les plus actifs pour toutes les opérations commerciales entre l'Autriche, la Russie, et les principautés danubiennes.

2° *Ligne du Danube,* de la frontière bavaroise à la frontière roumaine, par *Linz, Vienne, Presbourg, Pesth-Bude* et *Bazias.*

3° *Ligne de l'Europe méridionale,* de la frontière italienne à la frontière turque et au Danube, par *Trieste, Laybach* et *Agram,* capitale de la Croatie : cette ligne s'arrête à *Siszeck,* où commence la grande navigation de la Save. Elle doit, par les chemins de fer turcs, se prolonger jusqu'à Constantinople.

4° *Ligne de la mer du Nord et de la mer Baltique à la frontière italienne,* par Prague, Linz, Salzbourg, Inspruck, capitale du Tyrol, Botzen, Trente, Roveredo et Vérone.

5° *Ligne de la Baltique à l'Adriatique :* par *Brunn,* capitale de la Moravie, le plus grand marché des laines de l'Autriche (75,000 h.), *Vienne, Gratz,* capitale de la Styrie (80,000 h.), entrepôt de l'industrie métallurgique, *Laybach* et *Trieste.*

6° *Lignes de la Theiss* et du *Dniester.* — Ce système, qui trace la ligne la plus directe de Dantzig et de Varsovie à Constantinople, suit la vallée de la Theiss, celle du Dniester, met en communication les deux versants des Carpathes et rattache au réseau autrichien le réseau roumain et turc.

Vienne est en communication, par des lignes télégraphiques qui sillonnent tout l'empire, avec le réseau européen.

COMMERCE EXTÉRIEUR.

Le commerce extérieur de l'Autriche, sans y comprendre les métaux précieux, s'élève à environ deux milliards 500 millions, dont plus d'un milliard pour l'exportation (1871-75).

Importation. — Les principaux objets d'importation, dont la valeur s'élève à près de 1,500 millions, sont :

Matières premières. — Les *cotons*, les *laines*, le *lin* et le *chanvre*, la *soie* provenant d'Italie et du Levant, par Trieste; la *houille* provenant d'Angleterre, par Trieste, ou des mines du Zollverein, par les chemins de fer.

L'importation des métaux est peu importante, mais celle des bois de teinture ou d'ébénisterie, de l'indigo, des résines, des graisses, des huiles non comestibles, figure pour un chiffre considérable dans le commerce de Trieste.

C'est également Trieste qui partage avec les ports du Danube, et les villes frontières de la Russie le commerce des *céréales* tirées de Russie, de Turquie, des Principautés danubiennes et en grande partie destinées à la réexportation.

Les *fruits secs* ou frais, les *huiles d'olive* de Grèce et d'Italie, les *cafés*, les *épices*, les *thés*, les *sucres de canne*, le *riz* ont pour principal marché Trieste.

Quant aux **produits manufacturés** : les cotonnades, les lainages et les soieries d'Angleterre, de France, de Suisse et d'Allemagne, les fers, les aciers, les machines d'Angleterre, de France et du Zollverein, les articles de Paris, la mercerie et la bijouterie française et allemande, jouent le principal rôle dans l'importation autrichienne.

Exportation. — L'exportation s'élève, en y comprenant le transit, à plus d'un milliard.

Parmi les *matières premières*, celles qui figurent au premier rang sont la laine, les peaux, les bois, la pierre à bâtir, les métaux bruts.

Parmi les *denrées alimentaires,* les céréales, les vins, les bestiaux, les sucres raffinés.

Parmi les produits *manufacturés,* les tissus de coton pour la Turquie et le Levant, les lainages pour le Zollverein, l'Italie et l'Orient, les soieries, les châles, les aciers, la quincaillerie, la porcelaine et la verrerie, les instruments de musique, la tabletterie, la bijouterie qui se répandent dans le monde entier.

Les pays qui entretiennent avec l'Autriche les relations les plus actives sont le *Zollverein,* qui absorbe à lui seul plus des deux tiers du mouvement commercial; la *Turquie* et les principautés danubiennes, la *Russie,* la *Grande-Bretagne,* l'*Italie* et la *Suisse,* en Europe; *Cuba,* le *Brésil,* les *États-Unis,* en Amérique; l'*Égypte,* en Afrique; les *Indes* et la *Turquie d'Asie,* en Asie.

La *France* ne reçoit directement d'Autriche que pour 30 à 55 millions de bois, de laines, de sirops de mélasses, et lui renvoie pour 11 à 12 millions de soieries, de lainages, etc.... mais presque toutes les marchandises exportées ou importées par voie de terre figurent au tableau du commerce de la France avec le Zollverein et l'Italie.

Régime douanier. — La législation douanière de l'Autriche a subi de nombreuses réformes, qui, depuis 1853, l'ont fait entrer dans une voie libérale, les douanes intérieures ont été supprimées, et le réseau général, connu sous le nom de *Zollverband,* s'étend maintenant à tout le territoire autrichien, sauf les villes et ports francs de Brody, de Trieste, de Fiume et la Dalmatie, soumise à un tarif particulier. Les matières premières, le coton, la laine, la houille, la soie en cocons, sont exemptes : il n'existe de prohibition absolue, ni à l'importation, ni à l'exportation, et les droits de sortie ont disparu des derniers tarifs.

Le taux moyen des droits de douanes ne monte guère à plus de 5 % de la valeur des objets importés.

Traités de commerce. — L'Autriche a ressenti le contre-coup du mouvement qui a entraîné toute l'Europe sur les pas de l'Angleterre et de la France, dans la voie de la liberté commerciale.

En 1867, elle a signé avec le Zollverein un traité qui abolit presque tous les droits sur les produits bruts, et qui abaisse les tarifs sur les denrées alimentaires et les produits manufacturés. Des conventions ont été signées sur la même base avec l'Angleterre, la France, l'Italie, etc..., et l'Autriche a depuis longtemps accepté franchement une réforme qui ne peut que favoriser l'exportation de ses riches produits et donner à son industrie l'occasion de profiter de sa liberté.

Monnaies. Poids et mesures. — *L'unité monétaire* en usage depuis la convention de 1857, conclue avec le Zollverein, est le **florin** (2 fr. 50) divisé en cent *kreutzers*. Il existe des pièces d'argent de trois florins, un florin et demi, un florin, un demi et un quart de florin; mais la plupart des transactions se font en billets de banque qui perdent au change de 5 à 8 °/₀.

Une loi du 23 juillet 1871 a décidé la substitution du système métrique à l'ancien système des poids et mesures, et l'a rendu obligatoire depuis le 1ᵉʳ janvier 1876.

Les plus usitées des mesures aujourd'hui abandonnées étaient :

Pour les *poids* la *livre* de Vienne = 0 kilogr.,560 : le *quintal* = 56 kilogr.

L'*unité de poids* pour la douane était la **livre** du Zollverein de 500 grammes, divisée décimalement.

L'*unité linéaire* était le **pied** (fuss) = 0ᵐ,3161.

Les principales *mesures itinéraires* étaient le **mille** de poste = 7,586 mètres, et le *mille géographique.*

Les principales *mesures de capacité :*

Pour les *grains* la **metze** = 61 litres 4865 ;

Pour les *liquides* la **maas** = 1 » 4147 ;

l'**eimer** = 56 litres.

CHAPITRE VIII (N° 8)

SUISSE.

Bornes. Superficie. Population. — La Suisse ou Confédération helvétique est située entre 45° 50' et 47° 50' lat. nord, 3° 43' et 8° 5' long. est. Elle est bornée au nord par le grand duché de Bade et le Wurtemberg, dont elle est en partie séparée par le Rhin, au nord-est, par le lac de Constance ; à l'est par les États autrichiens ; au sud, par le royaume d'Italie, dont elle est séparée par les Alpes ; à l'ouest, par la France, dont elle est séparée par les Alpes du Valais, le lac de Genève et le Jura.

Sa population est de 2,700,000 h., sa superficie de 41,418 kil. car.

C'est une république fédérale, divisée en 22 cantons, et gouvernée par une diète : Berne est la capitale de la Confédération.

Situation commerciale. — Apre, stérile, couverte de montagnes, ne touchant à aucune des mers qui baignent l'Europe, la Suisse rachète ces désavantages par sa position centrale entre l'Allemagne, l'Italie et la France, position qui lui assure un grand commerce de transit et qui fait de son territoire une des voies internationales de l'Europe.

Production agricole. — La Suisse, avec son chaos de montagnes, ses terrains granitiques, son climat rigoureux, ses hivers prématurés, semble créée pour le pâturage plutôt que pour l'agriculture. Aussi ses troupeaux sont-ils un des revenus les plus considérables du pays : on évalue à plus d'un million de têtes le nombre des bêtes à cornes, à plus de 100,000 celui des chevaux, à 305,000 celui des porcs, à 500,000 celui des moutons, à près de 400,000 celui des chèvres.

La culture *du blé* est insuffisante pour les besoins de la population, qui y supplée par celle de la pomme de terre.

La *vigne* réussit surtout sur les bords du lac de Genève, du lac de Constance, du lac Majeur et dans la vallée du Rhin; le *mûrier* est cultivé dans le canton du Tésin, qui récolte de 200,000 à 250,000 kilogrammes de soies, les *arbres fruitiers*, le *tabac*, le *chanvre* et le *lin* dans toute

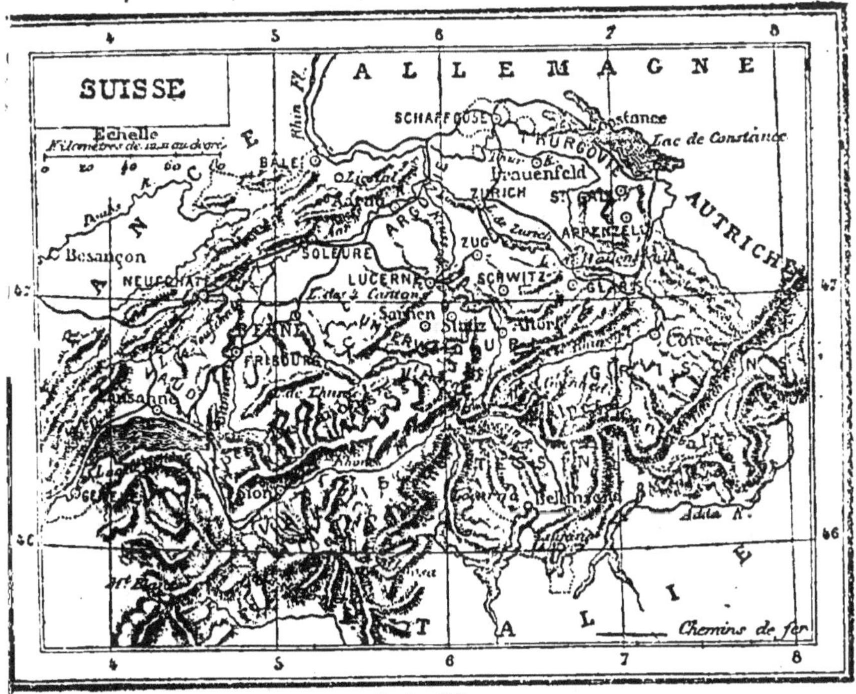

Carte IV.

la Suisse. De vastes *forêts* de hêtres, de chênes et d'arbres résineux, couvrent encore les pentes des Alpes et du Jura.

Production minérale.—La Suisse a quelques mines de lignite et d'anthracite, des gisements de fer, de plomb, de sel gemme (*Bex* dans le canton de Vaud), et de nombreuses sources minérales (*Pfœffers* et *Ragatz* dans le canton de Saint-Gall, *Louèche* et *Saxon* dans le Valais, etc.); les pierres, les granits, les marbres, les ardoises, le cristal de roche, donnent lieu à une exploitation très-active.

5.

Production industrielle. — Créée par la pauvreté même du sol, favorisée par quelques-uns des produits du pays, le lin, les bois, la soie, la laine, développée par l'esprit énergique et patient de la population, l'industrie suisse soutient sans fléchir la concurrence des grandes nations voisines.

Industries textiles. — Les filatures de coton (1,900,000 broches), les étoffes imprimées, les teintureries de *Zurich*, rivalisent avec celles de Mulhouse; les mousselines de *Saint-Gall* et d'*Appenzell* avec celles de Tarare.

Quant aux **soieries** on ne peut évaluer à moins de 180 millions, la production réunie de *Lugano*, avec ses vastes filatures, de *Zurich*, avec ses 24,000 métiers, de *Bâle*, avec ses rubaneries, qui exportent chaque année pour 50 millions de marchandises.

Autres industries. — La préparation du lait condensé, la **fabrication du beurre**, et celle du **fromage**, d'abord concentrée à Gruyère (canton de Fribourg), est aujourd'hui répandue dans toute la Suisse, et surtout dans les cantons montagneux.

Zurich, Schaffouse, Neuchâtel, Winterthur, possèdent quelques grands établissements métallurgiques; la *sculpture sur bois* conserve son importance traditionnelle dans les hautes vallées de l'Oberland bernois; mais parmi les industries suisses, la plus florissante est celle de l'horlogerie et de la bijouterie, dont *Genève* est la métropole. La *Chaux de Fonds*, le *Locle*, et presque tous les villages du canton de Neuchâtel; *Saint-Imier*, dans le canton de Berne, *Sainte-Croix*, dans le canton de Vaud, doivent à la même fabrication leur prospérité toujours croissante. Le nombre des ouvriers horlogers est aujourd'hui de près de 40,000, et la Suisse livre annuellement au commerce 1,600,000 montres, représentant une valeur de 88 millions de francs.

Routes de transit. — La Suisse est traversée par quatre grandes voies de transit dont deux font communiquer l'Allemagne avec l'Italie : la route *du Splugen*, par

Coire, et celle *du Saint-Gothard*, par la vallée de la Reuss et *Zurich* (56,000 h. avec les communes limitrophes) ;

Une l'Italie avec la France : celle du *Simplon*, par *Sion*, la vallée du Rhône et les bords du lac Léman où est assise *Genève* (68,000 h.), l'entrepôt du commerce de la Suisse avec le sud-est de la France ;

Une la France avec l'Allemagne, par *Bâle* et la vallée du Rhin.

Communications avec la France. — Trois grandes lignes de chemins de fer, celle de Paris à Bâle, par Mulhouse ; celle de Besançon à Neuchâtel, par Pontarlier et les défilés du Jura ; celle de Lyon à Genève, rattachent aujourd'hui la France à la Suisse, et ont enlevé aux anciennes routes du Jura une partie de leur importance. La navigation du lac de Genève est très-active entre la rive suisse et la rive française, et occupe un grand nombre de chalans et de bateaux à vapeur.

Chemins de fer.—Malgré les difficultés naturelles, la Suisse a construit un réseau de chemins de fer dont le développement est de 2,000 kil. et qui en remontant les vallées des fleuves pénètre jusqu'au cœur de ses montagnes.

Bâle, Genève et Zurich, peuvent être considérées comme les têtes de lignes.

Les voies ferrées ne franchissent pas encore les Alpes, mais elles mettent déjà en communication toutes les grandes villes de la Suisse, se rattachent sans interruption au réseau allemand et français, et se prolongeront jusqu'en Italie, par le percement du Saint-Gothard.

Des *télégraphes* rattachent entre eux tous les centres de commerce et d'industrie, et franchissent toutes les frontières.

Valeur des échanges. La Suisse ne ramenant pas ses échanges à la valeur monétaire, on ne peut indiquer que d'une façon approximative le chiffre de son commerce extérieur, qui dépasse aujourd'hui 1,400 millions.

Relations avec la France. — La France y figure

pour plus de 400 millions, sans compter 300 millions en transit.

L'*importation* des marchandises suisses destinées à la consommation française, n'est que de 90 à 100 millions ; les bois communs, les bestiaux, les soies, l'horlogerie et les peaux brutes sont les articles les plus importants.

Sur plus de 360 millions exportés en moyenne par la frontière française, notre commerce spécial ne figure que pour 260 à 300 millions ; les soies écrues, les tissus de laine, de coton et de soie, les céréales, les sucres raffinés, les vins, les outils et ouvrages en métaux, la houille, les savons représentent les valeurs les plus considérables.

Importation et exportation. — Après la France, viennent l'Allemagne, l'Italie, l'Angleterre et l'Amérique.

La Suisse emprunte à l'étranger la plupart des matières premières, beaucoup de denrées alimentaires et quelques produits manufacturés ; à l'Angleterre, les cotons en laine, les soies, les métaux, les denrées coloniales, la quincaillerie, les machines par le transit français ou allemand ; au Zollverein ses houilles, ses métaux, ses laines, ses lins, ses céréales, ses ouvrages en fer ; à l'Italie, ses soies, ses grains, ses pailles, et les cotons, les matières tinctoriales, les huiles, les fruits, les peaux, les laines, dont Gênes est l'entrepôt.

Les principaux objets d'*exportation* sont les tissus et rubans de soie, les cotonnades, l'horlogerie, l'orfévrerie, le beurre et le fromage, les bestiaux, les tabacs, les peaux brutes, les bois, les soies grèges, etc.

Le commerce de transit et de réexportation figure pour plus d'un cinquième dans le chiffre total.

Régime douanier. — Les tarifs douaniers sont des plus libéraux ; aussi la Suisse a-t-elle accueilli avec empressement, la liberté commerciale, qu'elle mettait déjà en pratique, et que le traité de 1864 a inaugurée entre la France et la Confédération helvétique. Des conventions plus récentes avec la Chine et le Japon permettent aux grandes maisons de Zurich et de Bâle, d'aller chercher, sur les lieux mêmes de production, la matière première de leur plus riche industrie.

Poids. Mesures. Monnaies. — L'assemblée fédérale de 1851 a adopté, pour toute la Suisse, un système commun de poids et mesures (Concordatsmaasse), dont les principales unités sont :

1° Mesure de longueur, le **pied** ou fuss = 0^m,30.

2° Mesure itinéraire, la **lieue** = 4,800 mètres.

3° Mesure agraire, l'**arpent** = 36 ares.

4° Mesures de capacité (liquides), le **maas** = 1 litre, 5 — (grains) le **viertel** = 15 litres.

5° Poids, **pfund** ou livre = 500 grammes — le **quintal** = 50 kilog.

6° Monnaies, le **franc** = 100 rappen ou centimes, avec ses multiples et sous-multiples, comme en France.

CHAPITRE IX (N° 9)

ROYAUME D'ITALIE.

Bornes. Superficie. Divisions politiques. Population. — L'Italie est située entre 46° 40′ et 36° 40′ lat. N., 4° 10′ et 16° 10′ long. E.

Elle est bornée au nord par les Alpes, qui la séparent de la Suisse et de l'Autriche, à l'est par l'empire d'Autriche et l'Adriatique, au sud par la Méditerranée, à l'ouest par la mer Tyrrhénienne, la petite rivière de la Roya et les Alpes qui la séparent de la France.

De l'Italie dépendent les îles de Sardaigne, d'Elbe, sur les côtes de la Toscane, de Procida, d'Ischia et de Capri, dans le golfe de Naples, les îles Ægates et Lipari, la Sicile, et le groupe de Malte et de Gozzo, possession anglaise entre la Sicile et l'Afrique.

La superficie totale est de 296,000 kil. carrés ; la population de 27,000,000 habitants. La capitale est Rome, sur le Tibre (245,000 h.).

Situation commerciale. — Par sa partie continentale, l'Italie touche à la France, à la Suisse et à l'Autriche, et les Alpes qui l'en séparent ne sont plus un rempart infranchissable pour l'industrie moderne ; dans sa partie péninsulaire, elle déploie sur la Méditerranée et sur l'Adriatique plus de 3,600 kil. de côtes, sans compter ses îles ; elle touche à l'Afrique ; elle s'étend à la fois vers l'Occident et vers l'Orient. Gênes est à cinq jours du détroit de Gibraltar, Brindes et Messine à quatre jours d'Alexandrie et de l'isthme de Suez, les ports de Sicile et de Sardaigne à quelques heures de la Tunisie et de l'Algérie.

PRODUCTION NATIONALE.

Climat. Nature du sol. — Le climat de l'Italie est aussi varié que l'aspect du sol ; doux et humide dans les riches plaines de la Lombardie, brûlant sur les côtes de la Calabre et sur les plateaux arides de la Sicile ; chaud mais adouci par les brises de mer dans la fertile Campanie, insalubre sur les côtes des États-Romains et de la Toscane, où règne la malaria ; pluvieux au printemps et à l'automne, rigoureux en hiver dans le Piémont et au pied des Alpes, dont les sommets escarpés entourent l'Italie septentrionale d'une ceinture de neiges.

Production agricole. — Les *céréales* de la Lombardie, de la Romagne, de la Terre de Labour, de la Sicile et de la Sardaigne (80 à 90 millions d'hectolitres), les *rizières* de la Lombardie, les *vignobles* du Piémont, de la Ligurie, d'Albano dans les Etats-Romains, de la Toscane, des environs de Naples, de la Calabre, de Marsala et de Syracuse en Sicile, de Cagliari en Sardaigne, renommés surtout pour leurs vins de liqueur (20 à 25 millions d'hectolitres) ; les *huiles d'olive* de Gênes, de la Toscane, de la Vénétie, des provinces de Bari et de Tarente dans l'ancien royaume de Naples, de la Sicile et de la

Sardaigne, les *oranges* et les *citrons* de Messine, de Naples et de Reggio ; les *fruits* de toute espèce cultivés dans les vergers de la Romagne, de la Toscane et de la Lombardie, la *canne à sucre* qui réussit en Sicile et en Calabre, feraient de l'Italie le plus riche pays agricole de l'Europe, si elle était cultivée tout entière avec autant d'intelligence et d'activité que la Lombardie et la Toscane, fertilisées par leurs canaux d'irrigation, et si les procédés de culture, si le travail des habitants secondaient l'admirable fertilité du sol.

Les cultures industrielles sont peu développées, à l'exception de celle du *coton* à Syracuse et à Catane, du *chanvre* et du *lin* cultivés avec succès dans les environs de Bologne et de Ferrare, du *safran* dans la province de Salerne, du *sumac* en Sicile, et du *mûrier* dans presque toute l'Italie.

Les forêts qui couvrent environ 4 millions d'hectares sont surtout peuplées de chênes, de châtaigniers et de pins.

L'Italie a de nombreux pâturages, qui couvrent tous les flancs de l'Apennin, et en automne ses marécages se transforment en prairies où les troupeaux descendent jusqu'à la fin de l'hiver. La Lombardie septentrionale, l'Émilie, l'Ombrie, les États-Romains, la Sicile, les Abruzzes, la Pouille et la Calabre nourrissent 3,300,000 têtes de gros bétail, 1,200,000 chevaux ; 1,600,000 porcs, et 8 ou 9 millions de chèvres et de moutons dont les laines sont peu estimées. L'éducation des abeilles et celle de la volaille constituent au Piémont et à la Lombardie un revenu important, mais la principale richesse de l'Italie est la production de la *soie*. En Toscane, en Lombardie, en Piémont et surtout en Vénétie, chaque paysan a sa petite magnanerie et sa plantation de mûriers, et l'on évaluait en 1855, avant l'invasion de la maladie, la production du royaume d'Italie à 35 millions de kilogrammes de cocons et celle des États-Romains à 2,200,000 d'une valeur totale de 225 millions de francs.

Production minérale. — La production du fer est

assez importante; l'île d'Elbe fournit seule 680,000 quintaux de minerais, mais celle des combustibles minéraux est insignifiante. L'Italie produit à peine 60,000 tonnes de lignites.

On trouve le *cuivre* à Monte-Catini en Toscane, en Vénétie près de Bellune, à Ollomont près d'Aoste; le *plomb* à Pietra Santa en Toscane, et en Sardaigne, le *cinabre* en Vénétie.

L'Italie doit à son sol volcanique la *pouzzolane*, qui se rencontre à Pise, à Naples, en Sicile, et le *soufre* dont la Sicile exporte par Girgenti, Palerme et Catane 160,000 tonneaux d'une valeur de 17 millions de francs.

L'*albâtre* de Toscane, les *marbres* de Carrare (97,000 tonnes), de Gênes, et de Sicile n'ont de rivaux en Europe que les marbres de Grèce et de Turquie; l'exploitation de l'acide borique dont la Toscane a le monopole, celle des marais salants de *Comacchio* (bouches du Pô), de Cagliari, de Trapani et d'Agosta en Sicile, les mines de sel gemme de Castrogiovanni, les nombreuses sources minérales de la Toscane et du royaume de Naples, complètent le tableau de la richesse minérale de l'Italie.

La mer lui apporte son contingent comme la terre : la pêche du *corail* sur les côtes de Sardaigne, et de Sicile, celle des coquillages et du poisson dans l'Adriatique et dans la mer Tyrrhénienne, occupent près de 30,000 hommes, et de 8,000 bateaux.

Production industrielle. — L'essor de l'industrie a été longtemps comprimé en Italie par des causes diverses dont quelques-unes ont un caractère passager ; la rareté du combustible, l'apathie des populations dans le midi de la péninsule, l'incurie des gouvernements, la difficulté des transports, et les agitations politiques qui effrayaient les capitaux et qui absorbaient toutes les forces vives de la nation.

Industries textiles. — Parmi les industries textiles, les *toiles* de Brescia (40,000 hab.) en Lombardie, d'Alexandrie en Piémont, de Gênes, de Parme (45,000 h.), de Bari (50,000 hab.), de Palerme, et surtout de Bologne

RUSSIE
MOLDAVIE
HONGROIS
ROUMANIE
EMPIRE AUSTRO
BULGARIE
ROUMÉLIE
MACÉDOINE
CONSTANTINOPLE
ANATOLIE
SERVIE TURQUE
SERVIE
BOSNIE
HERZÉGOVINE
ALBANIE
ÉPIRE
Belgrade
Thora
FRANCE
SUISSE
VENETIE
LOMBARDIE
MODÈNE
MARCHES
ABRUZES
ROME
PUILLE
CALABRE
MER ADRIATIQUE
MER IONIENNE
MER TYRRHÉNIENNE
MER MÉDITERRANÉE
AFRIQUE
TUNISIE
SARDAIGNE
Corse
Lyon

ITALIE
TURQUIE
et dépendances
GRÈCE
Géographie Physique
et Politique
Chemins de Fer

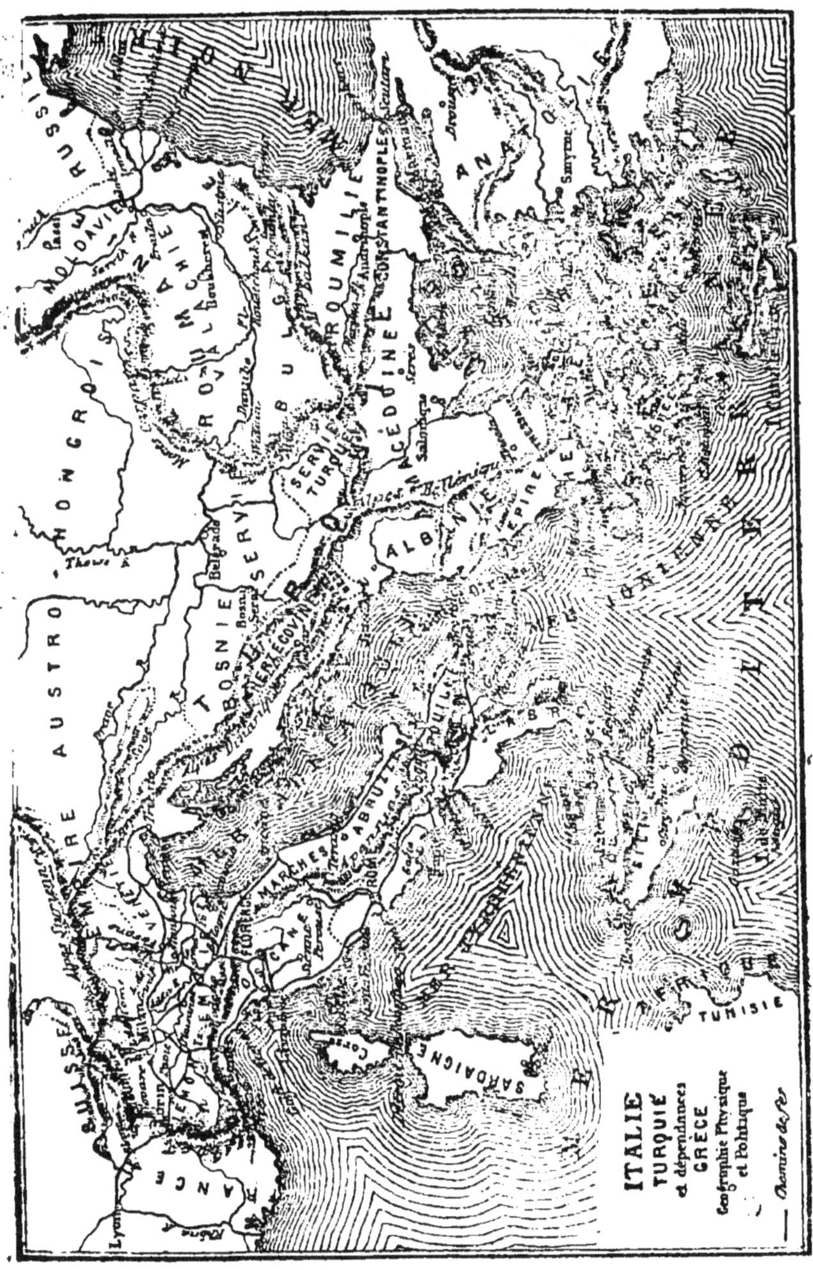

Carte V.

(115,000 hab.) et de Ferrare, suffisent à la consommation
italienne, et les filatures de *soie* de Milan (200,000 hab.),
de Vérone (60,000 hab.), de Padoue (45,000 hab.), de
Côme, celles de Sienne et de Florence en Toscane, les
velours et les *dentelles* de Turin, de Venise, de Gênes, de
Brescia, les *soieries* communes de Bergame en Lombardie, de Venise, de Naples, de Messine et de Catane, les
taffetas de Bologne et de Palerme, soutiennent la réputation de l'Italie dans une industrie dont elle eut longtemps
le monopole (100 millions de produits).

La filature et le tissage du coton occupent environ
650,000 broches et 150,000 métiers à bras ou à vapeur
en Lombardie, à Gênes, en Toscane et dans la région de
Naples.

Autres industries. — Les plus importantes sont :

1° La ganterie de Turin.

2° La **fabrication des chapeaux** de paille à Empoli,
à Florence, à Sienne, en Toscane.

3° La **fabrication des pâtes** alimentaires à Gênes et
à Naples.

4° La **fabrication du beurre** et du fromage, qui a
pour centres principaux Milan, Lodi, Pavie, et qui, en
Lombardie seulement, représente une valeur de 70 millions de francs.

5° La **verrerie** de Venise.

6° La **carrosserie** de Milan et de Turin.

7° La **fabrication des instruments** de musique
en Lombardie et en Piémont.

COMMUNICATIONS EXTÉRIEURES ET INTÉRIEURES.

Communications maritimes avec la France.
— Les communications maritimes entre la France et
l'Italie sont des plus fréquentes et des mieux organisées :
Marseille en est le centre. C'est de Marseille que partent
les nombreuses lignes des *Messageries nationales*, qui
desservent Naples, Messine, Palerme ; les services
français de la *Compagnie Marseillaise*, de la *Compagnie*

Valéry, de la *Compagnie de navigation mixte*, les services italiens des *Paquebots-Poste de Gênes*, qui desservent tous les ports jusqu'à Ancône; des *Paquebots de la Compagnie des Deux-Siciles*, etc...

Les deux tiers de notre commerce avec l'Italie se font par voie de mer.

Principaux ports. Lignes de navigation. — Dans le versant de la mer Tyrrhénienne quatre ports principaux attirent à eux presque tout le mouvement des échanges; ce sont Gênes, Livourne, Civita-Vecchia et Naples.

Gênes (130,000 hab.), débouché du commerce maritime de la Lombardie, du Piémont et de la Suisse, reçoit ou expédie annuellement 6,000 navires (1,760,000 tonneaux) dont plus de moitié sous pavillon italien.

On évalue à 120 millions par terre, et 400 par mer, le chiffre du commerce de Gênes, dont les principaux objets sont : les céréales, les vins, les huiles, les sucres, les cafés, les tabacs, les peaux brutes, les cotons, la laine, la soie, et les métaux.

Livourne (98,000 hab.), débouché du commerce de la Toscane, présente annuellement un mouvement total de plus de 12,000 navires (2,300,000 tonneaux), dont 2,000 vapeurs, et entretient les relations les plus actives avec la Grande-Bretagne, la France, la Russie, l'Espagne, les Pays-Bas, la Turquie et les États-Unis. Son commerce s'élève à près de 250 millions, et consiste surtout, à l'importation, en céréales, denrées coloniales, poisson, salaisons et objets manufacturés de provenance anglaise et française; à l'exportation, en huiles, potasse, céréales et tissus.

Civita-Vecchia n'a d'importance que comme débouché maritime du pays romain.

Naples (450,000 hab.), ancienne capitale du royaume des Deux-Siciles, et la ville la plus peuplée de la Péninsule, avec son golfe si vanté et son admirable situation qui en fait le débouché de tout le commerce du sud de l'Italie, est loin d'égaler ses deux puissantes rivales,

Gênes et Livourne (mouvement de 1,100,000 tonneaux).

Parmi les ports secondaires, ceux qui méritent une mention, sont, sur le golfe de Gênes, *Port-Maurice*, et *Savone ;* sur la mer Tyrrhénienne, la *Spezzia*, arsenal de la marine italienne, *Piombino*, en face de l'île d'Elbe, *Reggio*, centre du commerce de la Calabre et importante par sa position sur le détroit de Messine.

L'Italie possède dans la mer Tyrrhénienne trois îles, dont le commerce rivalise avec celui du continent : la petite île d'*Elbe* avec sa capitale *Porto-Ferrajo*, enrichie par l'exportation des minerais de fer ; la *Sardaigne*, grande île montagneuse au centre, plate et marécageuse sur les bords de la mer, avec ses ports de *Cagliari* (33,000 habitants), au sud, de *Porto-Torres* au nord-ouest, et de la *Maddalena* au nord, visités annuellement par plus de 3,000 navires ; enfin, la Sicile avec ses deux grands ports : de **Messine** (112,000 hab.), à l'entrée du détroit, l'une des étapes nécessaires de la navigation française et italienne, sur la route du Levant et sur celle de l'isthme de Suez ; et de **Palerme** (220,000 hab.), capitale de l'île, sur la côte septentrionale, le plus grand marché commercial et financier de la Sicile.

Dans le **versant de l'Adriatique**, Ancône (45,000 hab.), et **Venise** (130,000 hab.), dont le commerce maritime s'élève encore à 160 millions, sont les seules places de commerce qui présentent un mouvement considérable.

Les autres ports de la côte orientale, *Sinigaglia*, célèbre autrefois par ses foires, *Bari*, port ensablé, *Trani*, *Otrante*, sur le canal du même nom, n'ont d'importance que pour la pêche et le cabotage ; mais l'antique ville de *Brindes*, à l'entrée de l'Adriatique, où aboutissent aujourd'hui les chemins de fer de l'Italie orientale, semble destinée par sa position, à l'extrémité de la Péninsule, à 4 jours d'Alexandrie, à devenir un des premiers ports de transit de l'Italie, et le principal débouché du commerce italien avec l'extrême Orient par la route de Suez.

Mouvement de la navigation. Effectif de la marine marchande. — L'effectif de la marine marchande italienne était, en 1876, de 10,800 navires et un million de tonneaux, en y comprenant 140 vapeurs (54,800 tonneaux).

Le mouvement de la navigation extérieure s'élevait, d'après l'état des différents ports (entrées et sorties réunies), à 40,000 navires chargés de près de neuf millions de tonneaux.

Le mouvement du cabotage dépassait 100,000 navires et 6,500,000 tonneaux (entrées seulement).

Routes de terre. — Les routes de terre, bien qu'elles aient perdu de leur importance depuis la construction des chemins de fer, sont encore le seul moyen de communication avec l'étranger sur une partie de la frontière des Alpes.

De **Gênes** part la *route de la Corniche,* qui communique avec la France par Nice, en longeant le littoral, suspendue au flanc des Apennins et des Alpes.

De **Turin** part 1° la *route du Col de Tende,* qui aboutit à Nice par Coni.

2° La *route du mont Genèvre,* qui aboutit à Briançon par Suse.

3° La *route du mont Cenis,* la plus fréquentée de toutes, qui aboutit à Chambéry et à Lyon par Suse.

De **Milan** partent les trois grandes routes de transit entre la Suisse et l'Italie, celle du *Simplon,* par Domo d'Ossola, celle du *Saint-Gothard,* par Côme, celle du *Splugen,* et une quatrième route, celle du *Col de Stelvio* et du *Col de Tonal,* qui ouvre au commerce italien les vallées du Tyrol.

Chemins de fer. — Les chemins de fer exploités ont une étendue de 8,000 kilomètres. Milan et Bologne, la capitale de l'Émilie, peuvent en être regardées comme les deux centres principaux.

Les lignes les plus importantes sont :

1° *Celle de Milan à Venise et à Trieste,* par Brescia, voie du transit entre la France et l'Autriche.

2° *Celle de Milan* à *Chambéry*, par Pavie, Alexandrie, Turin et le tunnel du mont Cenis, long de 13 kil.

3° *Celles de Milan* à *Arona*, à *Lecco* et à *Côme*, où viennent aboutir les routes de la Suisse et du transit allemand.

4° De *Milan* à *Gênes.*

5° De *Milan* à *Bologne,* par Lodi, Plaisance, Parme et Modène.

6° La *ligne de Bologne* à *Florence*, Rome et Naples, qui doit se prolonger jusqu'à Reggio, sur le littoral de la mer Tyrrhénienne.

7° La *ligne de Bologne* à *Brindes,* par Rimini, Ancône, Termoli et Trani, prolongée jusqu'à Tarente.

L'Italie entière est couverte par un réseau de lignes télégraphiques qui communiquent avec le continent, par la France, la Suisse et l'Autriche, avec la Corse, la Sardaigne, la Sicile, Malte, Tunis et l'Algérie, par des câbles sous-marins.

COMMERCE EXTÉRIEUR.

Le commerce extérieur de l'Italie s'élevait, de 1871 à 1875 (année moyenne), à 2 milliards 400 millions, dont 840 millions pour le trafic international avec la France, 420 pour l'Angleterre, 520 pour l'Autriche, 200 pour la Suisse.

Importation. — Le commerce d'importation, dont la valeur était de 1,200 à 1,300 millions, consistait surtout en métaux, houille, cotons, laines, matières tinctoriales, provenant de France, d'Angleterre, d'Autriche;

En poissons salés, denrées coloniales, sucres bruts ou raffinés, céréales, bestiaux importés de France, de Belgique, de Trieste, ou directement d'Amérique par la marine génoise;

En articles manufacturés de toute espèce, anglais, français, suisses, allemands, importés en grande partie par terre, et parmi lesquels dominent les tissus, les ouvrages en fer, les articles de Paris, le papier et la verrerie.

Exportation. — Le commerce d'exportation figure sur le tableau des douanes pour une valeur réelle de 1,100 millions environ.

Les principaux objets exportés sont, parmi les ma-tières premières :

Le *lin* et le *chanvre* pour la Suisse, l'Allemagne, la France et l'Angleterre ;

La *soie*, dont l'exportation, réduite de moitié par la maladie, constituait le principal revenu de l'Italie ;

Quelques *laines* de Naples et de la campagne romaine ;

Le *soufre* de Sicile, les *bois de construction* de Gênes et d'Ancône, le *sumac* de Palerme et de Messine, la *garance,* les *peaux brutes*, les *marbres*, le *corail*, les *chiffons,* expédiés par Messine, Palerme, Ancône, et surtout Livourne ;

Parmi les **denrées alimentaires**, les *vins*, les *huiles,* dont la valeur s'élève à plus de 100 millions, les *fruits,* les *céréales* de Sicile et du royaume de Naples, les *œufs* du Piémont, le *beurre* et le *fromage* de Lombardie, le *sel* de Sardaigne et de Sicile ;

Parmi les **produits manufacturés**, les pailles tra-vaillées, les pâtes alimentaires, les soieries, les toiles à voiles et les cordages ; les instruments de musique, la carrosserie milanaise ; enfin l'ébénisterie, destinée exclu-sivement à l'Amérique.

Le commerce de transit que les tableaux de douane font figurer dans l'importation et dans l'exportation, est considérable en Italie, et surtout dans la partie septen-trionale : Gênes est le port de la Suisse ; les chemins de fer italiens sont la grande voie de communication entre la France et l'Autriche ; et dans un avenir prochain, si le Saint-Gothard était ouvert, le transit des matières pré-cieuses, des dépêches et des voyageurs, venant d'Orient par la route de Suez, s'ajouterait à ce mouvement, dont la valeur dépasse aujourd'hui 150 millions.

Relations avec la France. — Sur les 840 millions

qui représentent le mouvement des échanges entre la France et l'Italie, les soies figurent à l'importation en France pour plus de 106 millions; puis viennent les bestiaux, les huiles d'olive, les potasses, les bois communs, le soufre, les peaux brutes, les marbres, etc... L'exportation française en Italie s'élève à plus de 350 millions. Les tissus de laine, de coton, de soie, la mercerie, les sucres, les tabacs, les fers et les ouvrages en métaux y figurent pour plus de 100 millions. Puis viennent les vins, les outils, la poterie et la verrerie, les armes, les peaux préparées, etc.... Une partie de ces marchandises est destinée à l'Autriche.

Traités de commerce. — Au milieu des agitations et des incertitudes politiques, le mouvement industriel et commercial a longtemps tardé à se développer : cependant l'œuvre de rénovation se poursuit activement : les communications s'améliorent, le réseau des chemins de fer s'étend, l'institution des tribunaux et des chambres de commerce est organisée dans toute la péninsule : enfin l'Italie, par la suppression des passe-ports, par des conventions postales et télégraphiques, par des traités de commerce signés avec la France, l'Angleterre, la Suisse, le Portugal, la Suède et la Norvége, le Zollverein, est entrée dans la voie de la liberté commerciale, et a fait disparaître les prohibitions, les droits de sortie et les taxes exagérées qui pesaient si lourdement sur le commerce italien.

Poids, mesures et monnaies. — Le système métrique français, pour les poids, les mesures et les monnaies, est légalement adopté par tout le royaume : mais on tolère encore les mesures anciennes dans les provinces du midi.

Malte. — Le groupe de Malte, possession anglaise (369 kil. car., 150,000 hab.), qui commande l'entrée du second bassin de la Méditerranée, est une position stratégique et commerciale de premier ordre. La capitale,

La Valette, un des plus beaux ports de la Méditerranée, relâche de toutes les lignes anglaises du Levant et de l'extrême Orient, et entrepôt des oranges, des fruits et du coton qui sont à peu près les seules productions de l'île, présente un mouvement annuel de plus de 4 millions et demi de tonneaux.

CHAPITRE X (N° 10)

ROYAUME D'ESPAGNE.

Bornes. Superficie. Population. — L'Espagne est située entre 36° et 43° 46′ lat. N., 11° 35′ long. O. et 1° long. E., sans compter les îles.

Elle est bornée au nord par le golfe de Gascogne, par la Bidassoa et les Pyrénées qui la séparent de la France; à l'est, par la mer Méditerranée; au sud par la Méditerranée et le détroit de Gibraltar; à l'ouest par l'océan Atlantique et le Portugal. Le groupe des îles Baléares, dans la Méditerranée, lui appartient.

Sa superficie est de 500,000 kil. car., sa population de 16,500,000 hab. La capitale est Madrid (330,000 hab.).

Situation commerciale. — Située à l'une des extrémités de l'Europe, séparée de la France par la chaîne gigantesque des Pyrénées qui s'étend sur un espace de 390 kil., l'Espagne rachète l'isolement de sa position continentale par une admirable situation maritime. Ses côtes se prolongent sur une étendue d'environ 2,900 kil.; au nord, le golfe de Gascogne ouvre à ses navires le chemin des ports de France et d'Angleterre; à l'ouest, l'océan Atlantique lui trace vers les deux Amériques et les côtes occidentales de l'Afrique cette route si glorieusement inaugurée par les navigateurs du xvᵉ siècle; au sud, l'Espagne domine le détroit de Gibraltar, cette porte de la Méditerranée; enfin, à l'est, la péninsule ibérique est baignée sur une étendue de plus de 1,000 kil. par la Méditerranée, où le pavillon espagnol régnait, au temps de sa grandeur, depuis les mers du

Maroc jusqu'à celles de la Grèce et jusqu'aux parages de Tunis et de Tripoli.

PRODUCTION NATIONALE.

Climat et nature du sol. — L'aspect général de la péninsule ibérique est celui d'un vaste plateau à la

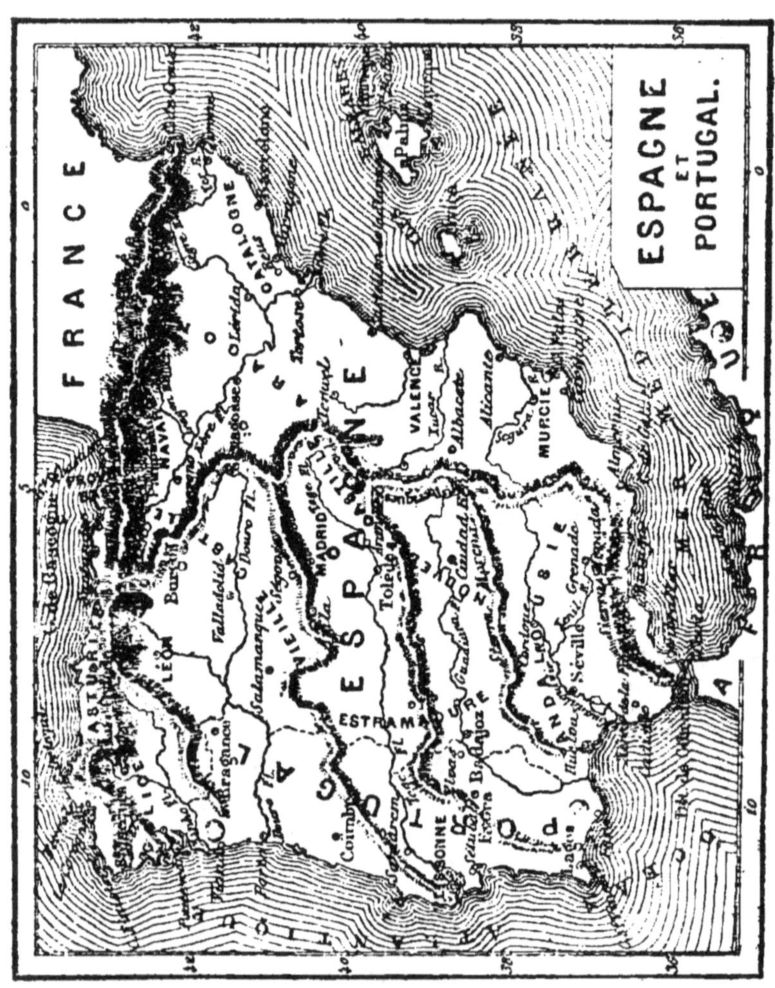

Carte VI.

charpente granitique, couronné de sierras aux sommets dépouillés et neigeux, se terminant au nord et au sud par de brusques escarpements qui dominent le golfe de

Biscaye et la Méditerranée, s'abaissant à l'ouest et à l'est par des talus inclinés, dont la pente va mourir dans de fertiles plaines, couvertes d'une riche végétation et d'une population nombreuse et intelligente.

Production agricole. — Sur 50 millions d'hectares, l'Espagne n'a que 17 millions d'hectares de terres arables, et l'incurie des populations, la difficulté des transports, le peu de division de la propriété réduisent à 80 millions d'hectolitres à peine la moyenne des récoltes annuelles en *blés, seigle, maïs, millet*. Le *riz* est cultivé surtout en Andalousie et dans la huerta de Valence, la pomme de terre dans les provinces du nord.

La culture de la *vigne* est répandue dans toute la péninsule, et les crus de Xérès, de Malaga, d'Alicante, jouissent d'une réputation universelle : mais l'imperfection des procédés de culture et de vinification réduit à 12 millions d'hectolitres environ, le produit viticole annuel de l'Espagne, pour une superficie de près de deux millions d'hectares.

L'*oranger*, le citronnier, le figuier, réussissent dans toute la partie orientale et méridionale : les *dattes* d'Elche le disputent à celles d'Afrique, les *huiles* d'Andalousie, de Valence, et de Murcie sont de qualité supérieure et s'exportent dans toute l'Europe.

Les pâturages de la Nouvelle-Castille, de l'Estramadure, de l'Aragon, les *prairies* de l'Andalousie et de la Catalogne nourrissent environ 3 millions de bœufs, 3 millions de *chèvres* et 17 à 18 millions de *moutons mérinos*, qui fournissent encore, malgré la décadence de la race, des laines très-estimées. Les *mulets* de Castille (600,000), les *chevaux* d'Andalousie et de Valence (300,000 à 400,000), le disputent aux races les plus renommées d'Europe et d'Orient, les *porcs* sont au nombre de plus de 2 millions : la production de la *soie* était avant 1856 de 1,200,000 kilogr. réduits aujourd'hui de moitié par la maladie.

Production minérale. — Le combustible végétal manque en Espagne, et la production de la houille ne dépassait pas, en 1874, 500,000 tonnes. Les principaux gisements de houille sont ceux de *Gijon* dans les Asturies, d'*Alar del Rey* dans la Vieille Castille, d'*Urgel* en Catalogne, de *Montalvan* et de *Teruel* en Aragon, de *Belmez* et d'*Espiel* en Andalousie.

Le **fer** abonde dans les provinces basques, en Catalogne, dans le bassin houiller de Gijon, et dans la province de Malaga.

Les mines de **cuivre** de *Rio Tinto* (province d'*Huelva*), de *Vulcano* en Andalousie, les riches gisements de **zinc** des Asturies et des provinces basques, les mines d'étain aujourd'hui à peine exploitées, n'attendent, pour reprendre leur activité, que le repos et des voies de communication plus faciles.

Les mines de **plomb** comptent parmi les plus riches du monde ; celles de Catalogne, d'Andalousie (*Adra, San-Andrès*, etc.), celles de la province de Zamora produisent annuellement plus de 70 millions de kilogrammes de plomb et 20,000 kilog. d'argent. Les mines de **mercure** d'*Almaden*, les plus riches d'Europe, donnent plus de 800,000 kilog. par an.

Les **marais salants** d'Andalousie, les mines de sel gemme de Catalogne et des provinces basques, rivalisent avec les salines de France et d'Angleterre ; enfin la pierre à bâtir, la pierre à chaux, les argiles, les marbres se rencontrent en abondance dans toute la péninsule.

Production industrielle. — L'industrie espagnole, si active au xvi⁰ siècle, est aujourd'hui une des plus arriérées de l'Europe. La cherté du combustible, la difficulté des transports, la rareté des capitaux, les agitations politiques sont les principales causes de cette infériorité.

Industries textiles. — Toutes les *industries textiles* sont concentrées dans la Catalogne où les villes de **Barcelone** et de **Reus** occupent à la filature du coton, à l'impression des étoffes, au tissage, à la bonneterie, plus de 100,000 ouvriers et de 1,200,000 broches, tandis que les toiles de *Tarragone*, et de *Vals* rivalisent avec les produits étrangers

Industries métallurgiques. — Les industries *métallurgiques* sont plus développées. Les forges de la Catalogne et de l'Andalousie, les usines de *Miérès,* de *Gijon,*
de *Bilbao,* pour le travail du fer ; les fonderies de plomb
d'*Adra,* d'*Almeria,* de *Malaga,* de *Carthagène ;* les fabriques d'armes et de machines de *Barcelone ;* la quincaillerie et l'orfévrerie de *Séville* et de *Madrid,* offrent
des éléments de richesse, qui grandiront avec le progrès
des voies de communication, et des relations internationales.

La tannerie, la fabrication des bouchons, la préparation des tabacs et des cigares, la distillation des huiles,
la fabrication du chocolat, la papeterie (13,000 tonnes),
méritent également une mention.

COMMUNICATIONS EXTÉRIEURES ET INTÉRIEURES.

Communications par mer avec la France. —
La France communique avec les ports espagnols par de
nombreuses lignes de navigation régulière, et les deux
tiers de nos échanges avec l'Espagne ont lieu par mer.
Le Havre, Nantes, Bordeaux, Bayonne, Cette et Marseille,
sont les principaux ports d'embarquement pour la péninsule espagnole.

Principaux ports. Lignes de navigation. —
Le versant septentrional, qui s'étend sur une longueur de 580 kil. depuis les caps Ortegal et Finistère
jusqu'à l'embouchure de la Bidassoa, est baigné par les
flots toujours agités de la mer de Gascogne.

Les trois principaux ports de ce versant sont *Saint-
Sébastien,* chef-lieu du Guipuzcoa, **Bilbao,** chef-lieu de
la Biscaye et **Santander** (30,000 h., Vieille-Castille),
entrepôts du commerce maritime du nord de l'Espagne
avec la France, l'Angleterre, les pays Scandinaves, les
villes hanséatiques, et les Antilles espagnoles.

Gijon, dans les Asturies, le *Ferrol* et la *Corogne* (30,000
h.), les deux grands arsenaux maritimes de l'Espagne du
nord (Galice), *Vigo,* sur l'océan Atlantique, débouché du

commerce de la Galice, entretiennent des relations suivies avec l'Angleterre, la France et l'Amérique.

Dans le **versant occidental**, la plus grande partie des côtes de la péninsule ibérique appartiennent au Portugal. Depuis l'embouchure de la Guadiana, où finit le littoral portugais, jusqu'au détroit de Gibraltar, la côte est basse, sablonneuse, desséchée par un soleil brûlant, et balayée par les vents d'Afrique.

Les places de commerce les plus importantes de cette côte sont *Huelva* et **Cadix**, en Andalousie (72,000 h.), le premier port militaire et le second port marchand de l'Espagne, point de départ des lignes espagnoles, qui desservent Cuba, et les îles Canaries ; le mouvement de sa navigation s'élève à plus de 2,000 navires et de 550,000 tonneaux sans y comprendre le cabotage. *Séville* (110,000 h.), sur le Guadalquivir, est en relations avec le Havre et Marseille.

Dans le **versant méridional et oriental**, depuis la pointe de Tarifa jusqu'au cap Creus, où finissent les Pyrénées, les côtes de la Méditerranée sont abruptes, bordées d'une ceinture de rochers et de montagnes qui s'écartent de loin en loin, pour laisser entre leurs dernières pentes et la mer, une plage étroite, couverte de sables ou de marécages, et brûlée par le soleil. A l'entrée du détroit, **Gibraltar**, possession anglaise depuis 1704, est toujours un port de relâche de premier ordre, et de plus l'entrepôt du commerce anglais avec le Maroc, et de la contrebande avec l'Espagne et le Portugal.

Les ports espagnols de l'Andalousie, *Marbella*, **Malaga**, grande ville de 100,000 h. desservie par les lignes espagnoles, et par celles de Marseille et du Havre, *Motril*, *Adra*, *Almeria*, exportent les vins, les huiles, les raisins, le plomb, etc...

Carthagène, *Alicante*, **Valence** (108,000 h.), située sur le Guadalaviar, et qui a pour port le *Grao*, *Tortose* à l'embouchure de l'Ebre, *Tarragone*, partagent le commerce de la Méditerranée avec **Barcelone** (190,000 habitants), capitale de la Catalogne, le premier port

marchand de l'Espagne, l'entrepôt du commerce espagnol avec les peuples maritimes de la Méditerranée, et
le débouché de l'industrie catalane. Son mouvement
dépasse 900,000 tonneaux (cabotage non compris), et
sa marine marchande est la plus nombreuse de la péninsule.

Palma (52,000 h.), capitale de l'île Majorque, et *Port-
Mahon*, chef-lieu de Minorque, les deux plus grandes
des Baléares, sont importants comme débouchés du
commerce de ces îles et comme points de relâche entre
la France et l'Algérie.

Mouvement et effectif maritimes. — Le mouvement de la grande navigation dans les ports d'Espagne
est de 16,000 navires chargés (2,800,000 tonneaux). Il est
de 37,000 navires pour le cabotage (1868-73). L'effectif
de la marine marchande est de 3,060 navires jaugeant
680,000 tonneaux (202 vapeurs jaugeant 139,000 tonneaux).

Routes de terre. — Le sol de l'Espagne, hérissé de
montagnes, qui s'élèvent comme autant de barrières
entre les diverses provinces de la péninsule, est peu
favorable aux communications intérieures : à part
quelques grandes routes carrossables et bien entretenues,
les transports se font encore sur de lourds chariots à
roues pleines, traînés par des bœufs, ou à dos de mulets.

Chemins de fer. — La construction des chemins de
fer, longtemps retardée par le manque de capitaux et par
les difficultés politiques, a pris depuis quelques années
un remarquable développement, et semble devoir être le
signal du réveil de l'industrie et du commerce en Espagne.

Plus de 5,500 kilomètres sont en exploitation, et
3,600 concédés ou en construction.

Le centre des chemins de fer espagnols est Madrid,
d'où partent six lignes principales.

1° *Ligne du nord, de Madrid à Bayonne*, débouché du
commerce avec la France, par Valladolid, Burgos, Vit-
toria, Saint-Sébastien et Irun. Un embranchement dessert
Bilbao.

2° *Ligne du nord-ouest,* qui rattache Madrid à Gijon, à la Corogne, à Vigo, à Santander.

3° *Ligne de l'ouest,* de Madrid à Lisbonne, par Ciudad-Real et Badajoz.

4° *Ligne du sud,* de Madrid à Cadix et à Malaga, par Alcazar, Santa-Cruz, Cordoue et Séville.

5° *Lignes du sud-est,* de Madrid à Alicante, Carthagène et Valence, par Alcazar et Almanza.

6° *Lignes du nord-est,* de Madrid à Saragosse, et de Saragosse à Barcelone et à Tarragone, en suivant la vallée de l'Èbre.

Une ligne en construction doit rattacher Barcelone à la France, par Port-Vendres, et longe le littoral de la Méditerranée, par Tarragone, Castellon et Valence.

L'Espagne est couverte d'un vaste réseau de lignes télégraphiques, qui communiquent avec celles de tout le continent, par la frontière française. Le câble sous-marin de Carthagène à Oran, souvent rompu, est aujourd'hui abandonné.

Commerce extérieur. — Le *commerce extérieur* flotte entre 1 milliard et 1 milliard 100 millions. Il n'était que de 660 millions en 1857.

La *France* (260 millions, en 1874);

L'*Angleterre* (390 millions);

Les *colonies espagnoles* d'Amérique, d'Afrique et d'Océanie; les *États-Barbaresques,* l'*Amérique du Sud,* le *Mexique,* entrent pour la plus large part dans le mouvement des échanges.

Exportations. — Parmi les objets exportés, les plus importants sont: les *vins* destinés à l'Angleterre, à l'Europe du nord et à l'Amérique, les *métaux,* plomb, cuivre, fer, manganèse, mercure; les *huiles,* les *fruits,* les *matières tinctoriales,* safran, cochenille, etc., les *laines,* les *peaux brutes,* les *liéges,* le *sel,* la *soie* et le *tabac* fabriqué, qui s'exportent en Europe et en Amérique.

Importations. — A l'importation, les *tissus* de France, d'Angleterre, de Belgique, du Zollverein, de Suisse, les *cotons* en laine, le *sucre,* le *café,* le *cacao,* les *matières tinctoriales,* provenant des colonies et de l'Amérique du Sud, ou des entrepôts anglais et français, les *ouvrages en métaux,* l'*horlogerie,* l'*orfévrerie,* les *peaux brutes,* les *tabacs* de la Havane et de Manille, les *mulets* et les bestiaux, représentent les valeurs les plus considérables.

Le transit ne comprend guère que les marchandises destinées à la réexportation dans les colonies, et les produits coloniaux à destination de l'Europe.

Relations avec la France. — Les échanges entre la France et l'Espagne flottent entre 210 et 270 millions.

Nos *importations* d'Espagne représentent une valeur de 100 à 140 millions; les métaux, les huiles d'olives, les fruits de table, les laines, les peaux brutes, la cochenille, le safran, sont les objets d'échange les plus importants.

Nos *exportations* en Espagne, qui s'élèvent à 100 ou 120 millions, consistent surtout en lainages, tissus de soie, cotons en laine, tissus de coton, mercerie, papeterie, mulets, chevaux et bestiaux, ouvrages en fer, etc.

Colonies. — De ses vastes colonies, l'Espagne n'a gardé que *Cuba* et *Porto-Rico,* en Amérique, ses plus riches possessions; les *présides marocains,* les *Canaries,* considérées comme partie intégrante du territoire espagnol; *Fernando-Po* et *Annobon,* en Afrique, les *Philippines,* les *Carolines* et les *Mariannes,* en Océanie; c'est-à-dire une superficie totale de 304,000 kil., et une population de 8 millions d'âmes.

Régime douanier. — Son régime douanier, malgré des conventions récentes, signées avec la France, l'Angleterre, l'Italie, l'Allemagne, etc., 'qui en adoucissent la rigueur, est encore un des moins libéraux de l'Europe.

Poids. Mesures. Monnaies. — Le système métrique français est en usage depuis 1859.

La principale monnaie de compte est le **réal** $= 0$ fr. 26.

Les monnaies réelles sont, en or, le *doublon* d'Isabelle $= 25$ fr. 785; — en argent le *duro* (piastre)

= 5 fr. 232, — l'*escudo* = 2 fr. 603, — la *peseta* = 1 fr.,
— le *réal* = 0 fr. 26 (valeur de 1874).

Les mesures anciennes les plus usitées, et qui sont encore employées dans une partie de l'Amérique du Sud et de l'Amérique centrale, sont :

Mesure de longueur, la **vara** = 0ᵐ, 8359.
Mesure itinéraire, la **legua** = 5555ᵐ, 5555.
Mesure agraire, la **fanega** = 6439ᵐ⁴, 57,40.
Mesures de capacité, la **fanega** (grains) = 55 lit., 5.

Poids.
- la **cantara** } liquides = 16 lit., 1329.
- la **pipa** } vins, = 433 lit., 5895.
- la **livre** = 0 k., 46009.
- l'**arrobe** = 25 l. = 11 k., 502.
- le **quintal** = 100 l. = 46 k., 00929.

ROYAUME DE PORTUGAL.

Bornes. Superficie. Population. — Le Portugal, enfermé entre l'Espagne et l'océan Atlantique, est situé entre 36° 56′ et 42° 7′ lat. N., 8° 34′ et 11° 50′ long. O.

Les îles *Açores* (Terceira, Fayal, Flores, San Miguel et Santa Maria) et les îles *Madères* (Madère et Porto Santo), situées dans l'Atlantique, au nord-ouest de l'Afrique, sont regardées comme parties intégrantes du territoire portugais, et leur commerce se confond avec celui de la métropole.

La superficie continentale est de 89,360 kil. car. ; celle du groupe des Açores est de 2,960 kil. c., et du groupe des Madères de 823 kil. environ. La population totale est de 4,400,000 habitants, dont 400,000 pour la partie insulaire.

Le territoire continental se divise en dix-sept districts, et les îles en quatre districts. Lisbonne, sur le Tage, est la capitale et la résidence du gouvernement (230,000 h.).

Climat. Nature du sol. — Le climat du Portugal,

tempéré au centre, est brûlant et malsain dans les provinces méridionales des *Algarves* et de l'*Alem-Tejo* ; le sol, accidenté, coupé par de nombreuses chaînes de montagnes, raviné par les torrents, est âpre et stérile dans le nord (provinces de *Tras-os-montes* et *Minho*) plus fertile dans le centre (*Estramadure* et *Beïra*).

Production agricole. — L'agriculture a cependant fait quelques progrès : les céréales, les pommes de terre, le riz suffisent aux besoins du pays; mais la vraie richesse agricole du Portugal consiste dans la culture de la *vigne*, qui produit sur le continent de 4 à 5 millions d'hectolitres et 150,000 dans les îles; dans celle de l'*olivier* et de l'*oranger*, qui réussissent également dans les îles et sur le continent.

Le *gros bétail* compte environ 600,000 têtes, les chevaux 80,000. Les porcs (780,000), les chèvres et les moutons (2,700,000), sont plus nombreux, surtout dans le nord, et les laines sont assez recherchées : les abeilles fournissent une cire estimée, et l'éducation des vers à soie a fait du progrès.

Production minérale. — Les richesses minérales sont considérables, mais peu exploitées. Les mines de houille de l'*Estramadure* et de la province de *Beïra*, les mines de fer de *Leiria*, les cuivres de *San Domingo*, dans l'Algarve, les plombs, l'étain, l'antimoine de la province de Beïra, les marbres de *Cintra* (Estramadure) et d'*Estremoz* (Alemtejo) et surtout le sel de *Sétuval*, constituent cependant un revenu important.

Les pêcheries des côtes du Portugal sont riches surtout en crustacés et en sardines. On évaluait, en 1872, leur produit à plus de 12 millions, et les barques qu'elles occupaient à 3,350.

Production industrielle. — L'industrie portugaise, écrasée par la concurrence étrangère, entravée par le manque de routes, par la rareté du combustible, ne s'affranchit que lentement, malgré les efforts du gouvernement, des obstacles qui arrêtent son essor. *Lisbonne* et *Porto* possèdent des filatures de coton, des manufactures de lainages et de soieries, fabriquées avec la soie indigène, des usines pour la fonte des métaux, la fabrication des armes, etc. Les toiles de *Guimaraens*, près de Braga, les dentelles de *Viana* s'exportent au Brésil.

Principaux ports. Lignes de navigation. — Tout le commerce extérieur du Portugal se concentre dans trois ports : Porto, Lisbonne et Sétuval.

Porto, à l'embouchure du Duero (100,000 h.), est le principal débouché des vins et des eaux-de-vie du Portugal. Son commerce flotte entre 100 et 110 millions de francs (1870-74), et le mouvement de sa navigation, entre 1,900 et 2,000 navires (340,000 tonneaux), parmi lesquels domine le pavillon de l'Angleterre et de la Russie.

Lisbonne (230,000 h.), capitale du Portugal, s'élève en amphithéâtre sur la rive droite du Tage. Desservie par les lignes françaises du *Havre*, de *Saint-Nazaire* et de *Bordeaux* ; par les lignes anglaises de Glasgow, Southampton, Liverpool, Londres et Bristol, Lisbonne sert de relâche aux services français de l'Amérique du Sud (*Compagnie des Messageries nationales*), aux paquebots anglais du *Royal Mail Steam packet*, entre Southampton et le Brésil, etc. Principal entrepôt pour l'importation, Lisbonne présente un mouvement moyen de 5,200 navires, dont près de 3,000 navires au long cours, contre 1,945 en 1858. Le mouvement des échanges oscille depuis 10 ans entre 100 et 140 millions.

Sétuval (16,000 h.), au sud de l'embouchure du Tage, doit son importance au commerce du sel, du vin et des fruits.

Mouvement de la navigation. — Le mouvement total de la navigation s'élève (1870-74), à 22,000 navires et 5,000,000 tonneaux, contre 17,850 navires en 1855.

L'effectif de la marine marchande est de 550 bâtiments et de 110,000 tonneaux.

Communications intérieures. — Le Minho, le Duero, le Mondego, le Tage et la Guadiana sont navigables et suppléent au manque de routes pour les trans-

» ports intérieurs. Le Tage a un service de bateaux à va-
« peur entre Abrantès, Santarem et Lisbonne.

Les routes de terre, surtout celles qui communiquent
avec l'Espagne, par Elvas et Ciudad Rodrigo, ont été fort
améliorées, et le réseau des routes royales s'élève aujour-
d'hui à 3,400 kilomètres bien entretenus. Le Portugal
possède 1,000 kil. de chemins de fer, divisés en trois lignes principales :

1° De *Lisbonne à Badajoz,* par Santarem et Abrantès
(281 kil.), route du commerce avec l'Espagne ;

2° De *Lisbonne à Porto,* par Santarem et Coïmbre, sur
le Mondego (270 kil.) ;

3° De *Lisbonne à Sétuval,* Beja et Evora.

La télégraphie électrique est établie dans tout le
royaume, et un câble transatlantique rattache Lisbonne
au Brésil.

Commerce extérieur. — Le commerce extérieur
du Portugal varie depuis cinq ans entre 260 et 350 millions, avec une tendance sensible au progrès. L'*Angleterre* y entre seule pour plus de moitié ; la *France* y
figure pour 8 à 15 millions à l'exportation, 20 à 30 à l'importation, précédée par le *Brésil* et l'*Espagne,* et suivie
par la *Russie,* l'*Allemagne,* la *Hollande,* l'*Italie,* les *colonies portugaises* et les *États-Unis.*

Importation. — L'importation, dont la valeur est
de 160 à 190 millions, consiste en *coton* et *peaux brutes,*
fournis par le Brésil et l'Angleterre, *métaux bruts* d'Angleterre et d'Espagne, *bois* du nord de l'Europe, *tabacs*
d'Amérique, *sucres* brésiliens et anglais, *beurre* d'Angleterre et de France, *morue* et poisson salé de Terre-Neuve,
cotonnades, lainages, soieries, produits chimiques d'Angleterre et de France.

Exportation. — L'exportation s'élève de 134 à 160
millions ; les *vins* et eaux-de-vie y entrent en moyenne
pour 55 millions ; les *huiles,* les *fruits,* le *sel,* les *bestiaux,*
les *laines* brutes, le *cuivre,* la *cire,* l'*orseille,* pour 60 à
80 millions.

Institutions commerciales. — Le Portugal a dû

sa grandeur éphémère à sa position et à l'esprit entreprenant de ses populations maritimes, sa décadence et son abaissement à l'extension démesurée de ses colonies, à ses luttes avec l'Espagne, à l'apathie de ses populations agricoles, et plus encore au traité de Methuen (1703), qui livrait le commerce portugais à l'Angleterre, et qui décourageait à jamais l'industrie nationale.

Aujourd'hui, doté d'institutions libres, gouverné par des souverains intelligents, le Portugal se relève lentement; il ne garde plus de ses immenses colonies que *Goa* et *Diu,* aux Indes; *Macao,* en Chine; en Océanie, *Timor ;* en Afrique, la côte de *Guinée* et de *Mozambique,* et les îles du *Cap-Vert, Saint-Thomas* et du *Prince,* mais les chemins de fer, les compagnies de navigation se multiplient, des sociétés se forment pour l'exploitation des mines; l'instruction, gratuite et obligatoire, se répand dans les campagnes; les traités de commerce, signés avec la France, l'Angleterre, l'Espagne, le royaume d'Italie, etc., sur les bases de la plus large réciprocité, et accordant aux navires et aux sujets de ces puissances les droits des nationaux, ont abaissé les tarifs sur les matières premières, autorisé l'importation des céréales, et découragé la contrebande en abaissant les taxes excessives établies en 1837 sur les produits de l'industrie étrangère.

Poids, mesures et monnaies. — Le système métrique a été adopté, en Portugal, depuis 1859 ; cependant on mesure encore les vins par pipes de 534 litres 24 c., le sel par muids de 750 kilog.

La monnaie de compte la plus usitée, est le **reis,** dont 180 valent 1 franc (*mil-reis* = 5,60).

Les monnaies réelles sont peu nombreuses, et la plus grande partie du numéraire qui circule dans le royaume, y est importée d'Angleterre.

LIVRE II

Contrées de l'Europe non limitrophes de la France.

Les États européens non limitrophes de la France, sont dans l'ordre géographique :

1° Les États scandinaves, **Suède, Norvége** et **Danemark.**

2° La **Russie**, qui touche à la fois aux routes commerciales de l'Europe orientale et de l'Europe du nord.

3° L'**Empire ottoman**, dont le commerce est intimement lié à celui des **Principautés du Danube** et de la **Grèce.**

CHAPITRE I (N° 11)

ÉTATS SCANDINAVES.

ROYAUMES DE SUÈDE ET DE NORVÉGE.

Bornes. Superficie. Population. — Les royaumes de Suède et de Norvége, qui forment deux États distincts, mais gouvernés par la même dynastie, sont situés entre 55° 20′ et 71° 15′ lat. N., 2° 15′ et 28° long. E.

Ils sont bornés : au nord, par l'océan Glacial ; à l'est, par la Tana et la Tornéa, qui les séparent de la Russie ; au sud-est, par le golfe de Botnie et la mer Baltique ; au sud, par la mer Baltique, le Sund, le Cattégat et le Skager-Rack, qui les séparent du Danemark ; à l'ouest, par la mer du Nord et l'océan Atlantique.

La superficie totale est de 761,000 kil. car., le développement des côtes de plus de 10,000 kil. (1 kil. de côtes pour 76 kil. car. de superficie).

La population est d'environ 6,140,000 h., 1,800,000 pour la Norvége, 4,340,000 pour la Suède.

La Suède a pour capitale Stockholm, et se divise en 24 loen ou gouvernements, la Norvége a pour capitale Christiania et se divise en 17 bailliages.

Situation commerciale. — Baignée par la Baltique, la mer du Nord, l'océan Atlantique et l'océan Glacial, découpée par des golfes innombrables, offrant une immense étendue de côtes, partageant avec le Danemark la possession des détroits qui dominent l'entrée de la Baltique, la péninsule Scandinave a été désignée par la nature pour être une des grandes puissances maritimes du nord de l'Europe.

La Scandinavie fut le berceau de ces Normands qui, au moyen âge, découvraient le Groënland, et peut-être l'Amérique, cinq siècles avant Christophe Colomb ; au dix-septième et au dix-huitième siècle, ses flottes faisaient encore trembler celles de la Russie.

Aujourd'hui même l'union des peuples scandinaves, en donnant à la Suède les deux rives du Sund et du Cattégat, lui rendrait une partie de cet empire qu'elle exerçait autrefois : mais quel que soit l'avenir des aspirations vers l'unité chez les populations scandinaves, les riches pêcheries de la Suède et de la Norvége, leur nombreuse population maritime, leurs relations faciles avec toutes les puissances du Nord et de l'Occident de l'Europe, leur proximité du continent américain, leur assurent parmi les puissances commerçantes, une place qui serait bien plus large encore, sans la rigueur de leur climat et l'âpreté de leur sol.

Production agricole et minérale. — Les terrains primitifs dominent dans la constitution géologique de la Suède et de la Norvége : le granit et le porphyre y percent de toutes parts un sol stérile, couvert de landes, de lacs et de tourbières ; la culture du *blé* s'arrête au 62° degré de latitude, celle de l'*avoine* et de l'*orge*, au 69° ; la pomme de terre, le lin, le colza, sont cultivés jusqu'au 66° degré ; les pâturages nourrissent de nombreux troupeaux, 3,000,000 de bêtes à cornes, 3,400,000 moutons, 600,000 chevaux (en 1873) ; mais la principale richesse de la Scandinavie, ce sont ses immenses *forêts de sapins*, dont l'exploitation rapporte à la Norvége seule plus de 80 millions par an, la pêche, dont le produit annuel pour les deux royaumes, est évalué à près de 100 millions, et les mines de *fer*, de *cuivre*, de *zinc*, d'*argent*, qui ne le cèdent qu'à celles de l'Angleterre. On a découvert, en Suède, de nombreux gisements de houille, dont un petit nombre sont exploités.

Production industrielle. — L'industrie est en progrès, malgré les obstacles qu'elle rencontre dans la rareté des grands centres de population et la difficulté des transports. Les principales branches de l'industrie scandinave sont :

1° Les **industries métallurgiques**, à *Fahlun, Œrebræ, Carlstad, Motala, Stockholm*, en Suède, *Kongsberg, Drontheim*, en Norvége, etc. (300,000 tonnes de fonte, 190,000 tonnes de fer en barres, 36,000 tonnes d'acier ou de fer manufacturé) ;

2° La **fabrication des tissus** de laine, de coton et de lin, à Stockholm, à Gothembourg (Gœteborg), à Calmar ;

3° Les **distilleries**, à Stockholm et dans presque toutes les grandes villes de Norvége ;

4° Les **tanneries**, à Christiania, à Gothembourg et à Gefle ;

5° Les **huiles de poisson**, à Bergen et à Christiania ;

6° Les **scieries mécaniques** dans les deux royaumes ;

7° La **fabrication des allumettes** chimiques en Suède.

Principaux ports. Lignes de navigation. — Presque tout le commerce extérieur de la Suède et de la Norvége se fait par mer.

La Suède possède cinq ports principaux sur la Baltique et sur les détroits :

Stockholm (150,000 h.), capitale du royaume, au point de jonction du lac Mœlar et de la mer Baltique, en communication régulière par des lignes de steamers avec l'Angleterre, la Russie, par Saint-Pétersbourg, la Prusse, l'Allemagne, par Hambourg, la France, par le *Havre* :

Gothembourg ou *Gœteborg* (64,000 h.), sur le Cattégat, tête de ligne du chemin de fer de Stockholm, et réuni à la Baltique par les lacs et plusieurs canaux :

Norrkœping, à l'embouchure de la Motala (27,000 h.), qui partage avec *Nykœping* et *Gefle* l'exportation des fers et des bois de la Dalécarlie et de la Sudermanie :

Malmœ, sur le Sund (31,500 h.), port de passage entre la Suède et Copenhague.

La Norvége a pour principaux débouchés *Christiania* (87,000 h.), capitale du royaume, sur un golfe formé par le Skager-Rack :

Christiansand, sur la mer du Nord :

Stavanger, l'un des havres les plus sûrs de la Norvége :

Bergen, sur l'océan Atlantique (30,000 h.), le premier port de la Norvége, et l'entrepôt le mieux approvisionné des produits de la pêche sur les côtes norvégiennes :

Drontheim, entrepôt des cuivres et des bois du Nord :

Hammerfest, sur l'océan Glacial, la ville la plus septentrionale de l'Europe, entrepôt du commerce de la Norvége avec la Russie.

Mouvement de la navigation. — Le mouvement de la navigation en Suède s'élevait (1871-1875), à 22,000 navires chargés et 3,700,000 tonneaux : et l'effectif de la marine marchande était de 4,000 bâtiments jaugeant 440,000 tonneaux. En Norvége, pendant la même période, le mouvement s'élevait à 18,000 navires et 4 millions de tonneaux et l'effectif à 7,500 navires et 1,200,000 tonneaux.

Communications intérieures. — Les communications intérieures sont très-imparfaites en Suède et en Norvége : la rigueur du climat, la longueur des hivers, les Alpes scandinaves qui prolongent entre les deux royaumes leurs plateaux neigeux ou leurs sommets dépouillés, présentent des obstacles qui n'ont été combattus sérieusement que dans les provinces méridionales, les plus riches de la Scandinavie.

Une seule grande ligne de navigation intérieure traverse tout le midi de la Suède et fait communiquer le Cattégat avec la Baltique par la Gœta, qui se jette dans le Cattégat à Gothembourg, le canal de *Trollhœta,* le lac Vener, le lac Vetter, et le canal de la *Motala.* La Suède compte 3,800 kilomètres de chemins de fer et la Norvége 600 kilom.

Importation. — Privée par sa position géographique d'un grand nombre de denrées alimentaires, ne pouvant suffire à la consommation indigène par les produits de ses manufactures, la Scandinavie est forcée de demander à l'importation étrangère la plupart des matières premières, les *céréales,* le *sel,* les *vins,* le *café,* le *sucre* et presque tous les objets manufacturés.

L'importation montait, pendant la période quinquennale, de 1871 à 1875, à une moyenne annuelle de 200 millions de francs en Suède, et de 160 millions en Norvége.

Exportation. — L'exportation consiste presque exclusivement en matières premières et denrées alimentaires : bois de construction, fers, aciers, goudron et résines, céréales (orge et avoine), poissons salés, huiles de poisson, pelleteries de Norvége, etc...

La moyenne de l'exportation est de 220 millions pour la Suède et 140 pour la Norvége. (Total général 720 millions pour le commerce extérieur.)

Relations avec la France et les autres pays. — La France entre dans le mouvement des échanges pour une somme de 90 à 110 millions, dont moins de 10 millions pour les marchandises françaises importées.

Les villes hanséatiques, la Grande-Bretagne, les Pays-Bas, la Russie, la Prusse, les États-Unis, le littoral de la Méditerranée, sont, avec la France, les contrées qui entretiennent le plus de relations avec la Scandinavie.

Régime douanier. Traités de commerce. — Les taxes prohibitives qui pesaient sur une partie des produits manufacturés ont été réduites : la plupart des matières premières et des denrées alimentaires entrent en franchise : le traité de commerce signé en 1865 entre la Suède, la Norvége et la France, a définitivement substitué le régime de la liberté à celui de la protection exagérée, qu'avaient déjà ébranlée les conventions conclues avec le Danemark et la Grande-Bretagne.

Poids et mesures. Monnaies. — Le système décimal décrété en 1855 est en usage depuis 1863. L'unité monétaire est en Suède le **riksdaler** (1 fr. 42), en Norvége, le **species thaler** (5 fr. 68).

L'*unité de longueur* est le pied (fot), 0ᵐ,2969.

L'*unité itinéraire*, le mille, 10 kil. 692.

L'*unité de poids*, la livre, 425 gr. 010.

Pour les mesures de *capacité*, l'unité est le **pied cube** :

Pour le *jaugeage des navires*, le last (tonne) de 4,250 kilog., remplacé depuis le 1ᵉʳ avril 1875 par le tonneau anglais.

Colonies. — La seule colonie suédoise est la petite île de Saint-Barthélemy, aux Antilles.

ROYAUME DE DANEMARK.

Bornes. Superficie. Population. — Le royaume de Danemark est situé entre 5° 40′ et 10° 30′ long. E., 54° 30′ et 57° 50′ lat. N.

Il comprend sur le continent la presqu'île du Jutland, bornée au nord, par le Skager-Rack, à l'est, par le Cattégat et la Baltique, au sud, par l'empire d'Allemagne, à l'ouest, par la mer du Nord :

Et dans la mer Baltique, les îles de Seeland, séparée de la Suède par le détroit du Sund, de Fionie, séparée de l'île de Seeland par le petit Belt et du continent (Sleswig) par le grand Belt, de Langeland, de Laland, de Falster, de Mœn et de Bornholm.

La superficie totale est d'environ 38,000 kil. car. ; la population de 1,800,000 âmes.

Il se divise politiquement en cinq provinces : la capitale est Copenhague, dans l'île de Seeland.

Situation commerciale. — Dès le XIIIe siècle, grâce à sa position, à l'étendue de ses côtes, à sa population de marins et de pêcheurs descendants de ces Normands qui avaient conquis le droit de s'appeler les rois de la mer, le Danemark dominait dans la mer Baltique et dans la mer du Nord. La séparation de la Norvége, en 1815, la perte des duchés de Sleswig et de Holstein ont enlevé au Danemark, avec ses ports les mieux situés, une grande partie de son importance maritime et commerciale : mais il lui reste ses vieilles traditions, l'énergique persévérance de sa population scandinave, et le Sund, cette porte de la Baltique, dont il tient encore la clef.

Climat, nature du sol. — Le climat est humide, brumeux, mais assez doux, comme tous les climats maritimes : le sol est plat, les plus hautes collines ne dépassent pas 300 mètres : les terrains qui appartiennent presque tous à la période tertiaire, offrent le même aspect que ceux de l'Angleterre orientale : la craie et l'argile y dominent.

Production agricole. — Ces terres, basses et humides ou légèrement ondulées, se prêtent à la formation des prairies et à la culture des céréales, qui rendent 17 hectolitres par hectare (froment) : aussi le Danemark est-il un pays tout agricole : pas de grandes villes, mais des fermes nombreuses, des villages enrichis par l'élève des chevaux (310,000), du mouton (1,860,000), et du gros bétail (1,240,000 têtes) : les pommes de terre, les graines oléagineuses, le chanvre et le lin réussissent aussi bien que les fourrages et les céréales, dont la production, évaluée à 30 millions d'hectolitres, dépasse les besoins du pays et figure dans l'exportation pour un chiffre considérable.

Production industrielle. — L'industrie, gênée jusqu'en 1862 par le régime des corporations, des jurandes et des maîtrises, est arriérée et insuffisante pour les besoins de la population.

La pêche de la morue, en Islande, celle de la baleine, dans les mers du Nord, celle du hareng, etc... sont un des revenus les plus importants du Danemark.

7.

Principaux ports. Lignes de navigation. — Les côtes du Jutland, basses, sablonneuses, profondément découpées, n'ont que deux ports importants, *Aalborg,* sur le golfe de Lym, et *Aarhus* à l'entrée du grand Belt.

Dans les îles plus escarpées, mais d'un accès plus facile malgré la violence des courants, la plus grande place de commerce est **Copenhague** (216,000 h.), sur la côte orientale de Seeland, capitale du royaume, desservie par les lignes anglaises de Hull et de Londres, et par les lignes françaises du *Havre* et de *Dunkerque.*

Elseneur, dans l'île de Seeland, à l'entrée du Sund, a été ruiné par l'abolition du péage.

Routes et chemins de fer. — Le commerce intérieur du Danemark, comme son commerce extérieur, se fait exclusivement par mer : la partie continentale du royaume, le Jutland, n'a ni canaux, ni grands cours d'eau : l'île Seeland est traversée par un chemin de fer qui va de Copenhague à *Kœrsœr,* sur le grand Belt. Le réseau danois présente un développement total de 1,050 kilomètres.

Les principaux points du territoire danois sont en communication par des lignes télégraphiques, qui se rattachent au continent par le Sleswig, à la Suède, par un câble sous-marin, et à l'Angleterre par le Sleswig et l'île d'Héligoland.

Commerce. — Le commerce total du Danemark avant la séparation des duchés, s'élevait à 300 millions de francs : ce chiffre s'est accru de près de moitié (568 millions), malgré la perte des ports de Kiel, de Flensbourg et d'Altona, et des riches provinces de Sleswig et de Holstein.

Importation. — L'importation est supérieure à l'exportation (326 millions).

Les principaux objets de l'importation sont : la houille, les bois de construction, les potasses, les cuirs et les peaux :

Les céréales, les sucres, les cafés, le riz, le tabac, les vins de France :

Les lainages et les fers anglais et français, les fils et tissus de coton et les soieries prussiennes et françaises.

Exportation. — L'exportation (240 millions), comprend presque exclusivement les produits de l'agriculture et de la pêche : les céréales, dont l'Angleterre absorbe plus de la moitié : le colza, les bêtes à cornes, les chevaux et les moutons, le beurre, les cuirs et les peaux, la laine, l'eau-de-vie et les poissons salés.

Mouvement des échanges avec l'étranger. — Les puissances qui ont avec le Danemark les relations les plus importantes sont : l'Angleterre (30 °/₀ de la valeur totale), la Suède et la Norvége, la Prusse, les villes hanséatiques, la Hollande, la Belgique, la France (4 à 5 millions), et la Russie.

La presque totalité des marchandises est transportée par mer : le cabotage, dont le mouvement est de plus de 24,000 navires (entrées) est fait tout entier sous pavillon danois : le pavillon national entre pour plus des deux tiers dans l'intercourse avec l'étranger, qui représente un mouvement (entrées et sorties) de 44,000 navires, et de 3,300,000 tonneaux.

L'effectif maritime est de 3,800 navires, jaugeant 235,000 tonneaux, et construits presque exclusivement sur les chantiers danois. Les vapeurs sont au nombre de 137 dont 86 appartiennent à Copenhague.

Poids et mesures. Monnaies. — La monnaie de compte, la plus usitée, est le **rigsdaler** courant (2 fr. 84).

L'unité itinéraire est le **mille** (7535ᵐ, 485).

La mesure pour la jauge des navires est le **last de commerce** (2,600 kilog.).

L'unité de poids est le **pund** = 500 gr.

Colonies. — L'affaiblissement de la puissance coloniale du Danemark a suivi sa décadence politique. Aujourd'hui, il ne possède plus en dehors de son territoire que les îles *Féroë*, groupe stérile situé à 290 kil. nord-ouest de l'Ecosse ;

L'*Islande*, grande île volcanique de 102,400 kil. car., peuplée de 70,000 habitants, pêcheurs ou pasteurs ;

Le *Groënland*, la plus vaste des terres arctiques où végètent quelques établissements danois, dont le commerce est exploité par le gouvernement ;

Les îles de *Sainte-Croix, Saint-Thomas* et *Saint-Jean*, aux Antilles, peuplées d'environ 40,000 habitants, et florissantes grâce au commerce du sucre et du rhum.

CHAPITRE II (N° 12)

EMPIRE DE RUSSIE.

Bornes. Superficies. Population. — La Russie d'Europe, en y comprenant la Pologne, est située entre 44° et 70° 15′ latitude N. 15° 30′ et 63° long. orientale.

Elle est bornée au nord par l'océan Glacial et la mer Blanche; à l'ouest, par la Norvége et la Suède, la Baltique, la Prusse, l'Autriche et les Principautés danubiennes; au sud, par la mer Noire, la mer d'Azof, le gouvernement du Caucase; à l'est, par la mer Caspienne, le fleuve Oural, les monts Ourals et le golfe de Kara, qui la séparent de l'Asie.

La superficie est de 5,400,000 kil. carrés, sans y comprendre la lieutenance générale du Caucase; la population de près de 74 millions d'habitants, dont 5,580,000 pour l'ancien royaume de Pologne.

La capitale est Saint-Pétersbourg, 680,000 h.

Situation commerciale. — La Russie couvre plus de la moitié de la superficie de l'Europe, dont elle forme à elle seule toute la partie orientale. Séparée de l'Asie par des limites de convention, dont les Russes ne tiennent pas compte dans leurs circonscriptions administratives, terre à demi asiatique, à demi européenne, elle est le lien entre l'Occident et l'Orient, entre la civilisation et la barbarie. Maîtresse de la mer Caspienne, des défilés du Caucase et des passages de l'Oural, elle attire à elle tout le trafic continental entre l'Europe et l'Asie. Sur l'océan

Glacial, elle possède les seuls ports accessibles : par la
Baltique, elle communique avec l'océan Atlantique et les
pays commerçants de l'Europe septentrionale et occidentale ; par la mer Noire, elle touche à la Méditerranée et se trouve à douze jours de Marseille : enfin, par sa
frontière occidentale, elle est limitrophe de la Prusse et
de l'Autriche, dont les chemins de fer ou les bateaux à
vapeur mettent Saint-Pétersbourg à 60 heures, et Odessa
à 4 jours de Paris.

Climat. Nature du sol. — Plus des deux tiers de
la Russie sont situés dans la zone froide septentrionale,
dont la température moyenne ne dépasse pas 3° au-dessus de 0 ; et jusque sur les bords de la mer Noire, les hivers sont assez rigoureux pour couvrir le pays de neige,
et suspendre pendant plusieurs mois la navigation.

Le sol est peu accidenté ; sauf les chaînes de l'Oural,
la Russie n'a que des collines, qui rompent à peine la
morne uniformité de ses plaines sans limites.

Production agricole. — Les *céréales* sont cultivées
dans toute la Russie, et la production dépasse les besoins
de la consommation. L'orge et l'avoine réussissent surtout dans le nord et dans le centre, le seigle dans la région moscovite ; le froment, dont la production est évaluée, en moyenne, à 180 millions d'hectol., en Pologne,
en Livonie et dans la région des terres noires. (Russie
méridionale.)

On cultive le *houblon* en Pologne et en Lithuanie, la
betterave en Pologne et dans toute la Russie centrale et
méridionale, la *pomme de terre* sur les bords de la Baltique, dans les provinces polonaises et dans la région
de Moscou ; le *tabac* en Pologne et dans la région du
Don.

Les *forêts* de sapins, de chênes, etc., qui couvrent tout
le versant de la mer Blanche, une partie de la Pologne,
de la Lithuanie et de la Finlande, sont une des richesses
de la Russie. Les seuls domaines impériaux en contien-
nent 120 millions d'hectares.

Les principales **cultures industrielles** sont le *lin,*

cultivé surtout en Livonie ; le *chanvre* que produisent en abondance la Lithuanie, la Courlande, la Livonie, la Russie Blanche et l'Ukraine ; la *garance* de Derbent, le *colza* des gouvernements de Kiew, d'Orel et de Toula.

Les immenses pâturages de la Russie méridionale nourrissent près de 24 millions de bêtes à cornes, d'immenses troupeaux de moutons, concentrés surtout sur les bords du Don et du Dniéper (50,000,000), 10 millions de porcs et un nombre considérable de chevaux, qu'il est impossible d'évaluer en l'absence de statistiques sérieuses (17 millions?).

Production minérale. — Les richesses minérales de la Russie ne sont encore qu'imparfaitement connues et plus imparfaitement exploitées.

Un immense *bassin houiller,* dont les produits sont, il est vrai, de qualité inférieure, s'étend depuis la mer Blanche jusqu'à Kalouga, au cœur de la Russie. Plusieurs gisements sont en exploitation à Perm et dans la région de l'Oural ; mais les plus riches sont situés dans la Russie méridionale (bassin du *Donetz*).

Les *fers* sont exploités en Pologne, où 58 mines sont en activité, et dans le gouvernement de Perm.

Le *cuivre,* le *platine,* les pierres gemmes, les marbres abondent dans le même district et dans celui d'Orenbourg.

Le *sel gemme* est exploité dans le gouvernement d'Orenbourg et dans plusieurs districts de la Russie méridionale.

La région européenne de l'Oural, indépendamment du produit beaucoup plus abondant des mines de Sibérie, fournit annuellement de 24,000 à 25,000 kilog. d'*argent,* et des *minerais d'or* assez riches pour donner lieu à de nombreuses exploitations.

La tourbe, les argiles, les granits se rencontrent dans toute l'étendue de la Russie, surtout dans les gouvernements septentrionaux.

Production industrielle. — La nature a donné à la Russie, une partie des éléments nécessaires au déve-

loppement de l'industrie : mais l'imperfection des routes
et des moyens de transport, l'absence de garanties suf-
fisantes pour les intérêts privés, le système des guildes
et des castes commerciales ont longtemps arrêté les progrès industriels. Aussi l'industrie de la Russie n'offre-t-
elle guère d'intérêt qu'au point de vue de la consommation intérieure et de la concurrence qu'elle fait en Asie
aux produits du reste de l'Europe.

Cependant les *fils* et *tissus de coton* de Moscou, de Varsovie, de Vladimir, de Lodz, en Pologne (2 millions de broches); les *tissus de laine*, de Kalisch, en Pologne, de Moscou,
Saint-Pétersbourg, etc., en Russie; les *toiles grossières*
de Pologne et de Russie; les *cordages* de Kherson, les
toiles à voiles de Livonie et de Finlande; les *soieries* de
Moscou, Saint-Pétersbourg et Kalouga ; la fabrication des
sucres indigènes dans la Podolie et le gouvernement de
Kiew, la *distillation* des eaux-de-vie de grains, les *fonderies de suif* de Kharkow, de Kherson, d'Odessa, la *prépa-
tion des cuirs*, à Kazan, à Moscou et à Saint-Pétersbourg,
les *savonneries* d'Odessa, les scieries mécaniques de la
Finlande, constituent pour la Russie une richesse industrielle à qui il ne manque pour se développer que des
moyens de transport plus perfectionnés.

Les industries métallurgiques sont plus arriérées
encore que les industries textiles (450,000 tonnes de
fonte). La cherté des combustibles dans la région industrielle de Moscou, la difficulté des communications prolongeront cet état d'infériorité jusqu'à ce que l'exploitation des houillères et des chemins de fer vienne créer
les ressources qui manquent aujourd'hui à la Russie.

Mouvement de l'intercourse avec la France.
— Le mouvement de l'intercourse entre la France et la
Russie est de 1,200 à 1,400 navires, jaugeant 330,000
à 440,000 tonneaux, dont plus d'un cinquième sous pavillon français.

Les ports de l'Océan et de la Manche sont en relations
avec les ports russes de la Baltique par la ligne régulière
des vapeurs de la Compagnie du Nord, qui partent de

Dunkerque, et par les correspondances avec les lignes anglaises et hollandaises.

Les ports de la Méditerranée sont en relations avec ceux de la mer Noire par les correspondances des Messageries nationales et de la Compagnie de Navigation Marseillaise, avec les lignes russes et autrichiennes de la mer Noire.

Principaux ports. Lignes de navigation. — 1° Sur l'océan Glacial, le seul port qui mérite une mention est **Arkhangel** (27,000 h.), à l'embouchure de la Dwina, entrepôt du vaste bassin de ce fleuve, dont les bois, les fers, les céréales, le lin s'échangent contre les denrées coloniales et les produits manufacturés de l'Europe occidentale.

2° Sur la **Baltique**, *Abo, Helsingfors, Wiborg*, servent de débouchés aux bois, aux résines, aux chanvres, aux blés de la Finlande.

Au fond du golfe de Finlande, à l'embouchure de la Néva, défendue par l'île granitique de Kronstad, s'ouvre le port de **Pétersbourg**, la capitale de l'Empire, le centre de son industrie et de son commerce, communiquant par ses chemins de fer, ses canaux, ses lignes de navigation avec tous les points de la Russie, et desservi par des steamers anglais, français, hollandais, etc. (mouvement de 5,500 navires).

Riga (110,000 h.), à l'embouchure de la Duna, est le principal marché des lins, des chanvres et des bois de la Russie occidentale.

Revel, sur le golfe de Finlande ; **Port-Baltique**, à 47 kil. de Revel ; *Pernau*, sur le golfe de Riga ; *Libau*, en Courlande, partagent avec Riga le commerce des lins, des bois et des céréales.

3° Sur la **mer Noire**, le principal port de la Russie, est **Odessa** (178,000 h.), fondé à la fin du siècle dernier sur une vaste baie où les glaces interrompent rarement la navigation, entre les bouches du Danube et du Dniester et celles du Dniéper. Odessa communique, par les steamers de la Compagnie russe de Navigation à vapeur, et des lignes anglaises et autrichiennes, avec tous les ports de la mer Noire, de la Turquie d'Europe et d'Asie, de la Grèce, de l'Autriche, de l'Italie ; avec *Marseille* et *Bordeaux,* en France ; Londres et Liverpool, en Angleterre. Les céréales, les graines de lin, les suifs, les bois, les peaux, la laine sont les principaux objets de son commerce, qui dépasse 340 millions.

La Crimée n'a que trois ports ouverts au commerce étranger : *Eupatoria, Kaffa* ou Théodosia, l'antique ville génoise, la seule dont le port ne gèle jamais, et *Kertch,* à l'entrée du détroit qui unit la mer d'Azof à la mer Noire.

La mer d'Azof, ensablée par le Don et le Kouban, n'a que trois ports importants : *Berdiansk, Marioupol,* ouverts depuis 1836, et *Taganrog,* sur le Don.

4° Sur la mer **Caspienne,** le centre du commerce est **Astrakhan** (50,000 h.), dans une île à l'embouchure du Volga, entrepôt des marchandises de la Perse et de l'Asie centrale, rattaché par un service de vapeurs à tous les ports russes et persans de la Caspienne.

Derbent, Petrowsk et *Bakou,* sur les limites de la Russie européenne et de la Russie asiatique, sont les principales étapes de la navigation de la Caspienne.

Mouvement de la navigation maritime. — Le mouvement total de la navigation en Russie s'élevait, de 1870 à 1875, à une moyenne annuelle de 30,000 bâtiments chargés (5,150,000 tonneaux), dont 21,000 pour la Baltique, et 6,000 pour la mer Noire.

La flotte marchande de la Russie compte 2,500 bâtiments, jaugeant 600,000 tonneaux.

Navigation intérieure. — La navigation fluviale, en Russie, favorisée par la nature du sol, par l'étendue et la direction des cours d'eau, a d'autant plus d'importance que les routes de terre sont plus rares, et les transports par cette voie plus difficiles et plus coûteux. L'hiver même, en suspendant la navigation, transforme les fleuves en grands chemins, où de rapides traîneaux remplacent les bateaux à vapeur.

Les cours d'eau les plus fréquentés sont :

Dans le *versant de la mer Blanche*, la **Dwina** qui a pour débouché le port d'Arkhangel, et que le *canal du Nord*, et le canal du *Grand-Duc Alexandre de Wurtemberg* réunissent au système du Volga.

La Baltique reçoit :

1° La **Néva**, le fleuve de Saint-Pétersbourg, déversoir des lacs Ladoga et Onéga et du lac Ilmen, que les trois canaux de *Tikhwine*, de *Vichneï-Volotchok* et de *Marie* rattachent au système du Volga :

2° La **Duna** ou Dwina du Sud :

3° Le **Niémen**, dont *Kowno* et *Grodno* sont les deux ports les plus actifs :

4° La **Vistule**, dont les bouches appartiennent à la Prusse et les sources à l'Autriche, la grande artère commerciale du Royaume de Pologne, rattachée au Dniéper par le canal de *Pinsk*, et au Niémen par celui d'*Augustow*.

La *mer Noire* reçoit 1° le **Dniester**, qui apporte à *Ackerman*, et de là à *Odessa*, par le cabotage, les blés et les laines de la Bessarabie ; 2° le **Boug**, dont le débouché est *Nikolaiew ;* 3° le **Dniéper**, dont les principaux ports sont *Kherson*, près de l'embouchure, et **Kiew**, grande ville de 70,000 h., entrepôt des froments, des laines, des sucres de betterave de la Podolie, de la Volhynie et de l'Ukraine, des articles manufacturés et des produits étrangers qu'elle tire d'Odessa.

Le **Don**, tributaire de la mer d'Azof, a pour débouchés *Rostow* et *Taganrog*, situés à son embouchure.

La *mer Caspienne* ne reçoit qu'un fleuve important pour la navigation, le **Volga**, long de 3950 kilomètres, une des voies commerciales les plus actives de l'Europe.

Les principaux ports du Volga sont *Twer* et *Rybinsk* au débouché des canaux qui unissent le grand fleuve à la Baltique, par la Néva et Saint-Pétersbourg, à la mer Blanche, par la Dwina et Arkhangel.

Nijni-Novogorod, au confluent du Volga et de l'Oka, centre de la navigation à vapeur du Volga et tête de

Carte VII.

ligne du chemin de fer de Moscou, doit surtout son importance à la foire annuelle qui s'y tient du 15 juillet au 15 août, depuis 1817, et qui n'a pas de rivale en Europe. En 1864, les commissionnaires anglais évaluaient à 300,000 personnes le nombre des étrangers, et à 350 millions la valeur des marchandises.

Kazan (80,000 h.) est le point où vient aboutir la route de la Sibérie par la *Kama*, affluent du Volga, qui arrose *Perm*, entrepôt des fers de la Sibérie et des marchandises chinoises qui arrivent par voie de terre. Perm est desservi par une ligne de bateaux à vapeur (Compagnie du Volga et de la Caspienne).

Sur le cours inférieur du Volga, les principaux ports sont : *Simbirsk, Samara, Saratow* et *Zaritzin* (*Tzaritzin*).

Routes de terre. — L'importance des chemins de fer russes n'est pas assez grande pour avoir effacé celle des routes de terre : le roulage, en été, le traînage, en hiver, sont encore, avec la navigation, les moyens de transports les plus actifs en Russie.

La frontière orientale de l'empire est traversée par deux grandes routes qui établissent la communication par terre avec l'Asie ; la plus septentrionale franchit les monts Ourals à *Ekatherinbourg :* c'est le chemin du commerce avec la Sibérie et avec la Chine, le prolongement de la fameuse route de *Kiachta*.

La plus méridionale traverse l'Oural à *Orenbourg*, centre du commerce de la Russie avec les Kirghiz et le Turkestan.

Au midi, le *Caucase* est franchi par une route à la fois stratégique et commerciale, ouverte à travers le défilé de Dariel, et qui vient aboutir en Asie à Tiflis.

Sur la frontière autrichienne et sur celle des principautés du Danube, la construction des lignes ferrées a enlevé aux transports par terre une partie de leur activité. Les routes les plus fréquentées sont celles de Kiew à Brody, sur la frontière autrichienne, et d'Odessa à Yassi, sur la frontière de Moldavie.

Quant à l'intérieur de l'empire, il est sillonné par des

voies larges et assez bien entretenues, qui mettent en communication les points les plus importants. Le centre des routes de terre qui se dirigent vers tous les ports et toutes les frontières est **Moscou**, situé au cœur de l'empire, l'ancienne capitale, la ville sainte de la Russie, et le plus grand marché de son commerce intérieur (610,000 habitants).

Chemins de fer. — L'étendue des chemins de fer exploités en Russie et en Pologne est de 19,000 kil.: celle des lignes en construction, d'environ 5,000 kil.

Saint-Pétersbourg et Moscou sont les centres des chemins de fer russes; Varsovie, celui des chemins de fer polonais.

De Saint-Pétersbourg partent deux lignes principales :

1° *Celle de Saint-Pétersbourg à la frontière prussienne*, la grande voie de communication entre l'Europe occidentale et centrale, et la Russie, par *Dunabourg*, d'où se détache un embranchement sur Riga; *Vilna*, le principal marché des grains et des bois de la Lithuanie, et *Kowno*, sur le Niémen.

2° *Celle de Saint-Pétersbourg à Moscou*, par Twer, prolongée aujourd'hui de Moscou jusqu'à Nijni-Novogorod.

De *Varsovie* se détachent cinq lignes principales :

1° *La ligne de Varsovie à Vilna et à Saint-Pétersbourg.*

2° *La ligne de Varsovie à Thorn et à Dantzig* (frontière prussienne).

3° *La ligne de Varsovie à Breslau et à Cracovie* (frontière autrichienne), par Kattovice.

4° *La ligne de Varsovie à Moscou*, par Brest et Smolensk.

5° *La ligne de Varsovie à Odessa*, par Brest et Berditcheff.

Les lignes qui partent de Moscou vers le sud et vers l'est sont :

1° *Celle de Moscou à Odessa*, à Théodosie et à Taganrog, par Toula, Orel, Koursk et Kharkow.

2° *Celle de Moscou à Rostow et à Vladikaukas*, par Koslow.

3° *Celle de Moscou à Orenbourg*, par Pensa et Samara, sur le Volga.

Lignes télégraphiques. — Tout l'intérieur de l'Empire est déjà sillonné par un vaste réseau télégraphique qui se rattache à l'Asie par les lignes du Caucase et par celles de la Sibérie, prolongées aujourd'hui jusqu'à Kiachta, et destinées à former le premier tronçon du télégraphe transcontinental entre l'Europe et l'Amérique.

POSSESSIONS ASIATIQUES DE LA RUSSIE.

La Russie n'a pas de colonies proprement dites; toutes les parties de ce gigantesque Empire se touchent et couvrent 22 millions de kil. carrés, peuplés de 86 millions d'habitants.

Routes de l'Asie centrale par la mer Noire et par le Caucase. Russie Caucasienne.

La lieutenance générale du Caucase, située entre 38° et 47° lat. N., 35° et 48° longit. E., est bornée au nord par la Russie d'Europe, à l'est par la Caspienne, au sud par la Turquie d'Asie et la Perse, à l'ouest par la mer Noire (447,600 kil. carrés).

La situation de ce vaste territoire, qui assure à la Russie la possession des routes du Caucase, qui domine la Turquie d'Asie et la Perse, qui touche à la mer Noire et à la Caspienne, sa fertilité (céréales, vignes, fruits, mûriers), la richesse de ses mines à peine exploitées, lui donnent une haute importance commerciale et stratégique.

Tiflis, la capitale, sur le Kour (65,000 h.), est en même temps l'entrepôt du transit entre l'Europe et l'Asie, et des échanges avec la Turquie et la Perse. Des routes praticables aux chariots du pays la rattachent, au nord, à la Russie, par le défilé de *Dariel*, au sud, à la Turquie par *Kars* et *Erzeroum*, à la Perse par *Erivan* et *Tauris*, à la mer Noire par la route de *Koutaïs*, que remplace aujourd'hui un chemin de fer, et qui a pour débouché le port de *Poti*, sur le Rion. La Compagnie russe d'Odessa, et la Compagnie de Navigation marseillaise desservent ces ports et les mettent en relations avec toutes les échelles de la mer Noire et du Levant.

Enfin, sur la Caspienne, *Bakou,* rattaché par une ligne de vapeurs à Asterabad et à Astrakhan, est devenu depuis quelques années l'un des entrepôts du commerce avec la Perse. Des lignes télégraphiques qui se relient à celles de la Perse et de la Turquie complètent cet ensemble de communications.

Routes de terre entre l'Europe et l'Asie. — Route de l'océan Pacifique à la frontière russe par la Sibérie. — Sibérie.

La **Sibérie,** située entre 44° et 78° de lat. N., 47° de longit. orientale, et 173° de longit. occidentale, est bornée au nord par l'océan Glacial, à l'est par le détroit de Behring et la mer d'Okhotsk, au sud par l'empire chinois et le Turkestan, à l'ouest par la Caspienne et la Russie d'Europe.

L'île Sagalien dépend de la Sibérie. La superficie totale est d'environ 12 millions 1/2 de kil. car.; la population de 5 millions d'habitants.

La Sibérie a une double importance commerciale et politique. Occupant tout le nord du continent asiatique, dominant la Chine et l'Asie centrale, où la Russie s'avance pas à pas, touchant à l'Europe par l'Oural, à l'Amérique par le détroit de Behring et l'océan Pacifique, c'est la grande route de terre entre l'Ancien et le Nouveau Monde, entre l'Europe et l'extrême Orient.

Communications maritimes. Ports. — Malgré le vaste développement de ses côtes, la Sibérie n'offre que peu de ressources à la navigation. L'Océan boréal est fermé par les glaces, et les mers de Behring et d'Okhotsk qui baignent la presqu'île volcanique et sauvage du Kamtchatka et les côtes basses et marécageuses de la Sibérie orientale, gèlent pendant cinq mois de l'année.

Les principaux ports sont : *Petropaulowsk,* à l'extrémité de la presqu'île du Kamtchatka, *Okhotsk,* sur la mer du même nom, *Nikolaïewsk*, siége de la Compagnie des bateaux à vapeur de l'Amour, *Vladivostock*, au nord de la Corée, et *Ksukotan*, dans l'île Sagalien. Une ligne de vapeurs russes dessert la côte de Petropaulowsk à Naga-saki (au Japon).

Navigation intérieure. — Toutefois, c'est surtout aux progrès de la navigation intérieure que la navigation maritime devra ses développements. La Sibérie est arro-sée par quatre grands fleuves, dont trois, l'*Obi*, l'*Iénissei* et la *Léna*, coulent du sud-est au nord-ouest vers l'océan Glacial; le quatrième, l'*Amour*, se dirige de l'ouest à l'est vers l'océan Pacifique, en longeant, sur une partie de son cours, la frontière chinoise.

On a songé à réunir par un canal la Chilka, un des bras de l'Amour, et la *Selengha*, qui débouche dans le lac Baïkal, d'où sort l'*Angara*, le plus grand affluent de l'*Iénissei*. On aurait ainsi une ligne de navigation non interrompue de plus de 6,500 kil., qui se prolongerait jusqu'aux frontières de la Russie d'Europe par l'Obi et l'Irtych, où circulent déjà des bateaux à vapeur.

Routes de terre. Caravanes. — En attendant l'ouverture de cette ligne immense, qui produirait une révolution dans le commerce de la Sibérie, des routes de traîneaux et de caravanes, où s'échelonnent de nombreux relais, protégés par des postes de Cosaques. rattachent déjà la frontière européenne à la Chine et à l'océan Pa-cifique.

1° La plus méridionale part d'*Orenbourg*, et se pro-longe jusqu'à *Khouldja* sur la frontière chinoise par les steppes des Kirghiz et *Semipalatinsk*.

2° La grande route de la Chine et du Pacifique part d'*Ekatherinbourg*, traverse *Kourgan*, *Omsk* sur l'Irtych, les steppes marécageux de la Baraba, *Tomsk*, le centre du commerce des métaux, et aboutit à Irkhoutsk (30,000 h.) sur l'Angara, où viennent converger la route de Pékin par Kiachta, celle du Pacifique par la vallée de l'Amour, et de la Sibérie septentrionale par Iakhoutsk et la vallée de la Léna.

3° Une troisième route plus septentrionale part d'*Ir-bitt,* ville située au delà de l'Oural, mais qui appartient administrativement à la Russie d'Europe et dont les foires occupent le premier rang après celles de Nijni-Novogorod. Cette route rejoint la précédente par *Tobolsk* (20,000 h.), ville aujourd'hui déchue, ancienne capitale de la Sibérie.

Télégraphes. — La Sibérie est rattachée à l'Europe par une ligne télégraphique de 5,964 kil. qui aboutit à Kiachta par *Tiumen, Omsk* et *Irkhoustk,* et qui doit se prolonger jusqu'en Amérique par le détroit de Behring, et jusqu'en Chine et au Japon par la vallée de l'Amour.

Productions. — Le climat de la Sibérie avec ses longs hivers, ses neiges et ses glaces, est peu favorable à l'agriculture : la pêche dans l'océan Pacifique, l'éducation du bétail, la chasse des animaux à fourrures, les forêts et les mines constituent toute la richesse du pays.

Les lavages et *les mines d'or de l'Oural* et de l'Altaï donnent en moyenne 23,000 kilogrammes par an, les *mines d'argent* de l'Altaï, celles de Nertchinsk, et de l'Oural, 17,000 à 18,000 kilog. La production du cuivre dépasse 3 millions de kilogrammes : le fer, le plomb, le platine, le graphite, les pierres précieuses, les cristaux, l'alun se rencontrent en abondance, et la houille, que l'on exploite à peine, couvre un vaste bassin qui s'étend depuis les monts Altaï et la vallée du lac Baïkal jusqu'au centre de la Sibérie.

Routes de terre entre l'Europe et l'Asie. — Route de la Chine et de l'Inde à la frontière russe par l'Asie centrale. — Asie centrale.

Divisions. Superficie.—Outre la Sibérie, la Russie possède en Asie, au cœur même du continent, de vastes territoires récemment soumis qui portent ses frontières au sud jusqu'à la Perse et au khanat de Boukhara (Turkestan), à l'est jusqu'à la *Kaschgarie* ou haut Turkestan et aux steppes de la Mongolie chinoise : ce sont les steppes des **Kirghiz** à l'est du fleuve Oural et au sud de la Sibérie ; et le **Turkestan** russe qui comprend les provinces de **Syr-Daria**, capitale *Tachkend* (80,000 h.), de **Samarkand**, capitale *Samarkand* (35,000 h.), de **Fergana**, capitale *Khokand* (60,000 h.), de **Semiret-chinsk** (Dzoungarie), capitale *Wiernoïé*, ville principale *Khouldja*. A ces possessions il faut ajouter le territoire des **Turcomans** nomades entre la Caspienne et le lac d'Aral, et le khanat de **Khiwa** occupé depuis 1874. Les possessions russes du Turkestan et des steppes Kirghiz couvrent une superficie de près de 4 millions de kilomètres carrés dont la population dépasse 6 millions d'habitants.

Pays neuf et à demi sauvage, région de pâturages dans le pays des Kirghiz, des Turcomans, et dans les parties montagneuses du district de Khouldja et de Khokand ; terre fertile et cultivée (coton, riz, céréales, arbres fruitiers, mûriers), dans la vallée du *Syr-Daria* et de l'*Amou-Daria*, le Turkestan est surtout important au point de vue des communications avec l'Asie centrale. Le *Syr-Daria* et l'*Amou-Daria*, les deux grands tributaires du lac d'Aral, sont déjà remontés par les bateaux à vapeur, pendant une partie de leur cours : les voyageurs russes sillonnent de leurs itinéraires les hauts plateaux de l'Asie centrale et pénètrent jusqu'aux frontières de l'Inde. Enfin le gouvernement russe vient d'adopter le projet d'un chemin de fer qui partirait d'Ekathérinbourg, sur la frontière de la Russie d'Europe, et viendrait aboutir à Tachkend. L'Angleterre et la Russie se disputent la domination de l'Asie ; l'une occupe le nord, l'autre le sud ; le Turkestan situé au centre est le champ de bataille où doivent fatalement se rencontrer les deux redoutables rivales.

COMMERCE EXTÉRIEUR DE LA RUSSIE.

La moyenne officielle du commerce extérieur de la Russie, de 1870 à 1874, est d'environ 1,900 millions.

Avec l'Asie, le commerce par mer varie entre 15 et 16 millions, et le commerce par terre entre 100 et 140.

Importation. — La valeur totale de l'importation monte à environ un milliard. Sauf les *pelleteries*, les *soies*, et les *thés*, dits de caravane, qui proviennent directement d'Asie par Irbitt et la Sibérie, ou par Astrakhan et la Caspienne, la Russie tire les matières premières et les denrées alimentaires que la nature lui a refusées des entrepôts européens, au lieu de les aller chercher dans les pays producteurs. L'importation des produits manufacturés dépasse 350 millions.

Exportation. — Le commerce d'exportation varie entre 860 et 880 millions, dont environ 260 par voie de terre et 30 à 50 millions pour l'Asie.

Les principaux objets exportés sont : **parmi les matières premières**, les lins et les chanvres, les graines et les huiles, les potasses, les résines, les goudrons de Saint-Pétersbourg, de Riga, de Libau et de Pernau ;

Les crins, soies, plumes et duvets de Saint-Pétersbourg, les bois de construction de Riga, d'Odessa et d'Arkhangel ;

Les laines fines, les peaux brutes, les suifs et les graisses d'Odessa, Taganrog et Rostow ;

Les pelleteries des foires d'Irbitt et de Nijni-Novogorod, le fer et le cuivre de l'Oural expédiés par Saint-Pétersbourg et Arkhangel, l'or et l'argent dont la valeur dépasse 30 millions :

Parmi les denrées alimentaires, les céréales exportées par Odessa, Taganrog, Saint-Pétersbourg, et dont la valeur s'élève à 300 millions :

Enfin, parmi les *objets manufacturés*, les armes, les cotonnades, les draps, la quincaillerie qui s'écoulent en Perse, en Boukharie et en Chine, les cordages et les toiles à voiles qui s'expédient en Europe et en Amérique.

Relations avec la France. — Le mouvement des échanges avec la France varie entre 200 et 220 millions, au moins pour le commerce apparent, car une partie des marchandises françaises exportées par les villes hanséatiques et la Prusse sont destinées à la Russie, et nous recevons nous-mêmes de Hambourg, de l'Angleterre et

du transit continental un certain nombre de produits
d'origine russe.

Les marchandises que nous demandons à la Russie
sont exclusivement des matières premières, à l'exception
des céréales que Marseille tire d'Odessa. Les principales
sont les bois communs, les laines en masse, les lins et
les chanvres, les graines oléagineuses, les graisses de
toute sorte, les peaux brutes pour une valeur totale de
130 à 180 millions.

Les produits français exportés en Russie sont les vins,
les sucres, les fruits de table, les huiles, les sels, et surtout les objets manufacturés, tissus de soie, lainages,
cotonnades, mercerie, papier, ouvrages en métaux,
produits chimiques, etc..., pour une valeur totale de
30 à 70 millions.

Relations avec les autres pays. — Les autres
nations qui entretiennent avec la Russie les relations les
plus étendues sont la Grande-Bretagne, la Prusse, les
Pays-Bas, la Turquie, l'Autriche, les villes hanséatiques,
la Chine et les États-Unis d'Amérique.

**Institutions commerciales. Réformes éco-
nomiques.** — La Russie est entrée dans la voie des
réformes sociales et économiques par l'émancipation
des serfs, qui créera ce qui lui manquait jusqu'ici, une
classe de paysans libres et propriétaires. Les populations slaves ont les défauts des peuples jeunes, mais
elles ont aussi la vigueur, la foi naïve, les fortes
traditions de famille; c'est à elles peut-être qu'appartient l'avenir de l'industrie aussi bien que de la civilisation.

Régime douanier. Traités de commerce. —
Les tarifs douaniers de la Russie sont presque les seuls
en Europe qui aient laissé subsister les prohibitions sur
un petit nombre d'articles : la Finlande est en dehors du
système des douanes de l'Empire et jouit de tarifs privi-
légiés.

Toutes les grandes puissances commerçantes d'Europe,
les États-Unis, la Chine, le Japon, la Perse, sont liés à

la Russie par des traités de commerce conclus sur les bases de la réciprocité : mais elle repousse encore les principes de la liberté commerciale.

Monnaies, poids et mesures. — L'*unité monétaire* est le **rouble** argent = 4 francs, dont le 100ᵉ est le **kopeck** = 4 centimes. Les billets de crédit depuis 1 rouble jusqu'à 100 sont presque la seule monnaie de circulation : ce papier-monnaie est frappé d'un discrédit assez considérable : la valeur actuelle est d'environ 3 fr. 35.

L'*unité de poids* est le **poud** = 16 kil. 380 gr. La tonne française vaut 61 pouds.

La principale *mesure itinéraire* est le **verste** = 1,066 mètres.

L'*unité de longueur* est la **sagène** = 2 mètres, 133, divisée en 7 pieds.

Les *mesures de capacité* les plus usitées sont pour les liquides : le **vedro** = 12 1/4 litres, et pour les céréales le **tchetvert** = 210 litres.

CHAPITRE III (Nᵒ 13)

EMPIRE DE TURQUIE.

Bornes. Superficie. Population. — L'empire Ottoman, sans y comprendre les possessions d'Arabie, ainsi que la Serbie, la petite province de Monténégro, les principautés-Unies de Moldavie et Valachie, l'Égypte, Tripoli et Tunis rattachées à l'empire Ottoman par les liens d'une vassalité plus ou moins contestée, est situé entre 30° et 45° lat. N.; 13° et 46° long. E.

Il est borné : au nord, en Europe, par l'empire d'Autriche, la Serbie et le Danube qui le sépare des Principautés-Unies, en Asie par la mer Noire et la Russie du Caucase ;

A l'est, par la mer Noire, le Bosphore, la mer de Marmara, les Dardanelles et l'Archipel, en Europe ; la Perse en Asie ;

Au sud, par la Grèce en Europe, l'Égypte, l'Arabie et le golfe Persique en Asie ;

À l'ouest, par la mer Ionienne, le canal d'Otrante, la mer Adriatique et l'Autriche (Dalmatie), en Europe, la Méditerranée et l'Archipel en Asie.

Les îles de *Thaso, Samothraki, Imbro, Lemno, Metelin, Chio, Samo, Rhodes*, etc., dans l'Archipel ; et les grandes îles de *Crète* ou de *Candie* et de *Chypre* dans la Méditerranée dépendent de l'empire Ottoman.

La superficie est de 364,000 kil. car. pour la Turquie d'*Europe*, de 1,930,000 pour la Turquie d'Asie et les possessions d'Arabie, la population de 14 millions d'habitants en Asie, et de 9 millions en Europe. Le territoire se divise en 26 vilayets ou gouvernements généraux sans compter celui de Tripoli. La capitale est Constantinople sur le Bosphore (600,000 hab.).

Situation commerciale. — Si la Turquie appartenait à l'Europe, par sa civilisation comme par sa position géographique, elle serait la première puissance commerçante et maritime de la Méditerranée. Maîtresse du cours de la Save et du Danube sur une étendue de plus 1,300 kilomètres, elle tient la clef de la mer Noire, elle domine l'Archipel, elle sert d'intermédiaire naturel entre l'Asie et l'Europe ; elle touche à l'Italie par la mer Ionienne et l'Adriatique, à la Perse et presque aux Indes par sa frontière asiatique, tandis que Candie et Chypre, comme deux sentinelles avancées, observent la route d'Alexandrie et de l'isthme de Suez.

PRODUCTIONS DE LA TURQUIE. — TURQUIE D'EUROPE.

Climat et nature du sol. — Le climat de la Turquie d'Europe, tempéré sur les bords de la mer, dont les brises amortissent l'ardeur du soleil, est rigoureux dans les hautes vallées, et dans tout le bassin du Danube ouvert aux vents du nord.

Production agricole. — Les *céréales* (blé, seigle et maïs) sont cultivées en Bulgarie, en Thessalie, en Macédoine, et dépassent les besoins de la population. Les *légumes* de toute espèce abondent dans toutes les provinces de l'Empire : le *riz* réussit sur les bords de la Maritza, la *pomme de terre* en Bosnie et en Herzégovine ; les îles de l'Archipel, Candie, l'Épire produisent des *vins* estimés ; les *fruits,* oranges, citrons, figues, et les *fleurs,* surtout les roses, d'où l'Orient tire ses précieuses essences, viennent presque sans culture en Thessalie et sur la côte de Roumilie ; la culture du *tabac* est générale, celle de l'*olivier* et du sésame fait la richesse de l'Épire, de la Thessalie et des provinces situées au sud des Balkans.

D'immenses *forêts* d'ormes, de chênes, de platanes et de sycomores couvrent les montagnes de la Bosnie, de l'Albanie et les pentes des Balkans ; enfin, la culture du *lin,* celle du *coton,* dans le district de Serès, en Macédoine, celle du *safran* et de la *garance,* se développent de jour en jour.

Le *gros bétail* est peu nombreux en ¡Turquie ; on ne l'évalue guère à plus de 3 millions de têtes ; mais les *moutons,* recherchés à la fois pour leur chair et pour leurs laines, se comptent par millions dans la Bosnie, la Roumilie et la vallée du Danube. On élève des *chèvres* en Albanie, des *porcs* en Bulgarie, pays chrétien ; des *chevaux,* petits, mais robustes et agiles, en Albanie et en Bosnie. La Roumilie, la Macédoine, la Bulgarie, l'Albanie, la Crète produisaient, en 1858, avant la maladie des vers à soie, environ 450,000 kilog. de *soie,* récoltée, comme en Lombardie, par les paysans.

Production minérale. — Le sol de la Turquie n'est pas moins riche en productions minérales qu'en produits agricoles, et cependant c'est à peine si ces richesses ont été effleurées. La houille existe en Crète, en Albanie, en Roumilie, mais n'est pas exploitée ; le fer et le cuivre se trouvent en abondance dans les Balkans ; les marbres le disputent à ceux de la Grèce ; la pierre s'exporte jusqu'en Angleterre.

Pêche. — La pêche des éponges dans l'Archipel, celle des sangsues dans les marais de Bosnie produisent un revenu assez considérable, mais qui tend à diminuer.

Production industrielle. — Avec cette variété et cette richesse de production, avec cette faculté précieuse de réunir sur son territoire toutes les matières premières, toutes les denrées alimentaires, la Turquie devrait posséder une industrie florissante ; mais l'apathie des populations, le manque de routes, le système déplorable des impôts, le peu de protection accordée au commerce intérieur, ont fait descendre si bas l'industrie turque, qu'elle ne saurait être classée parmi les industries européennes.

TURQUIE D'ASIE.

La Turquie d'Asie réunit toutes les variétés de sol et de climat : les huit dixièmes du sol sont incultes, et le reste est mal cultivé ; cependant telle est sa fécondité naturelle qu'elle est encore un des pays agricoles les plus riches de l'Orient.

Les **céréales** et surtout le *millet* et le *maïs* réussissent presque partout : le *riz* abonde dans les plaines où existent des canaux d'irrigation ; la **vigne** produit dans les îles et surtout à Chypre et à Chio des vins renommés ; tous les **arbres fruitiers**, le figuier, l'oranger, le caroubier, sur les côtes de l'Archipel et de la Méditerranée ; l'amandier, le cerisier, le pêcher sur celles de la mer Noire, et dans les vallées du Kurdistan, donnent des produits aussi abondants que variés : les **huiles** de la Syrie, des îles de l'Archipel, de la côte d'Asie-Mineure, de la Mésopotamie le disputent à celles de la Grèce : le **tabac** de Syrie, connu sous le nom de *latakié*, n'a de rival en Orient que le *tombéki* d'Ispahan ; le pavot blanc qui produit l'*opium* est cultivé dans toutes les régions chaudes.

Les **cultures industrielles** ne sont pas moins riches : la production du *coton*, dont les centres sont Aïdin, Magnésie, Adana et Chypre en Asie-Mineure, Damas,

Alep, Naplouse en Syrie, Mossoul et Bassora dans le bassin oriental, a presque décuplé en dix ans : Smyrne, qui n'exportait pas 12,000 balles en 1860, en a exporté 77,000 en 1873 : le *lin* et le *chanvre* du Kurdistan, de la Syrie, et de l'Asie-Mineure, les *matières tinctoriales*, indigo de Judée, alizaris de Chypre, de Smyrne, de Damas, les *graines oléagineuses* et surtout le sésame de Syrie, les *gommes*, la noix de galle, se récoltent en abondance : d'immenses **forêts** de chênes, de sapins, de cèdres couvrent les pentes du Taurus et du Liban.

Dans les steppes de l'Anatolie, dans les pâturages de la Syrie et du Kurdistan, paissent de nombreux troupeaux de bœufs, de chameaux, de chevaux aussi agiles et aussi infatigables que ceux de l'Arabie : les *laines* de Syrie, d'Arménie, et surtout d'Anatolie, les *poils de chèvre* d'Angora, sont un des principaux objets du commerce du Levant; enfin les paysans de la Syrie et de l'Anatolie, les insulaires de Rhodes et de Chypre, élèvent des abeilles et entretiennent de petites magnaneries dont la récolte (plus de 800,000 kilog.), est achetée sur place par les agents des grandes maisons de Smyrne, de Brousse, d'Alep et de Damas.

Productions minérales. — Si les flots du Pactole et du Méandre ne roulent plus de paillettes d'or, la Turquie d'Asie possède de riches gisements de *houille* à Héraclée et dans le Liban, des mines de *fer* dans le Taurus et les montagnes du Kurdistan, des mines de *cuivre* inépuisables à Tokat, des mines de *plomb* à Chypre et à Sivas, des carrières de *marbres* et de porphyres, des *salines* à Larnaca et à Tarsous.

Pêche. — La pêche des sangsues dans le Kurdistan et en Syrie, et celle des éponges sur les côtes de Syrie et dans les îles de l'Archipel, sont une des richesses du pays.

Industrie. — L'industrie autrefois si florissante est aujourd'hui ruinée : les soieries de *Brousse* et de *Damas*, les cotonnades de *Mossoul* et d'*Alep*, les cuirs de *Bagdad* et de *Diarbekir*, les draps de l'Arménie, l'orfévrerie, la sellerie, ne sauraient plus lutter contre la concurrence européenne. Les seuls établissements prospères, les filatures de *Brousse* et du *Liban*, les raffineries de *Smyrne* sont dirigées par des Arméniens, des Grecs et des Européens : cependant les villages des environs de *Koula* (province de Smyrne), de *Tokat* et de *Brousse* fabriquent encore des tapis qui ne le cèdent pas aux plus beaux produits de nos manufactures.

COMMUNICATIONS EXTÉRIEURES ET INTÉRIEURES.

Communications par mer avec la France. — La navigation française a conservé dans les mers de l'Orient une importance exceptionnelle : l'intercourse entre les ports de France et ceux de Turquie, représente un mouvement de 360 à 380 navires français jaugeant 200,000 tonneaux : Marseille est le principal débouché de ce commerce; mais le Havre et Bordeaux y prennent une part assez active.

La France est rattachée à la Turquie par les lignes régulières des Messageries nationales, de la Compagnie Marseillaise, etc., qui desservent tous les ports de la Turquie d'Europe et d'Asie, et qui ont Marseille pour point de départ.

Routes maritimes. Principaux ports. — Dans le versant de l'Adriatique, les côtes de la Turquie n'ont que des ports peu profonds et incapables de recevoir de gros navires : *Antivari, Durazzo, Parga, Prevesa.*

La première place de commerce de la Turquie d'Europe sur l'Archipel est Salonique (80,000 h.), sur le golfe du même nom, desservie par les *Messageries nationales* (ligne de Thessalie), et le Lloyd de Trieste.

Sur la mer de Marmara, *Gallipoli*, à l'entrée du détroit des Dardanelles, et *Rodosto* sur une baie vaste et sûre, servent de relâche aux nombreux navires qui se dirigent vers Constantinople, ou qui descendent vers l'Archipel.

A l'extrémité de la mer de Marmara, à l'entrée du Bosphore, à 30 kil. de la mer Noire, et 3 kil. de la côte d'Asie, s'élève **Constantinople**, l'antique Byzance, aujourd'hui la résidence des sultans, la première ville du monde musulman, le port le mieux situé de la Méditerranée, et peut-être du monde entier.

Rattachée à *Marseille* par les Messageries nationales et la Compagnie Marseillaise, à Trieste par le Lloyd autrichien, à Londres, à Southampton, à Liverpool par les lignes anglaises, à Odessa par la Compagnie Russe, Constantinople est le point de départ des lignes françaises, anglaises, autrichiennes qui se dirigent vers Trébizonde ou vers le Danube : le siége des Compagnies turques qui desservent l'Archipel tout entier jusqu'à Candie, et jusqu'à Smyrne.

Le mouvement de la navigation flotte entre 40,000 et 42,000 navires jaugeant de 8 millions à 10 millions de tonneaux. Les pavillons anglais, grec, autrichien, turc, français et italien occupent les premiers rangs.

Dans le **versant de la mer Noire**, *Bourgas*, en Roumilie, **Varna** en Bulgarie, et *Kustendji* dans la Dobrustcha, sont les principales échelles de la navigation entre Constantinople et les bouches du Danube.

Les deux ports de *Candie* et de la *Canée*, dans l'île de Crète, ont un mouvement de plus de 1,000 navires et un commerce de 25 à 30 millions de francs.

Turquie d'Asie. Échelles du Levant. — On peut diviser la Turquie d'Asie, au point de vue commercial, en trois grandes régions : celle de la *mer Noire*, celle de la *Méditerranée*, et celle du *golfe Persique* (bassin du Tigre et de l'Euphrate).

1° Sur les côtes de la mer Noire, le centre du commerce maritime est **Trébizonde** (50,000 h.), le débouché du transit entre l'Europe, la Perse, la Transcaucasie, et le marché de toute l'Anatolie septentrionale.

2° Sur l'Archipel, **Smyrne** (150,000 h.), ville à demi orientale, à demi européenne, est aujourd'hui le grand entrepôt du commerce du Levant et le principal débouché de l'Asie-Mineure. Elle a vu son commerce tripler en

20 ans, et s'élever de 43 millions en 1844, à 150 millions en 1864, et le tonnage d'entrée et de sortie monter de 300,000 à 1 million de tonneaux, dont les deux tiers par navires à vapeur.

Les îles semées sur la côte d'Asie-Mineure, *Metelin, Chio, Rhodes, Chypre,* ont une double importance comme relâche des grandes lignes de l'Archipel, surtout du Lloyd et des Messageries, et comme pays producteurs riches en vins, en fruits, en soies, en cires, en éponges, etc...

Du golfe d'Alexandrette à l'isthme de Suez, court presque en ligne droite la côte de Syrie dominée par les cimes du Liban, et qui fut au temps des Phéniciens le berceau du commerce et de la navigation.

Si nous suivons l'itinéraire des *Messageries nationales* et du *Lloyd autrichien,* qui desservent tous les ports de Syrie, nous rencontrons d'abord *Mersina,* puis *Alexandrette* et *Latakié,* les deux ports d'**Alep**; *Tripoli,* qui sert de port à **Hama, Beyrouth** (100,000 h.), le port de **Damas,** et la première place de commerce de la Syrie; *Saïda,* entrepôt des tabacs du Liban; *Caïffa,* débouché des huiles de Naplouse, et des cotons de la Palestine, enfin *Jaffa,* le port de *Jérusalem.*

Sur le golfe Persique, la Turquie n'a qu'un port, aujourd'hui presque ruiné, **Bassora,** sur le **Chat-el-Arab,** débouché de **Bagdad,** et centre des relations avec les Indes, la Perse et l'Arabie.

Le mouvement total des ports de l'empire en 1873 était, y compris le cabotage, de 250,000 navires et 18,160,000 tonneaux, l'effectif de la marine marchande de 180,000 tonneaux environ.

Navigation fluviale. — La Turquie ne connaît pas la navigation artificielle, mais elle partage avec les principautés roumaines la plus belle ligne navigable que la nature ait donnée à l'Europe, le *Danube,* qui forme la frontière turque depuis Widdin, jusqu'à la mer Noire. Bien qu'ils soient loin d'égaler l'activité des ports roumains, les ports turcs de la rive droite, *Toultcha,* à l'entrée du Delta, *Routschouck* et *Widdin* en Bulgarie, servent de stations aux bateaux à vapeur de la Compagnie autrichienne et de débouchés au commerce du pays.

Les autres cours d'eau de la Turquie d'Europe ne sont que des torrents, à l'exception d'un fleuve, tributaire de l'Archipel, la *Maritza* sur laquelle est située une des plus grandes places de commerce de l'empire, Andrinople (100,000 h.), dans une plaine riche en vignobles, en plantations de tabac, de mûriers, de cotons, de garance, à peu de distance du port d'Enos, sur l'Archipel, et qu'un chemin de fer met en communication avec Constantinople.

Dans la Turquie d'Asie, l'*Euphrate* et le *Tigre* ouvrent d'*Erzeroum* à *Bassora* une admirable voie de navigation; mais c'est à peine si quelques centaines de barques et de bateaux circulent sur ces deux fleuves qui tracent de la mer Noire au golfe Persique une des plus belles routes commerciales de l'Asie.

Routes de terre. — Les communications par terre sont difficiles dans tout l'empire, impraticables dans les pays de montagnes. Plusieurs lignes de chemins de fer ont été exécutées : ce sont celles de *Constantinople* à *Andrinople* et *Philippopoli*, de *Salonique* à *Novi-Bazar*, de *Czernavoda*, sur le bas Danube, à *Kustendji*, sur la mer Noire, pour abréger la route de Constantinople par le Danube, de *Varna* à *Routschouk*, et de *Smyrne* à *Aïdin* (Asie-Mineure). Elles présentent un développement de près de 2,000 kilomètres. Le gouvernement ottoman s'occupe assez activement d'ouvrir des routes praticables aux voitures, ou du moins aux lourds chariots, qui sont, avec les mulets et les chameaux, les seuls moyens de transport que permette l'état déplorable des voies de terre.

La plupart de ces routes sont pourvues de lignes télégraphiques, et Constantinople est le point où vient aboutir en Europe, à travers le Bosphore, le télégraphe indien qui traverse la Turquie d'Asie, en partant de Bassora sur le golfe Persique.

Dans la Turquie d'Asie, les voies de terre, bien que décorées du nom de routes de postes, ne sont que des routes de caravanes souvent interceptées par les brigandages des Turcomans de l'Asie-Mineure, des Kurdes de la vallée du Tigre et des Bédouins de la Syrie.

Les points de départ des caravanes sur la frontière de l'est sont *Bagdad* (50,000 habitants), et *Mossoul* (50,000 habitants), sur le Tigre, entrepôts du commerce avec la Perse et le golfe Persique; et *Erzeroum* (60,000 habitants), centre du transit entre *Trébizonde* et *Tauris* (Perse).

Les points d'arrivée sur le littoral de la mer Noire et de la Méditerranée sont : *Trébizonde*, *Brousse* (65,000 habitants), près de la mer de Marmara, *Alep* (70,000 habitants) et *Damas* (150,000 habitants), les deux grands marchés de la Syrie, d'où part chaque année la caravane de la Mecque.

COMMERCE EXTÉRIEUR.

Le commerce extérieur de tout l'empire, sans y comprendre l'Égypte et les principautés vassales, s'élève à environ 1,600 millions, dont 900 millions pour la Turquie d'Europe.

L'Angleterre occupe dans le commerce de la Turquie le premier rang avec un chiffre de plus de 400 millions, dont 240 pour l'importation britannique.

La **France** suit l'Angleterre avec un chiffre d'environ 240 millions : 120 millions pour l'exportation française, 125 millions pour l'importation de la Turquie en France. Viennent ensuite l'**Autriche**, qui, en Bulgarie seulement importe 30 millions de marchandises, la Grèce, l'Italie, la Russie et la Belgique.

Exportation. — Les matières premières et les denrées alimentaires forment seules l'exportation turque. Les *soies*, destinées à l'Autriche et à la France; les *cotons* et les *laines*, à l'Angleterre, à la France et à la Belgique ; les *poils de chèvre*, la *garance;* les *graines oléagineuses,* les *éponges*, la *vallonée*, les *peaux brutes*, les

marbres, les *bois*, le *cuivre*, que se partagent la France,
la Grèce et l'Italie, sont les matières premières les plus
importantes.

Parmi les **denrées alimentaires**, les *céréales* à destination de Londres, de Marseille, de Gênes ; les *huiles*
d'olive, les *fruits*, les *vins*, les *tabacs*, atteignent les
chiffres les plus considérables.

Importation. — Sauf la *houille* et quelques métaux
fournis par l'Angleterre, le *sucre* raffiné, les *cafés* et
autres denrées coloniales, tirées de France, d'Autriche,
de Belgique et des entrepôts anglais, les *viandes* salées
importées d'Angleterre et de France, et les *vins français*,
l'importation, consiste surtout en objets manufacturés.
Pour les *fils et tissus de coton*, l'Angleterre n'a pas de
rivale, et les manufactures anglaises en exportent en
Turquie pour plus de 100 millions contre 2 ou 3 millions
fournis par la France.

Pour les *draps*, les produits français, trop chers ou
trop grossiers, le cèdent à ceux de la Belgique, du Zollverein, de l'Autriche, de l'Angleterre, moins coûteux ou de
meilleure qualité.

Pour les *ouvrages en fer*, la coutellerie, la quincaillerie,
les armes, les machines, la France lutte avec la Belgique
et l'Angleterre. La *verrerie* et la poterie belge, anglaise
et allemande, rivalisent avec les produits similaires de la
France : la *bougie* de Trieste le dispute à celle de Marseille. La France n'a conservé son antique supériorité
que pour les *soieries*, la *passementerie*, la *mercerie*, les
meubles, les *peaux préparées* et les *articles de Paris*,
dont l'ensemble représente une valeur de près de 40 millions.

Caractère national. Races diverses. — Deux
races ou plutôt deux religions se trouvent en présence
dans l'empire Ottoman. En Europe, 3 millions et demi
de mahométans dont 1,600,000 à peine de race Ottomane
sont dispersés au milieu de 5 millions de chrétiens,
Grecs, Bulgares, Bosniaques, Serbes qu'ils méprisent et
qui les détestent.

Dans la Turquie d'Asie, l'insubordination des Kurdes et des Turcomans, la rivalité des Druses et des Maronites chrétiens du Liban, les brigandages des Bédouins de Syrie, perpétuent l'anarchie et paralysent le progrès.

Compagnies de commerce. Institutions de crédit. — Aussi tout le commerce, toute l'industrie de la Turquie sont-ils entre les mains des étrangers, Maltais, Italiens, Anglais, Français, Allemands même, ou des puissantes maisons grecques, arméniennes et israélites de Smyrne, de Péra et de Galata ; les marchands des bazars sont seuls de race turque.

Du reste, les commerçants européens trouvent une protection énergique dans les consuls qui, d'après les capitulations signées avec les diverses puissances, jouissent de droits de juridiction et de police très-étendus.

Traités de commerce. — Des traités de commerce conclus avec toutes les puissances commerçantes, en particulier la Grande-Bretagne, la France, l'Autriche, garantissent la liberté de la navigation, l'abolition des monopoles commerciaux, la liberté complète du commerce intérieur. Le système douanier est assez libéral : les produits européens importés ne sont frappés que d'un droit de 3 % de la vente, et d'un droit additionnel de 2 % lors de leur expédition à l'intérieur.

Poids, mesures, monnaies. Les principales mesures sont :

Mesure de capacité pour les grains, le kilo = 35 lit., 266.

Poids. L'oka = 1 kilog., 2855. Le cantaro = 56 kilog., 565. La tonne = 1,049 kilog.

Les monnaies de compte sont la piastre = 0 fr., 2590, le para = 0,006475. — La bourse de 500 piastres = 130 fr.

Les monnaies réelles sont très-différentes de valeur et de titre, et les pièces anciennes ainsi que les monnaies étrangères circulent concurremment avec la monnaie nouvelle frappée depuis 1845.

Les monnaies d'or sont le *double-sequin* ou *medjidië*
= 22 fr. 50; et le *sequin* = 11 fr. 25.

Les monnaies d'argent sont la pièce de 20 *piastres* =
4 fr. 50; de 10 *piastres* = 2 fr. 25; de 5 *piastres* =
1 fr. 13; d'une *piastre* = 0 fr. 225.

ÉTATS VASSAUX DE LA TURQUIE.

MONTÉNÉGRO ET SERBIE.

Monténégro. — Le Monténégro (4,427 k. car.),
espèce de forteresse naturelle, isolé dans la montagne,
entre l'Albanie, l'Herzégovine et la Dalmatie, sans routes,
sans villes, est habité par une population de 130,000 mon-
tagnards, moitié pasteurs, moitié soldats, qui se civilisent
peu à peu, grâce à l'influence de princes intelligents et
énergiques. L'éducation des abeilles et des vers à soie, et
l'élève du bétail sont à peu près les seules industries et
les seules ressources du pays.

Serbie. — La Serbie, sur la rive droite du Danube,
entre la Bulgarie au sud-est, la Bosnie au sud et à l'ouest,
l'Autriche au nord, et les Principautés-Unies à l'est, a
45,000 k. car., et 1,300,000 hab. La capitale et la principale place de commerce est *Belgrade* (30,000 hab.), au
confluent de la Save et du Danube, sur la route de poste
de Vienne à Constantinople, l'une des principales stations
des vapeurs autrichiens. La Serbie, traversée par de
nombreuses rivières, coupée par plusieurs routes praticables, quoique mal entretenues, habitée par une population intelligente et active, bien que rude et peu
civilisée, gouvernée par des princes constitutionnels,
et entretenant avec l'Autriche des relations continuelles,
cultive les céréales, nourrit un grand nombre de moutons
et surtout de porcs, possède d'immenses forêts, et
exploite des mines de fer : les échanges ne dépassent pas
60 millions : ils consistent à l'exportation en laines,
cuirs, bestiaux, céréales, et à l'importation en objets
manufacturés qui proviennent surtout de l'Autriche.

PRINCIPAUTÉS ROUMAINES.

Les **Principautés-Unies** de Moldavie et de Valachie ou **Roumanie** bornées au nord par les Carpathes qui les séparent de l'Autriche, à l'est par le Pruth, qui les sépare de la Russie, au sud par le Danube qui les sépare de la Turquie, à l'ouest par la Serbie et l'Autriche, ont été constituées par les traités de 1856 et 1866 sous la garantie des grandes puissances européennes, et sous la suzeraineté du Sultan, en un État constitutionnel gouverné par un prince héréditaire. Leur superficie est de 121,000 k. car., leur population de 4 millions 1/2 d'habitants. Les deux capitales sont *Bukharest* en Valachie, 200,000 hab., et *Yassi* en Moldavie, 90,000 hab.

Importance commerciale des Principautés-Unies. — Ce qui donne aux Principautés-Unies une importance exceptionnelle, c'est leur position sur le Danube, dont elles possèdent le cours inférieur et les embouchures. Ouvert par le traité de 1856 à tous les pavillons, le Danube est accessible par trois de ses branches, celle de *Kilia* avec les ports d'*Ismaïl* et de *Kilia*, et celles de *Sulina* et de *Saint-Georges* embarrassées par la boue et les bancs de sable, mais seules navigables pour les navires d'un fort tonnage.

Principales étapes de la navigation du Danube. — Au-dessus du confluent du Danube et du Pruth, et à quelques kilomètres au-dessous du confluent du Sereth, s'élève la ville de **Galatz** (80,000 hab.), le port le plus fréquenté du bas Danube, desservi par les *Messageries nationales,* la *Compagnie Marseillaise de navigation à vapeur,* la Compagnie russe d'Odessa, et par la puissante Compagnie autrichienne, dont les paquebots sillonnent tout le cours du Danube, depuis Linz sur la frontière bavaroise jusqu'à son embouchure.

Braïla (25,000 hab.), le premier port de la Valachie, à 12 kilomètres au-dessus de Galatz, est le point où s'arrête la navigation maritime.

Les principales stations de la navigation fluviale du Danube à partir de Braïla, sont : *Giurgewo,* échelle de Bukharest, et *Kalafat,* en face de Widdin. Le mouvement des ports était en 1873 d'environ 26,000 navires entrés ou sortis, et de 3,600,000 tonneaux.

Sauf la navigation du Danube et de ses nombreux affluents, le Pruth, le Sereth, l'Aluta, les Principautés-Unies n'ont que des communications imparfaites, par des routes assez mal entretenues, et environ 1,000 kilomètres de chemins de fer qui sont aujourd'hui rattachés aux lignes russes et autrichiennes.

Quant à la télégraphie électrique, elle existe dans tout le territoire des Principautés.

Production nationale. — La Roumanie est une immense plaine au terrain calcaire ou argileux, dominée par les Carpathes, et qui s'abaisse vers le Danube par une série de plateaux monotones arrosés de nombreux cours d'eau.

Le climat assez rude en hiver pour interrompre pendant plusieurs mois la navigation du Danube, est doux et même chaud en été. La Roumanie est un pays tout agricole, et sa principale richesse consiste dans la culture des céréales, l'exploitation des bois, l'élève du gros bétail et des moutons, la culture de la vigne et des arbres fruitiers en Moldavie. Il existe des gisements de houille et de fer, mais les seules mines importantes en exploitation sont les salines d'*Okna* en Moldavie.

Commerce extérieur. — Le commerce extérieur, qui se fait presque tout entier par le Danube, s'élève à environ 260 millions de francs (136 millions en 1856), dont 160 à 170 à l'*exportation,* qui consiste en céréales, bestiaux, laines, matières grasses, sel et bois de construction, tandis qu'à l'*importation* les meubles et objets de luxe, les comestibles, les vins, les sucres raffinés, les denrées coloniales, la librairie de *France,* les cotonnades et les lainages anglais et allemands, les fers de Belgique, d'Angleterre et du Zollverein, les instruments aratoires, les cuirs, les étoffes autrichiennes, représentent les valeurs les plus considérables; quelques-uns de ces objets s'exportent pour la Turquie par Routschouk ou par Galatz et Toultcha.

La Roumanie a adopté notre système de monnaies, de poids et de mesures.

ROYAUME DE GRÈCE.

Bornes, population, situation. — Le royaume de Grèce est situé entre 39° et 36° lat. N., 17° et 23° 45′ long. Est.

Il est borné au nord par la Turquie d'Europe, à l'est par l'Archipel, au sud par la Méditerranée, à l'ouest par la mer Ionienne. La superficie, en y comprenant les îles (Cyclades, Eubée, îles Ioniennes), est de 50,123 kil. car., la population de 1,500,000 habitants. Le royaume se divise en 13 préfectures; la capitale est Athènes (50,000 hab.).

La nature semble avoir créé la Grèce pour le commerce maritime; la mer l'enlace et la pénètre de toutes parts : à l'ouest elle touche à l'Italie et commande l'Adriatique; à l'est, ses îles semblent jetées comme un pont entre l'Europe et l'Asie; au sud, la Méditerranée lui ouvre le chemin de l'Afrique, et la route de l'extrême Orient; aussi de toutes ses grandes traditions, n'en a-t-elle conservé qu'une seule, l'activité commerciale et maritime.

Climat, nature du sol. — Malgré ses montagnes et ses rochers, la Grèce doit à son climat et à son soleil une fertilité qui pourrait l'enrichir autant que son commerce maritime, si une culture bien entendue venait en aide à la nature; sur 2 millions d'hectares de terres arables, 750,000 à peine sont cultivés, et suffisent cependant à la consommation dans les années ordinaires. Le bétail est peu nombreux sauf les moutons (1,850,000) et les chèvres (plus de 3 millions).

Production agricole. — Les deux grandes cultures sont la *vigne,* et les *oliviers* au nombre de 9 à 10 millions de pieds dans les îles et sur le continent. Les *figuiers,* les *orangers*, le *tabac,* la *garance,* la *réglisse,* le *coton,* sont cultivés sur une moins grande échelle.

Le *miel* et la *cire* de l'Attique et des Cyclades ne redoutent aucune concurrence, et la production des *soies* écrues à Patras, à Kalamata, dans les îles, est encore importante malgré les ravages de la maladie.

Pêche. — La pêche côtière, celle des *éponges* à Nauplie et à Syra, celle des *sangsues* dans les marais du district de Livadia, constituent nn revenu important.

Production minérale. — Quant aux richesses minérales, elles sont inexploitées, si l'on en excepte quelques gisements de lignite, les minerais de plomb argentifère du Laurium, et les inépuisables carrières de *marbre* du Pentélique, de Paros et de *Syra.*

Principaux ports. — *Corfou* (16,000 hab.), dans l'île du même nom, est l'entrepôt du commerce des îles Ioniennes, qui consiste en huiles, sucres et raisins de Corinthe.

A l'entrée du golfe de Lépante est situé *Patras,* en Achaïe, le second port de la Grèce continentale, entrepôt de l'exportation des raisins de Corinthe.

Dans l'Archipel et sur les côtes de la Morée, est disséminé le groupe des Cyclades, dont la principale ville est *Syra,* dans l'île du même nom (22,000 h.), la métropole commerciale de la Grèce, le centre d'où rayonnent toutes les lignes qui desservent l'Archipel, et le chef-lieu d'un arrondissement maritime qui arme plus de 1,100 navires.

Les côtes de la Morée et de la Hellade n'ont sur l'Archipel que deux grands ports : *Nauplie,* en Argolide, et le *Pirée,* port d'Athènes, à six jours de Trieste et de Marseille, par les vapeurs du Lloyd et des Messageries françaises.

Le mouvement total de la navigation extérieure s'élève en moyenne à 17,000 navires et 2,500,000 tonneaux, et l'effectif maritime à 5,000 bâtiments jaugeant 240,000 tonneaux.

Commerce extérieur. — Le chiffre du commerce extérieur flotte, depuis dix ans, entre 150 et 180 millions, en y comprenant les îles Ioniennes. L'importation dépasse généralement l'exportation.

Exportation. — Parmi les objets exportés figurent au premier rang les *raisins de Corinthe*, les *huiles* et les *soies;* puis viennent les *fruits secs*, les *cotons*, les *vins*, les *marbres*, les *éponges*, les *laines* en masse, les matières tinctoriales, les tabacs, la cire, les sangsues, etc.

Importation. — A l'importation, les *tissus* de toute espèce, les *métaux* bruts ou travaillés, les *sucres*, les *cafés*, les combustibles minéraux, les peaux brutes et préparées, les poissons salés, l'orfévrerie et la verrerie, les livres et le papier, etc., représentent une valeur moyenne de près de 100 millions.

La Turquie d'Europe et d'Asie, l'Autriche, l'Angleterre, la France et l'Italie sont les États qui entretiennent le plus de relations avec la Grèce. La part moyenne de la France est de 16 à 19 millions, dont 5 millions et demi de soie, d'éponges, de cotons exportés de Grèce, et 13 à 14 millions de tissus, d'ouvrages en cuir et en métal que la France lui renvoie.

Le régime douanier est assez libéral. Le Code de commerce français et le système métrique sont en vigueur depuis 1836.

La monnaie de compte est la **drachme** $= 0$ fr., 90.

LIVRE III

AFRIQUE

CHAPITRE I (Nº 14)

ROUTES DE L'AFRIQUE SEPTENTRIONALE PAR LA MÉDITERRANÉE.

(Messageries nationales. Compagnie péninsulaire et orientale,
Lloyd de Trieste, Paquebots-poste italiens, etc.

ÉGYPTE.

Bornes. Population. — L'empire d'Égypte est borné au nord par la Méditerranée ; à l'est par l'isthme de Suez et la mer Rouge ; au sud par l'Abyssinie et les pays Gallas ; à l'est par le Soudan central, le désert de Libye et la régence de Tripoli. Il est gouverné par un vice-roi ou *khédive* héréditaire, vassal de la Porte-Ottomane : il se divise en deux grandes régions, l'Égypte proprement dite, et le Soudan égyptien, qui comprend les contrées désignées par les géographes européens sous le nom de *Nubie*, de *Sennaar*, de *Kordofan*, de *Darfour*. La superficie totale est d'environ 2,400,000 kil. carrés, la population de 17 millions d'habitants. La capitale est le Caire (350,000 hab.).

Productions. — Les *céréales*, dont la culture est favorisée par les débordements périodiques du Nil (juillet à octobre), donnent jusqu'à trois récoltes par an (11 à 14 millions d'hectolitres) ; les légumes, le riz croissent presque sans culture ; la garance, le safran, l'indigo, le henné abondent dans la haute Égypte ; la culture du *coton* (80 millions de kilog. en moyenne), celle du *lin*, de la *canne à sucre* (20 millions de kilog. de sucre en moyenne), ont pris d'immenses développements : les races domestiques, chevaux, ânes, chameaux, bestiaux,

moutons, volailles, abeilles prospèrent dans toute
l'Égypte : la culture du mûrier et la production de la
soie s'y développent également; quant aux richesses
minérales, les carrières de porphyre, de marbre et de
pierre, le nitre (550,000 kil. bruts), le bitume, et le sel
sont les seules exploitées, mais les pays annexés renferment des richesses encore inconnues.

**Situation commerciale. L'isthme et le canal
de Suez.** — L'Égypte est, par sa position, l'intermédiaire naturel entre l'Occident et l'Orient, le trait d'union
entre la Méditerranée et l'océan Indien. Sous la domina-

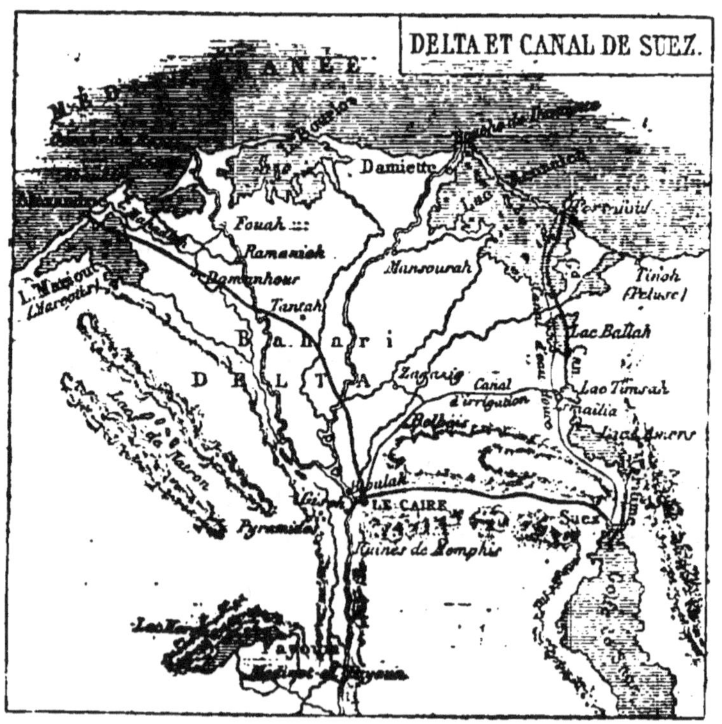

Carte VIII.

tion des Ptolémées, des Romains et des Khalifes arabes,
elle servit d'entrepôt au commerce des Indes, jusqu'au
moment où les découvertes des Portugais détournèrent
ce courant vers le cap de Bonne-Espérance. De nos jours,
le rétablissement de la grande route de transit entre

l'Europe et l'extrême Orient, a rendu à l'Égypte sa prospérité commerciale, doublée par l'ouverture du canal de Suez.

L'*Isthme de Suez* est une langue de terre sablonneuse, coupée de lacs salés et bitumineux, qui s'étend sur une largeur de 155 kil., entre la mer Rouge et la Méditerranée.

En 1854, un Français, M. de Lesseps, obtint du vice-roi d'Égypte la concession d'un canal maritime qui réunirait les deux mers, et d'un canal d'eau douce, dérivé du Nil, qui aboutirait à Suez, en suivant le tracé de l'ancien canal des Pharaons et des Arabes. Le canal, long de 160 kil. et large de 58 à 100 mètres, part de *Port-Saïd,* sur la Méditerranée, traverse le lac Menzaleh, le lac Timsah et les lacs Amers, et finit à **Suez**, sur la mer Rouge, ville de 20,000 hab., entrepôt du commerce de l'Égypte avec la mer Rouge, et l'une des grandes étapes des routes de l'Orient. En 1873, le mouvement du canal était de 1,173 navires jaugeant 2,085,073 tonneaux. Ce mouvement avait plus que doublé en trois ans, de 1870 à 1872, et l'excédant des recettes était de plus de 7 millions. Le pavillon anglais couvre à lui seul les deux tiers du tonnage.

Alexandrie (220,000 hab.), sur la Méditerranée, réunie au Nil par le canal Mahmoudieh, au Caire et à Suez par des chemins de fer, bien qu'elle ait cessé d'être le principal débouché du transit de l'Orient, restera toujours le plus grand port de l'Égypte. Le mouvement de sa navigation dépasse 1,240,000 tonneaux. *Rosette* et *Damiette* aux bouches du Nil ne sont plus que des ports de cabotage.

Sur le littoral de la mer Rouge, l'Égypte n'a que deux ports *Kosséir* et *Souakim,* qui doivent toute leur importance aux relations avec l'Arabie, et surtout au pèlerinage de la Mecque. Dans les parties de la côte du Somal récemment soumises, sur le golfe d'Aden, les ports de *Berbera* et de *Zeyla* paraissent appelés à un grand avenir commercial.

Navigation intérieure. Chemins de fer. —

L'Égypte possède la plus belle voie de navigation intérieure de l'Afrique, et l'un des plus grands fleuves du
monde, le **Nil**, dont les sources mystérieuses ont enfin
livré leur secret. Sorti sans doute du massif neigeux du
Kilimandjaro, dans l'Afrique orientale, il traverse les
lacs Victoria et Albert Nyanza, et arrose des contrées
tour à tour marécageuses et fertiles, que les explorateurs
anglais, Speke, Grant, Baker, ont fait connaître au
monde européen. La première station du commerce
égyptien sur le Nil est *Gondokoro* (Ismaïlia).

Au confluent du Nil Blanc et du Nil Bleu s'élève la
capitale du Soudan égyptien, *Khartoum* (40,000 hab.),
entrepôt du commerce de l'ivoire, de la gomme et des
esclaves avec l'Abyssinie, le Soudan et le haut Nil.

Le fleuve entre en Égypte à *Assouan;* à *Keneh* commencent les services de navigation à vapeur, qui descendent jusqu'au **Caire**, la capitale politique et commerciale
de l'Égypte, le point où viennent converger les routes de
caravanes de l'Arabie par Kosséir, de la Turquie d'Asie
par Damas, des États-Barbaresques par l'oasis de Siouâ,
du Soudan et de la haute Égypte par Khartoum et la
vallée du Nil.

Des chemins de fer sillonnent le delta du Nil, fonctionnent
entre Alexandrie et Suez par *Tantah* et Zagazig, et se
prolongent jusqu'au Caire, d'où ils remontent la vallée du
Nil jusqu'à Syout (longueur totale de 1,500 kilom.). Le
télégraphe électrique est établi jusqu'à Khartoum.

Relations avec la France. — Le commerce
de l'Égypte avec la France varie de 80 à 90 millions,
dont plus de moitié pour l'importation en France
(1870-74).

Les principales marchandises que nous demandons à
l'Egypte sont les *cotons*, les graines à ensemencer, les
graines oléagineuses, les gommes, le sucre brut, les
soies et les plumes de parure.

Nous lui renvoyons en échange, les tissus de soie, de
laine et de coton, les machines et mécaniques, les outils
et ouvrages en métaux, les vins, les sucres, les bougies

stéariques, les ouvrages en peau et en cuir, la verrerie, la porcelaine, les voitures, et les mille articles de luxe de la fabrique parisienne.

Commerce général. Importation et exportation. — Sans y comprendre le transit par Suez des marchandises et des métaux précieux, le commerce spécial de l'Égypte varie entre 400 et 500 millions (période décennale de 1863 à 1872), répartis entre l'Angleterre, la France, la Turquie, l'Autriche, et l'Afrique du centre et de l'est. Les cotons, les céréales, les graines oléagineuses, les dattes, les matières tinctoriales, les sucres, les gommes, la laine, l'ivoire, la cire et l'encens du Soudan et de l'Abyssinie, la nacre et les écailles de tortue des bords de la mer Rouge, sont les principaux articles exportés, dont la valeur oscille entre 250 et 360 millions. L'importation, qui ne dépasse pas 160 milions, consiste, outre les articles français, en cotonnades et tissus anglais et autrichiens; quincaillerie et fers ouvrés d'Angleterre et d'Allemagne, verres à vitres et cristaux de Belgique et d'Italie : bois de construction d'Autriche; houilles et métaux anglais, etc.

État de la civilisation. — Depuis Méhémet-Ali, l'Égypte s'est ouverte au commerce, aux idées, aux industries de l'Europe; des routes, des canaux ont sillonné son territoire, des bateaux à vapeur remontent le Nil au delà de Khartoum; des usines se sont élevées jusqu'aux confins du Darfour et de l'Abyssinie, une Compagnie égyptienne de navigation à vapeur dessert les ports de la mer Rouge jusqu'à Souakim; les monopoles ont été abolis, la culture émancipée; des tribunaux et des chambres de commerce fonctionnent à Alexandrie et au Caire : les Européens peuvent s'établir et fabriquer librement dans toute l'Égypte; mais ils trouvent une rude concurrence dans le génie commercial des Coptes, des Nubiens et des Banians de la mer Rouge.

La monnaie de compte est la même qu'en Turquie. Les poids les plus usités sont le *kantar* = 44 kil. 55, l'*ocque* = 1 kil. 237; l'*ardeb* de blé = 133 kil. 637,

l'*ardeb* de lentilles = 151 kil. 5. La principale mesure
agraire est le *feddan* = 4200 mèt. carrés 8333.

ABYSSINIE.

L'Abyssinie, située entre 16° et 8° lat. N., 33° et 38°
long. E., et bornée au nord et au nord-ouest par l'Égypte,
au sud et au sud-ouest par les pays Gallas, à l'est par le
pays de Harar, les possessions égyptiennes de la côte de la
mer Rouge et le golfe d'Aden, est un vaste plateau escarpé
au sud et à l'est, coupé par les vallées profondes du Nil
Bleu et du Tacazzé ou *Atbarah*, au climat salubre et
tempéré, au sol fertile. L'Abyssinie produit les céréales,
les fruits, le café, le coton, nourrit des chevaux, des
ânes, de nombreux bestiaux ; renferme des mines d'or,
de fer, de pierres précieuses, de houille, etc... Elle n'a
jusqu'à présent de relations avec la France que par
l'Égypte. Les centres commerciaux de l'Abyssinie sont
au nord *Adoua*, capitale du royaume de Tigré, au sud
Ankober dans le Choa, au centre *Gondar*, près du grand
lac Tzana : le débouché du commerce abyssin sur la
mer Rouge est *Massaouâ*, dans une île, sous la suzeraineté de la Porte.

L'Abyssinie, menacée par l'Égypte et sans cesse
déchirée par la guerre civile, est un pays en voie de
dissolution. Le chrétien abyssin, qui ne manque ni de
finesse, ni d'aptitudes commerciales, est cependant inférieur pour la probité et l'intelligence aux musulmans,
qui concentrent dans leurs mains tout le grand commerce.

CHAPITRE II (N° 15)

ROUTES DE L'AFRIQUE SEPTENTRIONALE PAR LA MÉDITERRANÉE.
(*Suite*.) — ÉTATS BARBARESQUES.

TRIPOLI.

Le gouvernement de Tripoli, borné au nord par la Méditerranée, à l'est par l'Égypte, au sud par le grand désert, à l'ouest par le Sahara et la Tunisie, comprend, outre le pays de Tripoli, celui de Barcah, le Fezzan, l'oasis de Ghadamès et celle de Ghât. C'est un vilayet de l'empire ottoman. Sa superficie est d'environ 900,000 k. car., et sa population de 1,200,000 habitants. Ce pays nourrit un assez grand nombre de chevaux, de bœufs et de moutons, et cultive les céréales, l'olivier et le dattier ; mais le sol est aride, sablonneux et en partie inculte.

Le commerce maritime n'a que deux débouchés : à l'ouest, la capitale, **Tripoli** (30,000 hab.) ; à l'est, le port à demi comblé de *Benghazi,* qui doivent toute leur importance aux produits du Soudan, expédiés par les deux grands entrepôts de l'intérieur ; au sud-ouest, **Ghadamès,** rendez-vous des caravanes de Tombouctou par l'oasis du *Touat,* et de Kano par *Ghât* et le pays des Touaregs ; au Sud, **Mourzouk,** capitale du Fezzan, où aboutissent les caravanes du Bornou par l'oasis de Bilma, et du Ouadaï par le désert de Libye.

TUNISIE.

La Tunisie, située entre 32° et 37° lat. N., 6° et 8° long. E., est bornée : au nord et à l'est, par la Méditerranée ; au sud-est, par la régence de Tripoli ; au sud-ouest, par le Sahara algérien ; à l'ouest, par l'Algérie. Elle comprend une superficie de 120,000 kil. car., et une population d'environ 1,500,000 habitants.

La capitale est Tunis (120,000 h.), résidence du bey, qui relève nominalement de la Porte ottomane, mais qui est, en effet, à peu près indépendant.

La situation de la Tunisie à l'extrémité septentrionale de l'Afrique, au centre de la Méditerranée, à quelques heures de Malte et de la Sicile, à quelques jours de Marseille, la douceur de son climat, ses richesses minérales, la fécondité de son territoire, sillonné par les rameaux de l'Atlas, mais qui produit presque sans culture, les céréales, le dattier, l'olivier, les arbres fruitiers ; ses vastes pâturages et ses pêcheries de corail, ont assuré de tout temps une haute importance commerciale à ce pays, qui vit s'élever Carthage, et qui, par sa proximité de l'Algérie, attire aujourd'hui d'une matière toute spéciale l'attention de la France.

Le commerce maritime de la Tunisie se concentre dans quatre ports :

Tunis, sur une lagune qui communique avec la mer par le canal de la Goulette, centre des relations avec l'Europe, et de l'industrie indigène :

Hammamet, sur un large golfe au sud de Tunis, *Sous* et **Sfax,** sur le golfe de Gabès (20,000 h.), centre du commerce avec Tripoli et Malte.

Le commerce de terre communique avec la Tripolitaine, le Sahara et le Soudan par des routes de caravanes, dont *Kairouan* est le centre, et qui se dirigent au sud vers l'oasis de *Ghadamès,* par Cafsa; à l'ouest, vers l'oasis du *Touat,* par le Beled-el-Djerid algérien et les villes de *Ouargla* et d'*El Goleâ.*

La France occupe le premier rang dans le commerce de Tunis, qui ne dépasse pas 50 millions; l'Italie le second, l'Angleterre le troisième. Les exportations consistent, pour l'Europe, en produits naturels, huiles, céréales, bestiaux, laines, dattes, alfa, etc., et en tissus, cuirs ouvrés, bonnets de laine pour l'Algérie, la Tripolitaine et le Soudan; les importations en draps, cotonnades, soieries de France, armes, quincaillerie, métaux bruts, bois de construction, sucres, cafés, épices et boissons, de Gênes, de Malte et de Marseille.

La monnaie de compte est la **piastre**, de 0 fr. 62 ; les poids les plus usités, le *cantaro* = 50 kil. 7 ; le *mital* = 17 kil. 4, et le *rotolo* = 0 kil. 507 : la mesure pour les matières sèches ou liquides, le *caffiso* = 640 litres.

MAROC.

Le Maroc, situé entre 1° 40′ et 12° 17′ longitude O., 27° et 35° 40′ latitude N., est borné : au sud et à l'ouest, par le Sahara et l'Algérie ; au nord, par la Méditerranée et le détroit de Gibraltar ; à l'est, par l'Atlantique. Sa superficie est de 680,000 kil. car. environ, sa population de 6 millions d'habitants, dont 4 millions de Berbères et 340,000 Israélites, le reste Maures et Arabes.

Jouissant d'un climat plus tempéré que celui de l'Algérie, grâce aux vents de l'Atlantique ; arrosé par de nombreuses rivières qui descendent du massif de l'Atlas ; riche en bestiaux, en cire, en miel ; propre à toutes les cultures qui réussissent en Algérie, possédant des mines de cuivre, de fer, de plomb, de sel gemme, pour la plupart inexploitées ; maître des routes du Sahara occidental, touchant à l'Atlantique et à la Méditerranée, le Maroc n'aurait pas de rival en Afrique, si le despotisme de ses sultans, l'apathie ou le fanatisme des populations, la haine du nom chrétien, l'anarchie et le brigandage qui désolent l'empire, ne paralysaient les ressources du pays.

Les principaux débouchés maritimes sont : sur la Méditerranée, le port de *Tétouan;* sur le détroit de Gibraltar, *Tanger*, résidence des consuls européens ; sur l'océan Atlantique, *Larache, Casablanca, Mazagan, Rabat* et *Salé, Saffi, Mogador,* la principale place maritime du Maroc, et l'un des débouchés du commerce du Soudan. Ce port, dont le mouvement s'élève à un chiffre relative-

AFRIQUE
Géographie Physique
et Politique
Colonies
(A) à l'Angleterre
(F) à la France
(E) à l'Espagne
(P) au Portugal
(H) à la Hollande
ASIE
ARABIE
TRIPOLITAINE
OC. ALGÉRIEN
Maroc
TOUAT
SAHARA
Tombouctou
KORDOFAN
SOMAULIS
ADEL
L. Tchad
L. Albert
L. Tanganyika
L. Nyassa
ILES
MASCAREIGNES
Ile de la Réunion
ALGÉRIE
MÉDITERRANÉE
Constantine
Oran
Alger
SAHARA ALGÉRIEN

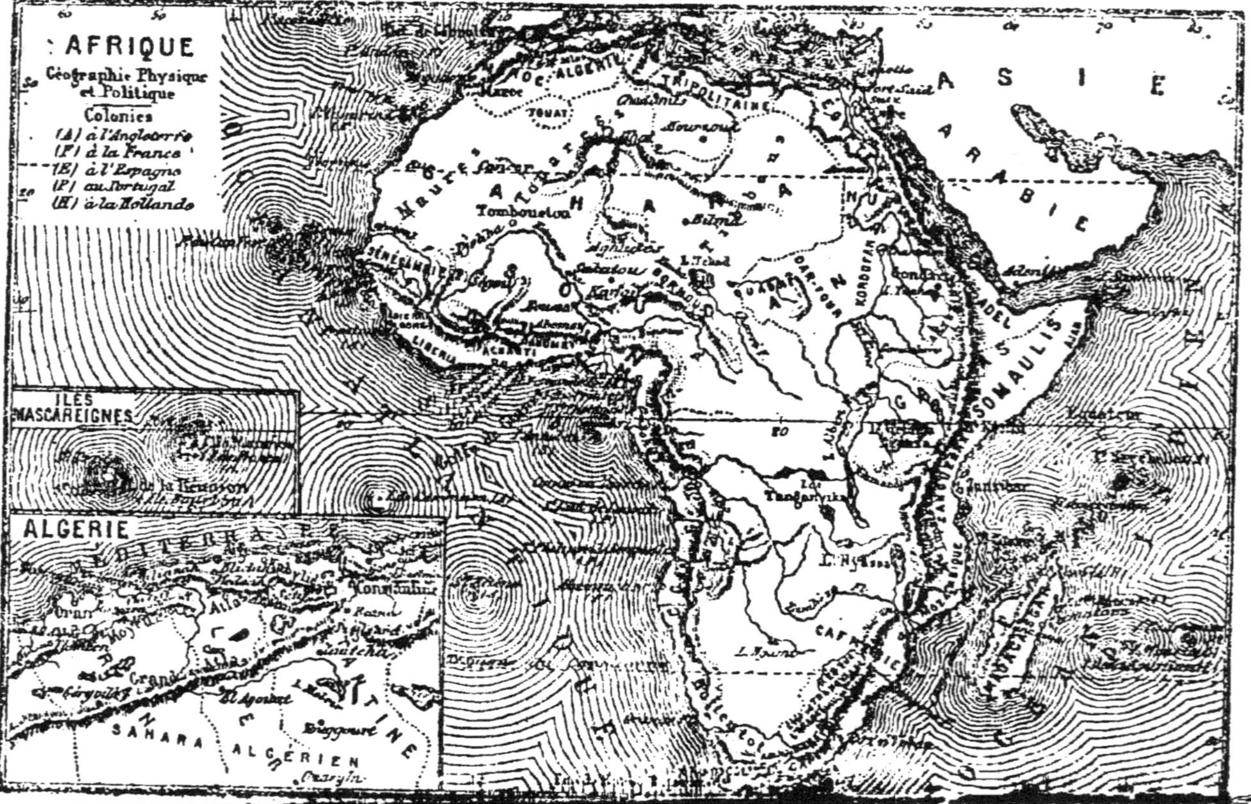

Carte IX.

ment considérable (57,000 tonneaux environ), est desservi par une compagnie française et par les vapeurs anglais de la ligne de Londres aux Canaries. Le mouvement général de la navigation du Maroc est d'environ 2,600 navires chargés et 400,000 tonneaux, dont 240,000 sous pavillon anglais et 130,000 sous pavillon français.

Dans l'intérieur de l'Empire, la principale place de commerce est *Fez*, la ville sainte, une des trois capitales (100,000 h.), centre de l'industrie des tissus, des tapis, des armes blanches, et surtout de la préparation des peaux, si célèbres sous le nom de maroquin; point de départ des caravanes de la Mecque; entrepôt du commerce maritime de Tétouan, de Tanger, de Rabat; des relations avec l'Algérie par Tlemcen, avec le Soudan par Tafilet.

Mequinez (40,000 h.) et *Maroc* (45,000 h.), les deux autres capitales, centralisent le commerce du sud et du centre de l'Empire, comme Fez, celui du nord et de l'est.

Enfin *Tafilet*, sur la lisière du Sahara, est le point de départ des caravanes qui se rendent à Ghadamès et à Tombouctou, par l'oasis du Touat, à Arguin et dans le Sahara occidental par l'Oued-Noun.

Le Maroc, qui n'a que des routes de caravanes, a déjà inauguré la télégraphie électrique par la ligne de Fez à Tétouan.

Le *commerce extérieur* s'élève à environ 60 à 68 millions : les *exportations* consistent en céréales, laines, cire, dattes, huiles d'olive, peaux brutes, tapis, maroquins, gommes, plumes d'autruches et autres produits du Soudan : les *importations* en tissus, fers, sucres, cafés, soies gréges, armes de guerre, quincaillerie et numéraire. L'Angleterre importe à elle seule plus des deux tiers de ces marchandises; la France l'emporte pour les exportations, puis viennent l'Espagne, le Portugal, l'Italie et la Belgique.

AFRIQUE INTÉRIEURE, ROUTES DE CARAVANES. — SAHARA ET SOUDAN.

En dehors de toutes les routes maritimes, au cœur de l'Afrique, entre les États Barbaresques, au nord, l'Égypte, à l'est, les régions inconnues de l'équateur et la Guinée, au sud, le Sénégal et l'océan Atlantique, à l'ouest, s'étend une immense plaine, dont la superficie dépasse 12 millions de kil. carrés, la population 46 millions d'habitants, c'est le Sahara et le Soudan.

Le Sahara. — Le Sahara est une vaste région sablonneuse ou pierreuse, au nord, à l'est et à l'ouest, semée d'oasis qui sont comme les relâches des caravanes, et coupée par plusieurs massifs montagneux (le Hodh, le Hoggar, l'Asben, le Tibesti ou pays de Tou). Les *Maures*, à l'ouest, les *Touaregs* ou *Imoshar*, au centre et au nord, les *Tibbous*, à l'est, les uns nomades, les autres sédentaires, tour à tour ennemis ou guides des caravanes, tiennent entre leurs mains les clefs du Sahara, les oasis du *Touât*, avec ses capitales *Aïn-Salah* et *Timimoun*, du *Hoggar*, avec la ville d'*Idelès*, d'*Aghadès*, de *Bilma*, de *Ghât*, où passent les grandes routes commerciales qui unissent le Soudan aux ports du Maroc, de l'Algérie, de la Tunisie et de la Tripolitaine.

Le Soudan. — Le Soudan ou Takrour se divise en trois régions : à l'*ouest*, celle du Niger (Djoliba, Kouara ou Isa), l'une des plus fertiles de l'Afrique, où les Bambarras, les Touaregs et les Fellatahs se disputent l'influence, et dont les principaux centres commerciaux sont : *Tombouctou* (15,000 h.), entrepôt du commerce avec le Maroc ; *Djenné* et *Ségou,* sur le haut Niger, en relations avec le Sénégal ; *Sackatou, Gando, Vourno,* villes de commerce et d'industrie, habitées par les Fellatahs et dépendant de l'empire de Haoussa ; *Boussa,* sur le Niger, et *Yakoba,* principal entrepôt du bassin du Binoué ou Tchadda, le plus grand affluent du Niger :

Au *centre,* la région du lac Tchad et de ses affluents,

en partie soumise aux Fellatahs, en partie habitée par des noirs indépendants, et dont les grands centres sont : *Kano* (30,000 h.), célèbre par ses cotonnades, ses cuirs, ses armes; *Kouka,* sur les bords du lac Tchad, capitale du Bornou; *Ouara* et *Abéchr*, principales villes du Ouadaï.

A l'*est*, le Darfour et le Kordofan, qui appartiennent au bassin du Nil Blanc, et dont *Kobbé* et *Obéid* sont les capitales commerciales. Ces deux pays font aujourd'hui partie des possessions égyptiennes.

Les esclaves, l'or, le sel recueilli dans les mines du Bornou, le natron du lac Tchad, le fer des monts de Kong, les bestiaux, les peaux brutes, les laines, la soie, l'ivoire, le miel et la cire, le musc, les plumes d'autruche, les céréales, les cotons, les graines oléagineuses, les tabacs, les épices, les gommes, les matières tinctoriales; les tissus de coton et de lin, les objets de sellerie, les armes, la sparterie, les bijoux, sont les produits les plus importants du sol ou de l'industrie soudanienne; mais les seuls qui donnent lieu à un commerce de quelque activité sont la poudre d'or, les plumes d'autruches, l'ivoire, les gommes et surtout les esclaves échangés contre les marchandises d'Europe, tissus, quincaillerie, mercerie, armes, verroterie et le sel des lacs sahariens, qu'apportent les caravanes du Maroc, de l'Égypte, de la Tripolitaine et de la Tunisie.

Les *cauris*, les *fers de bêche*, les bandes de coton ou de toile, appelées *tobs*, la pierre de sel, l'esclave, sont la seule monnaie du Soudan.

CHAPITRE III (N° 15)

CÔTE OCCIDENTALE D'AFRIQUE.

(Compagnie d'Afrique de Liverpool et Messageries nationales.)

Historique du commerce de cette région. — Les navires de Dieppe et de Saint-Malo furent les premiers qui abordèrent, sous le règne de Charles V, au Sénégal et en Guinée; mais les comptoirs français disparurent pendant la guerre de Cent ans; et ce ne fut que vers le milieu du XVe siècle que les Portugais retrouvèrent cette route oubliée.

Toutes les nations maritimes de l'Europe, la Hollande, l'Angleterre, la France, la Suède, le Danemark, vinrent tour à tour leur disputer le commerce de cette région où des populations grossières, passionnées pour les liqueurs d'Europe et pour les bagatelles qui flattaient leurs goûts puérils, livraient sans peine et, d'ordinaire sans danger, au trafiquant européen d'immenses bénéfices.

La poudre d'or, l'ivoire, les gommes, les graines oléagineuses et surtout les esclaves, tels étaient les objets de ce commerce qui peupla d'Africains exilés les plantations de l'Amérique.

L'abolition de la traite des nègres, en 1815, et l'active surveillance exercée par les croiseurs anglais, ruina la plupart des comptoirs qui n'avaient d'autre raison d'être que cet odieux trafic, et donna au commerce de l'Angleterre, des États-Unis et de la France une supériorité décisive sur celui du Portugal.

***

AÇORES. MADÈRE. CANARIES. ÎLES DU CAP VERT.

La première étape de la route des côtes occidentales d'Afrique pour les navires d'Europe, est l'Archipel des *Açores* et celui de *Madère,* regardés tous les deux comme partie intégrante du territoire portugais. Les Açores (2,962 kil. car., 260,000 hab.) sont au nombre de neuf sans compter les îlots, au nord *Florès* et *Corvo,* au centre *Fayal* avec le port de *Horta, Pico, St-Georges, Graciosa* et *Terceira* avec les ports d'*Angra,* chef-lieu de tout le groupe, et de *Praya;* à l'est *St-Michel* et *Santa-Maria.* Elles produisent des fruits et surtout des oranges, du maïs, du tabac et des vins analogues à ceux de Madère. Le groupe de Madère (823 kil. car., 120,000 hab.), ne comprend que deux îles, *Porto-Santo* et Madère, avec le port de *Funchal*, débouché des vins et des sucres, qui sont les principaux produits de l'île.

La seconde est le groupe espagnol des *Canaries* (280,000 h.), *Ténériffe*, avec son pic volcanique, et son port de Santa-Cruz, *Grande Canarie*, *Lancerote* ou *Lanzarota*, *Palma*, l'île de *Fer*, desservi, comme les Açores et Madère, par des vapeurs anglais.

La troisième est le groupe des *Iles du Cap Vert* (80,000 h.), qui doit surtout son importance au dépôt de charbon et à la relâche de *Saint-Vincent,* station des lignes anglaises pour l'Amérique du Sud.

***

SÉNÉGAMBIE.

La Sénégambie, qui s'étend sur la côte de l'Atlantique depuis le 18ᵉ jusqu'au 10ᵉ degré latitude N., n'est qu'un prolongement du Sahara, terre de sable et d'argile, aride et brûlée pendant la saison sèche, mais fécondée par les pluies régulières des tropiques et par les eaux de quelques fleuves considérables qui prennent naissance dans les monts de Kong, le *Sénégal,* la *Gambie,* la *Casamance* et le *Rio Grande.*

La Sénégambie comprend quatre divisions principales, les établissements français, anglais, portugais et les États indigènes indépendants.

Établissements français.—Saint-Louis et Gorée (voir la *Géographie de la France et de ses colonies*).

Établissements anglais. — Le chef-lieu des établissements anglais est *Bathurst,* à l'embouchure de la Gambie, qui forme, avec ses dépendances, un gouvernement spécial.

Établissements portugais.—Les établissements portugais de *Cacheo,* de *Bissao* et des îles Bissagos, ont perdu toute importance depuis l'abolition de la traite, et ne vivent que par le commerce des bois et des arachides.

États indigènes. — Parmi les petits États indigènes qui ont échappé à la domination européenne, et qu'habitent ou des nègres cultivateurs, ou des Foulahs, pasteurs ou commerçants, les uns dépendent des Maures Trarzas, les autres de l'État soudanien du Bambarra; mais leurs relations commerciales avec les comptoirs anglais et français, les traités signés avec leurs chefs ne peuvent manquer de les absorber tôt au tard, dans le mouvement de la colonisation européenne qui s'avance pas à pas vers l'intérieur de l'Afrique.

GUINÉE SEPTENTRIONALE.

La Guinée s'étend sur les côtes du 1er degré de latitude S., au 10e de latitude N., du cap Lopez à la côte de Sierra-Leone, sur un développement de 3,500 kilomètres, et se prolonge à l'intérieur jusqu'aux dernières terrasses des monts de Kong, qui la séparent de la région soudanienne.

Les sables aurifères, les mines d'or, de fer et de cuivre abondent dans l'intérieur; tous les animaux domestiques d'Europe y vivent et s'y multiplient, et la plupart des plantes tropicales y réussissent.

La puissance qui domine sur la côte de Guinée, où elle a détrôné le commerce du Portugal et celui de la Hollande, est l'Angleterre qui possède, depuis Sierra-Leone jusqu'à la rivière du Gabon, une ligne de comptoirs rattachés à la métropole par les steamers de la compagnie africaine de Liverpool. (34 jours de *Cameroons* à Liverpool.)

Colonies anglaises. — Les principales stations anglaises sont : *Freetown,* capitale de la colonie britannique de Sierra-Leone (40,000 h.).

Cap Coast-Castle (cap Corse), chef-lieu du gouvernement britannique de la Côte-d'Or (v. princ. *Axim, Elmina*), dont la domination s'étend sur environ 520,000 sujets de race nègre, et qui sert de débouché au commerce avec les **Achantis** (capitale *Coumassie*), un des principaux peuples indigènes.

Lagos, Porto-Novo, Noun, Brass, Bonny, Cameroons et *Vieux Calabar*, sont les débouchés des huiles de palme, des arachides, des riz, des royaumes indigènes de **Dahomey**, d'**Yorriba** et de **Benin**. Le gouvernement de Lagos s'étend sur tout le delta du Niger, et pourra devenir un jour l'entrepôt du commerce de ce fleuve, la grande route du Soudan.

Colonies françaises. — La *France* possède en Guinée quelques comptoirs peu importants et aujourd'hui inoccupés : *Grand Bassam* sur la côte d'Ivoire, *Assinie* sur la côte d'Or, marchés du commerce avec les Achantis ; *Ouidah*, au Dahomey ; le *Gabon* et quelques villages sur le golfe de Biafra, près de l'embouchure de l'Ogooué, grand fleuve dont le cours supérieur est inexploré.

Le *Portugal* et l'*Espagne* se partagent les îles du golfe de Biafra, *Fernando-Po*, et *Annobon*, colonies espagnoles, les meilleurs mouillages de la côte de Guinée, *Saint-Thomas* et l'*île du Prince*, colonies portugaises, fertiles et assez bien peuplées.

Enfin, entre la colonie anglaise de Sierra-Leone, et le cap Palmas, s'étendent les deux républiques de *Liberia* (cap. Monrovia) et de *Maryland,* fondées, grâce à l'appui des États-Unis, par des nègres libérés, et dont l'influence est aujourd'hui reconnue par près de 700,000 de leurs compatriotes.

Commerce. — Les principaux objets de l'exportation sur la côte de Guinée sont les *huiles de palme;* les *arachides,* les bois de construction, de teinture et d'ébénisterie, les noix de coco, l'ivoire, la poudre d'or, les nattes grossières, la cire jaune, etc. Les marchandises qu'apportent en échange les Européens sont les cotonnades et surtout les toiles de l'Inde dites guinées, les armes et les munitions de guerre, les vins, eaux-de-vie et liqueurs, les métaux bruts ou travaillés, la verrerie, le tabac, le sucre raffiné, le sel, et ces mille objets qui flattent les goûts étranges des peuples enfants de l'Afrique, vêtements, bijouterie grossière, meubles, étoffes aux couleurs brillantes, etc.

Le commerce de la France sur les côtes de Guinée s'élevait en 1873 à trente millions dont dix seulement pour les objets exportés de France : celui de l'Angleterre et des États-Unis est beaucoup plus considérable.

Les principales monnaies de compte usitées dans le trafic avec les indigènes, sont la *barre*, monnaie idéale, d'une valeur de 6 à 7 francs, la *gourde* d'Espagne, qui représente environ 4 fr. 50 c., et les *cauris*, monnaie courante qu'on évalue en moyenne à 1 fr. 80 c. le kilogramme.

CONGO OU GUINÉE MÉRIDIONALE.

Au sud de la Guinée, entre le cap Lopez (1er degré lat. S.), et le cap Frio (18° 30′ lat. S.), se prolonge sur la côte de l'Atlantique, le **Congo** ou Guinée méridionale, partagé entre les royaumes indigènes de *Loango* et de *Congo* (v. pr. San-Salvador), et les territoires portugais d'*Angola* et de *Benguela,* qui forment une capitainerie générale, et qui s'étendent jusqu'à 800 kilomètres environ dans l'intérieur. C'est un pays accidenté, sauf sur les bords de la mer, arrosé par de grands fleuves, le Congo ou Zaïre, déversoir du lac Tanganyika et des autres lacs découverts dans l'Afrique centrale par Livingstone et Cameron ; le Coanza, le Nourses ou Counéné. La Guinée méridionale produit le riz, le coton, l'huile de palme, le tabac, l'indigo, l'orseille, la gomme copal, le café, la canne à sucre, les bois de construction ; possède des mines d'or, de fer, de cuivre, de soufre, des sources de pétrole, des salines ; le salpêtre, l'ivoire, la cire pourraient devenir une branche importante de commerce ; mais les richesses du sol avaient été négligées pour le commerce de la traite dont l'abolition a ruiné les colonies portugaises ; et c'est à peine aujourd'hui si les échanges s'élèvent à 16 millions, dont 9 à l'exportation.

Les trois principaux débouchés du Congo sont *Saint-Paul de Loanda, Saint-Philippe de Benguela* et *Mossamédés* desservis par des vapeurs anglais.

CHAPITRE IV

ROUTES DE L'ARIQUE AUSTRALE ET ORIENTALE.

(Union Company de Plymouth. — Messageries nationales. — Compagnie Péninsulaire et Orientale, etc.)

SAINTE-HÉLÈNE ET L'ASCENSION.

Les deux principales étapes de la route directe du cap de Bonne-Espérance par l'Atlantique sont l'île de l'*Ascension,* et *Sainte-Hélène* avec le port de *James-Town,* l'une des relâches les plus sûres et les plus fréquentées de l'Atlantique.

AFRIQUE AUSTRALE, POSSESSIONS ANGLAISES.

Les possessions anglaises de l'Afrique australe comprennent deux grandes divisions. La **Colonie du Cap,** bornée au nord par les territoires des Hottentots nomades, la république du fleuve Orange et la colonie de Natal; à l'ouest et au sud par l'Atlantique, à l'est par l'océan Indien, possède une population d'environ 750,000 habitants (150,000 blancs anglais et hollandais d'origine, et 600,000 noirs ou hommes de couleur, Hottentots ou Cafres), sur une superficie de plus de 600,000 kil. car.

La **Cafrerie,** le pays des *Bassoutos* et le district des *Griquas,* au nord du fleuve *Orange,* ont été réunis à la colonie du Cap.

2° Le **Natal,** borné à l'est par l'Océan, au nord par la Cafrerie indépendante, à l'ouest par le Transwaal et la

10.

République de l'Orange, au sud par la Cafrerie britannique, se divise en trois districts d'une superficie totale de 4,611,381 hectares, habités par environ 80,000 blancs et 200,000 noirs.

Si le percement de l'isthme de Suez enlève à cette colonie britannique quelque chose de son importance stratégique et commerciale, comme station de la route des Indes, ses richesses agricoles, les relations chaque jour plus développées avec l'intérieur de l'Afrique, compenseront largement ce désavantage, et donneront à l'Angleterre, dans l'Afrique Australe, une autre Algérie, aussi vaste, aussi fertile, et aussi bien située que l'Algérie française.

Débouchés maritimes. — Les principaux ports sont :

Sur l'Atlantique, le **Cap** (Cap-Town, 40,000 hab.), capitale de la colonie : sur l'océan Indien **Port-Elisabeth**, le grand marché des laines et des bestiaux : dans la Cafrerie britannique, *East-London* dont le mouvement a presque décuplé en six ans; enfin dans la colonie de Natal, *Port-Natal,* à trois kilomètres d'Urban, le chef-lieu de la colonie. Le mouvement de la navigation ne dépasse pas 650,000 tonneaux.

Climat. Productions. — Un climat tempéré, mais trop sec, de beaux pâturages, un sol fertile bien que coupé de terrains arides et pierreux, de sables et de marécages, font de l'Afrique australe une des plus riches colonies agricoles de l'Angleterre. Le froment, l'orge, l'avoine dépassent de beaucoup la consommation : les vins, surtout le célèbre vin de Constance, ont joui autrefois d'une réputation qui tombe, il est vrai, de jour en jour. Les légumes et les fruits de l'Europe mêlés à ceux des contrées tropicales, l'aloès, les bois de construction dans la colonie du Cap; le maïs, le coton, les arbres fruitiers, et surtout la canne à sucre, dans la colonie de Natal et la Cafrerie; de riches gisements de cuivre, des mines de houille et de fer, assurent à la consommation locale et au commerce des ressources dépassées cependant par celles que fournit l'exploitation des diamants dans le district des Griquas. En 1871 l'exportation des pierres précieuses s'élevait à plus de 10 millions de francs. D'immenses troupeaux de bœufs et de chevaux donnent à la fois des cuirs, des os, des graisses : les laines du Cap le disputent à celles d'Australie ; Port-Natal, qui n'avait pas 10,000 moutons en 1855, en nourrissait 500,000 en 1871, et l'éducation des vers à soie entreprise il y a peu d'années, celle des abeilles, de la volaille, des autruches ouvrent de nouvelles sources à la richesse agricole de la colonie.

Commerce extérieur. — Le commerce extérieur de la colonie du Cap, qui n'était en 1853 que de 67 millions, s'élevait en 1873 à 240 millions, dont plus de 100 millions à l'exportation : celui de la colonie de Natal à 42 millions de fr., dont 16 millions à l'exportation.

L'Angleterre, Maurice, les Indes anglaises, les États-Unis, la Chine, les Républiques des Boërs, l'Afrique intérieure, le Brésil et la Hollande y prennent la plus large part : celle de la France ne s'élevait en 1873 qu'à un million à peine.

Les laines, les diamants, les plumes d'autruche, les cuirs et peaux, les graisses, les céréales, les sucres, le guano, le cuivre, les vins, les animaux vivants, sont les principaux objets exportés : à l'importation, les tissus, les cuirs ouvrés, les armes, les métaux travaillés, la houille, les spiritueux, les huiles, les cafés, occupent la première place.

TRANSWAAL ET RÉPUBLIQUE DE L'ORANGE. AFRIQUE INTÉRIEURE.

A l'Afrique australe anglaise se rattachent de vastes territoires qui subissent son influence, et à qui ses ports servent de débouchés : au nord le pays habité par les **Hottentots** indépendants, qui s'étend sur la côte de l'Atlantique jusqu'au cap Frio, et dans l'intérieur jusqu'au lac N'gnami : à l'est des Hottentots, au nord du fleuve Orange, les belliqueuses tribus des **Cafres**, refoulées de toutes parts vers les régions intérieures par les Boërs hollandais, et par les colons de Port-Natal : enfin, au cœur même du pays des Cafres, à l'ouest de la colonie de Natal, au nord du fleuve Orange et de la colonie du Cap, deux États, habités par les intrépides et opiniâtres Boërs, la **République de l'Orange** (110,000 kil. car., 245,000 hab. dont 40,000 blancs), et le **Transwaal** (295,000 kil. car. Population de 330,000 hab., dont 30,000 blancs), avant-garde de la civilisation européenne dans l'Afrique centrale.

Le commerce de ces deux Etats consiste en laines, cuirs, bétail, céréales, tabac, fruits, oranges, plumes d'autruche, ivoire, métaux précieux, minerais de cuivre et de plomb, qu'ils échangent contre des produits manufacturés anglais.

MOZAMBIQUE.

Au sud du Zanguebar, au nord de la Cafrerie, entre le cap Delgado et la baie Delagoa, s'étend la côte de Mozambique habitée par des populations de race nègre ou cafre, soumises à la domination du Portugal. *Mozambique,* dans l'île du même nom, est le chef-lieu des établissements portugais et le débouché du commerce de toute la côte, qui consiste en ivoire, écailles de tortue, cire, gomme copal, poudre d'or apportée par les caravanes de l'intérieur, bois d'ébène, riz, maïs, peaux venant de Madagascar, bois de construction, graines oléagineuses, tabac, coton, café, manioc, patates douces, récoltés dans les districts portugais ; tissus, verroterie, poudre de guerre, armes, etc... importés par les navires des Indes anglaises, des États-Unis, du Portugal et de Marseille. Il existe des mines de charbon de terre dans le district de Tété, sur le Zambèze, des gisements d'or et de fer dans l'intérieur du pays.

Le fleuve *Zambèze,* qui débouche dans l'océan Indien entre *Quilimane* et *Sofala,* deux des principales échelles de la côte et qui est navigable jusqu'aux chutes Victoria, trace aux caravanes le chemin de l'Afrique intérieure, où vivent des populations de pasteurs et de cultivateurs, déjà visitées par les missionnaires et les chasseurs anglais.

La côte est insalubre surtout pendant la saison des pluies (février à juin); mais le climat de l'intérieur est beaucoup plus supportable pour les Européens.

ZANGUEBAR.

Entre le golfe d'Aden et le cap Delgado, s'étendent sur la côte de l'océan Indien, des pays connus sous le nom d'*Ajan*, de *Somal*, et de *Zanguebar*, habités par un mélange de Gallas, de Somalis, d'Arabes, et de peuplades nègres soumises à la domination ou plutôt à l'influence arabe, à laquelle tend à se substituer celle de l'Égypte. Les principaux débouchés du commerce sont les ports de *Moguedchou* (Magadoxo), *Braoua, Mombas, Quiloa,* et surtout de **Zanzibar** dans l'île du même nom, résidence du sultan de Zanguebar, et rattaché par des services de bateaux à vapeurs anglais à Aden, à Bombay et au cap de Bonne-Espérance.

C'est de Zanzibar que partent les caravanes arabes qui exploitent la région des grands lacs (Albert et Victoria, Tanganyika, Nyassa), révelée à l'Europe par les explorations de Burton, de Speke, de Baker, de Livingstone, de Stanley et de Cameron, le pays des Gallas, et surtout ces riches et vastes contrées de l'Afrique équatoriale à peine entrevues par les Européens.

Les graines oléagineuses, la gomme copal, l'orseille, les clous de girofle, l'aloès, les peaux brutes, l'ivoire, les écailles, les cauris, la cire, les poissons salés provenant de la côte ou de l'Afrique intérieure, tels sont les objets que Zanzibar échange contre les cotonnades, la quincaillerie, les armes, les soieries, la verroterie de l'Europe et de l'Amérique.

Le commerce avec l'intérieur est exclusivement entre

les mains des Banians, des Arabes, des Souahelis et des Somalis, qui écartent avec un soin jaloux la concurrence des Européens : l'Angleterre, les États-Unis et la France ont conclu avec les sultans de Zanzibar des traités de commerce qui réduisent à 5 % de la valeur les droits d'entrée, suppriment les prohibitions et les droits de sortie et interdisent le commerce des esclaves.

L'unité monétaire sur toute la côte est le *talari* ou piastre autrichienne, mais la rareté de cette monnaie a fait adopter dans l'usage le dollar américain qui fait prime sur la monnaie anglaise et française. L'unité de poids est la *fazla* = 15 kil.875, surtout pour l'ivoire.

ILES DE L'OCÉAN INDIEN. MAURICE. LES SEYCHELLES, ETC.

Les navires des Messageries nationales, qui font le service de l'Afrique orientale, ne s'arrêtent, à partir de Suez, sur aucun point du continent africain : Aden en Arabie est leur grande station, à l'entrée de la mer Rouge; et leur seule relâche dans l'océan Indien, jusqu'aux îles Mascareignes, est *Mahé* dans le groupe des Seychelles.

Le groupe des Mascareignes se compose de trois îles principales, Rodrigue, Maurice (île de France), possession anglaise, et la Réunion (Bourbon), colonie française (1).

Maurice est une île au sol montagneux, mais fertile, d'une superficie de 191,400 hectares, et dont la population s'élève à 317,000 habitants nègres, émigrants chinois, travailleurs indous, et blancs pour la plupart d'origine française.

Son principal port est *Port-Louis* (30,000 hab.), à douze jours d'Aden par les steamers des Messageries. (Mouvement de 520,000 tonneaux.)

---

(1) Voir l'*Abrégé de la Géographie de la France et de ses colonies*.

La grande culture, et le principal objet du commerce de Maurice est le sucre, dont l'exportation dépasse en moyenne 115,000 tonnes.

Le mouvement des échanges s'élevait en moyenne de 1857 à 1875 à 145 millions où la Grande-Bretagne, la France, la colonie du Cap, les Indes et l'Australie avaient la plus large part.

MADAGASCAR. MAYOTTE. LES COMORES.

Maurice et la Réunion sont le principal centre des relations avec la grande île de Madagascar, dont la superficie dépasse 483,000 kil. car., et la population 4 millions d'habitants. Malsaine mais fertile sur la côte, elle est traversée par une chaîne de montagnes qui forme dans l'intérieur de vastes plateaux au climat tempéré, mais au sol aride, pierreux, et rebelle à la culture. Madagascar possède cependant de grandes richesses naturelles : céréales, légumes, riz, cultivés sur le littoral et sur le bord des cours d'eau, cire, bestiaux, bêtes à laine, admirables pêcheries, surtout dans le canal de Mozambique, entre l'île et le continent ; forêts aux essences variées dans la région du littoral, mines de fer, de plomb, de cuivre, de manganèse, gisements de lignite, carrières de gypse et de porphyre. Mais ces ressources sont paralysées par l'apathie des populations malgaches et le gouvernement peu intelligent des Hovas, peuplade d'origine malaise, qui ont soumis la plupart des populations indigènes du centre et de l'est, et qui ont fait de *Tananarive* (75,000 hab.) leur capitale, et du port de *Tamatave*, sur la côte orientale, le seul débouché régulièrement ouvert au commerce étranger. Les droits d'entrée sur les produits importés sont de 10 % en nature ; les droits de sortie de 20 %. La pièce de cinq francs française en argent est la seule monnaie en circulation.

La France n'a conservé de ses droits de souveraineté

sur Madagascar qu'une certaine influence à Tananarive.
disputée par les Anglais et les Américains, une sorte de
protectorat sur les chefs malgaches indépendants de la
côte occidentale, et la possession de Sainte-Marie de Madagascar, des îles Nossi-Bé, Nossi-Mitsiou, à la pointe

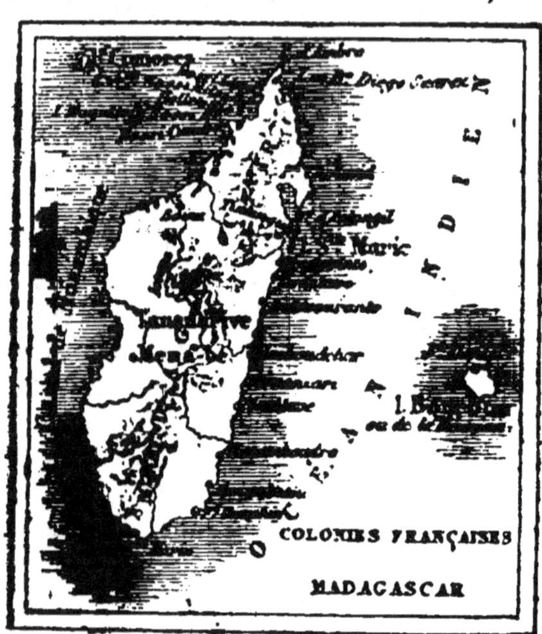

Carte

nord-est de Madagascar, et du groupe des Comores, dont
la plus voisine de Madagascar, Mayotte, est occupée par
les Français, tandis qu'ils n'exercent sur Moheli, Anjouan
et Grande Comore qu'un protectorat contesté par les
chefs arabes du Zanguebar.

LIVRE IV

ASIE

CHAPITRE I (N° 18)

ROUTES DE L'ASIE MÉRIDIONALE ET ORIENTALE PAR L'ISTHME DE SUEZ.

(Compagnie péninsulaire et orientale. — Messageries nationales.
Lloyd autrichien.)

ARABIE.

Bornes. Superficie. — L'Arabie est une large presqu'île aux côtes abruptes et peu découpées, située entre 31° et 57° long. E., 12° et 33° latitude N., et bornée au nord par la Palestine, le désert de Syrie et la vallée de l'Euphrate, à l'est par le golfe Persique et le détroit d'Ormuz, au sud par la mer d'Oman, à l'ouest par le détroit de Bab-el-Mandeb, la mer Rouge et l'isthme de Suez. La superficie est d'environ 2,800,000 kil. car. ; la population de six à huit millions d'habitants qui se partagent entre la Porte Ottomane, souveraine de l'Hedjaz à l'ouest et de l'Yémen au sud-ouest, les imans de Makhalla, de Mascate, etc... souverains de l'Hadramaut et de l'Oman au sud et au sud-est ; et les farouches tribus des Bédouins et des Ouahabites au centre et au nord.

Principaux ports et places de commerce. — Le centre de l'influence européenne en Arabie, le principal débouché du commerce de l'Yémen, la première station asiatique de la grande route des Indes, c'est **Aden** à l'entrée du détroit de Bab-el-Mandeb, à 6 jours de Suez, le Gibraltar de la mer Rouge, port franc depuis l'occupation anglaise (1838). L'ouverture du canal de Suez a fait de cette ville l'un des premiers entrepôts du commerce de l'Orient, et donné raison contre elle-même à la politique anglaise, qui tout en proclamant l'impossibilité du percement de l'isthme, a su occuper si à propos les deux clefs de la mer Rouge, Aden et l'île de Perim, au milieu même du détroit, dont elle commande les deux rives.

Djeddah, à moitié chemin de Suez et d'Aden, doit son importance au voisinage des deux villes saintes, la *Mecque* et *Médine*, dont elle est le port.

Hodeïdah, et les ports moins considérables de *Konfouda* et de *Loheia*, situés sur la côte de l'Yémen, ont hérité de la prospérité de *Moka*, ruinée par la concurrence d'Aden, et sont devenus les entrepôts du commerce des cafés, que Moka centralisait autrefois.

La mer d'Oman n'offre aucun port considérable, non plus que le golfe Persique; mais à l'entrée du détroit d'Ormuz s'élève **Mascate**, résidence d'un iman qui domine sur le sud-est de l'Arabie, ville ouverte à la navigation européenne, et qui fait à elle seule la moitié du commerce du golfe Persique.

Climat. Productions. — Dévorée par un soleil brûlant, sauf dans les fraîches vallées de l'Yémen, l'Arabie possède toutes les plantes des terres tropicales, produit assez de maïs et de froment pour la consommation de ses habitants, assez de fourrages pour la nourriture des moutons, des bœufs, des chameaux, des ânes et surtout des chevaux, qui font presque toute la richesse des populations de l'intérieur.

Elle exporte les *fruits*, dattes, figues, oranges, amandes, les *plantes médicinales*, les *aromates* tels que l'encens et le benjoin, les *gommes* si estimées dans tout l'Orient; et surtout les *cafés* de l'Yémen, si célèbres sous le nom de Mokas, bien qu'ils s'exportent par Hodeïdah et Aden.

A ces produits agricoles il faut ajouter comme objets d'exportation quelques laines, les plumes d'autruche, les perles des îles *Bahrein* et de la côte de Mascate. En échange, l'Arabie reçoit de l'Europe, et surtout de l'*An *gleterre,* par Suez, les métaux, la quincaillerie, les tissus, la verrerie, le savon ; de l'*Égypte,* les céréales et le sucre ; de l'*Afrique orientale,* les plumes, l'ivoire, les esclaves amenés par les commerçants de Mascate ; de la *Syrie,* les soies et les tissus mélangés ; de l'*Inde,* les mousse-lines, les cotonnades légères, les ceintures de soie, les épices et surtout le riz ; de la *Perse,* les châles, les tapis, les pierres précieuses dont Mascate est l'entrepôt.

Les foires de la Mecque, les marchés d'Aden et de Mascate, sont les principaux centres de ce commerce dont il est impossible d'évaluer exactement le mouvement.

Traités de commerce. — L'état social et politique de l'Arabie n'a pas changé depuis Mahomet. Le com-merce européen ne peut fréquenter que les ports, l'inté-rieur est inabordable, et même, sur la côte, l'Européen doit respecter avec soin les préjugés de la population, s'il ne veut s'exposer à de sanglantes représailles. A Mas-cate, le commerce européen trouve une bienveillante protection, et l'Iman a signé avec les États-Unis, l'Angle-terre et la France, des traités qui stipulent l'entière liberté du commerce, et remplacent toutes les taxes par un droit d'importation de 5 % de la valeur.

La monnaie de compte dans presque toute l'Arabie est le *talari* de Marie-Thérèse.

PERSE.

La **Perse,** située entre 42° et 58° longit. E., 25° et 39° latit. N., est bornée au nord par le Turkestan, la mer Caspienne et la Russie transcaucasienne, à l'ouest par la Turquie d'Asie, au sud par le golfe Persique, à l'est par le Béloutchistan et l'Afghanistan.

La superficie est d'environ 1,650,000 k. car., la popula-tion de 5 à 6 millions d'habitants. La capitale est Téhéran.

Le golfe Persique. Principaux ports. — La Perse est baignée par deux mers, le golfe Persique et la Caspienne.

Le meilleur port du golfe Persique est *Bender-Abasi,* à 24 heures de Mascate, à six jours d'Aden. Cependant son antique prospérité a passé depuis le commencement du siècle à *Mohammeria,* près de l'embouchure du Chat-el-Arab, et à *Bouchir,* qui est aujourd'hui le centre des relations maritimes de la Perse avec la Turquie d'Asie et les Indes anglaises.

La mer Caspienne. — La Perse, qui touche aux Indes et à l'Arabie par le golfe Persique, est à quelques jours de l'embouchure du Volga par la mer Caspienne; *Asterabad,* le principal port persan, est desservi par les vapeurs de la Compagnie russe du Volga, qui accomplissent en neuf jours le trajet d'Astrakan par Petrowsk et Bakou.

Du reste, le véritable débouché maritime de la Perse est *Trébizonde* sur la mer Noire, dans la Turquie d'Asie où vient aboutir tout le trafic avec l'Europe.

Routes de caravanes. — Les routes de caravanes sont donc la principale voie du commerce extérieur et le seul moyen de communication intérieure, car la Perse n'a pas de cours d'eau navigables.

De **Téhéran** (90,000 hab.), qui tend de plus en plus à devenir l'entrepôt du commerce de l'Empire, comme elle en est la capitale, rayonnent sept voies principales qui viennent aboutir à toutes les frontières.

1° De *Téhéran à Trébizonde* par **Tauris** (110,000 h.), entrepôt du commerce persan avec l'Europe.

2° De *Téhéran à Tiflis* et aux défilés du Caucase par Tauris et Érivan.

3° De *Téhéran à Bagdad* par *Hamadan.*

4° De *Téhéran à Bouchir* par Ispahan (60,000 hab.), l'un des centres commerciaux de la Perse, et *Chiraz,* entrepôt du trafic de Bender-Abasi et de Bouchir.

5° De *Téhéran à Candahar* et *à Hayderabad* par *Yezd,* sur la limite du grand désert de Kerman.

6° De *Téhéran à Hérat,* à *Caboul* et *à Lahore* par *Mesched* (70,000 hab.), capitale du Khorassan.

7° De *Téhéran à Khiva* et *Boukhara* par le littoral de

la Caspienne qu'infestent les tribus des Turcomans, ou par Mesched et le Khorassan.

Chemins de fer. Télégraphes. — Le gouvernement persan a concédé à une compagnie anglaise la construction d'un réseau de chemins de fer dont la principale ligne, partant de Tauris, aboutirait à Bouchir par Téhéran et Ispahan.

Des lignes télégraphiques partant de Téhéran, se rattachent à l'Europe par Trébizonde et les lignes russes du Caucase, et au télégraphe anglo-indien par Bouchir et par Bagdad.

Climat. Productions. — Bien que la vingtième partie du sol tout au plus soit en culture, les céréales, le riz, les fruits suffisent à la consommation intérieure, les vins de Chiraz sont célèbres; l'indigo, le coton, l'opium, la noix de galle, les plantes médicinales, le tombeki (tabac) d'Ispahan, le lin, la gomme, s'exportent en Asie et en Europe : mais la principale richesse de la Perse est la soie qui se récolte surtout à Rescht sur les bords de la Caspienne. Les tapis de Yezd, les châles de Kerman, les armes de Mesched sont encore célèbres en Asie.

Exportation et importation par Tauris. — En 1873 on évaluait à 20 millions l'*exportation* persane par Tauris : elle consistait en soies gréges, graines de vers à soie, noix de galle, cire jaune, plantes médicinales, tombeki, matières tinctoriales, cuirs, fruits secs, etc.

L'*importation* européenne s'élevait à plus de 30 millions et consistait en étoffes anglaises, allemandes et françaises, en articles de Paris, cristaux, porcelaines, sucres raffinés, horlogerie suisse, armes et métaux fournis surtout par la Russie.

Commerce par Bouchir. — Les *exportations* par Bouchir consistent en soies, laines de Kerman, châles, tapis, soieries de Yezd, chevaux, fruits secs ; les *importations* en indigo, sucre et épices de l'Inde, étain de Banca, café d'Arabie, mousselines des Indes, cotonnades, coutellerie et aciers anglais. Le mouvement de ce commerce, dont l'Angleterre a le monopole, s'élève à environ 20 millions.

Traités de commerce, etc. — Des traités de commerce ont été signés avec l'Angleterre, la Russie, la France, la Turquie, le Zollverein, et la Suisse. Pressée entre la Russie, au nord, et l'Angleterre au sud et à l'est, la Perse ne saurait échapper à l'étreinte de ses deux puissantes voisines, mais nos marchandises y sont bien accueillies, et notre commerce pourrait s'y créer des débouchés dont l'importance grandit à mesure que les communications deviennent plus faciles.

Mesures et monnaies. — Les principales monnaies usitées en Perse sont le *kran*, 1 fr. 25 c., et le *toman*, 16 fr. 50 c. Le poids le plus employé est le *batman*, 5 kilogrammes. Les droits de douane sont de 4 % de la valeur.

TURKESTAN.

Le **Turkestan occidental**, borné au nord par les steppes des Kirghiz; à l'est, par les monts Célestes et les hauts plateaux du Pamir, qui le séparent du Turkestan Chinois; au sud, par l'Hindou-Kouch et les monts du Khorassan qui le séparent du Caboul, de l'Hérat et de la Perse; à l'est, par la Caspienne, a été longtemps de tous les pays de l'Asie le plus inaccessible au commerce européen. Sur un territoire de plus de 2 millions de kil. carrés, vivent disséminés 7 à 8 millions d'habitants, les **Turcomans**, à l'est de la Caspienne, et au sud du lac d'Aral, les **Ouzbeks**, sujets du Khan de Khiva, et vassaux de la Russie, les **Boukhares** (2,300,000 hab.), musulmans fanatiques, les plus civilisés et les plus puissants des indigènes du Turkestan, soumis au Khan de *Boukhara*, et les **Kirghiz** du Khanat de *Khokand*, maîtres de la vallée du *Syr-Daria*, et des passages de la Chine par les monts Alack.

Tout le commerce se fait par les deux grands fleuves du

Syr-Daria et de l'*Amou-Daria*, tributaires du lac d'Aral,
et par les routes de caravanes dont le centre est *Boukhara*
(100,000 hab.), l'un des grands marchés de l'Asie centrale, et qui rayonnent vers la Russie par Khiva, et
Orenbourg, vers la Sibérie par Tachkend et les steppes
des Kirghiz, vers la Perse par Mesched, vers Hérat par
Karshi, vers les Indes par Caboul, Cachemire et les défilés
des monts Bolour (Badachkhan et Kafiristan), enfin vers
la Chine par Kaschgar.

La Russie est le seul pays européen qui entretienne
des relations directes avec le Turkestan; maîtresse de
Tachkend, de Samarkand, de Khiva, de Khouldja, de tout
le Khanat de Khokand, dominant par la crainte celui de
Boukhara, la Russie s'avance pas à pas sur la route de
la Chine et des Indes, tandis que les Afghans, avant-
garde de l'Angleterre, envahissent de leur côté le sud du
Turkestan.

Turkestan oriental. — Le Turkestan oriental,
Haut-Turkestan ou Kaschgarie, occupe une partie du
plateau central asiatique entre les monts Kouen-Loun
au sud, le plateau de Pamir à l'ouest, les monts Célestes
au nord, les steppes des Khalkas et le désert de Gobi à
l'est. On évalue approximativement la superficie à
1,200,000 kil. car. et la population à 600,000 habitants.
Autrefois soumis à la Chine, le Turkestan oriental est
aujourd'hui gouverné par un souverain indépendant qui
réside à Kaschgar. Situé à une élévation moyenne de
1,600 à 1,700 mètres, entouré de montagnes, arrosé par
des cours d'eau sans écoulement qui se jettent dans des
lacs salés, le Haut-Turkestan, malgré la rigueur des
hivers, produit les céréales, le coton, les fruits d'Europe,
dans les parties arrosées; les chevaux, les chameaux, le
bœuf et le mouton paissent dans les steppes du haut
pays. Les richesses minérales doivent être considérables :
le jade et l'or sont à peu près les seules exploitées.

Les principaux centres commerciaux sont, outre
Kaschgar, les villes de *Yarkand* (35,000 hab.), *Aksou,*
Tourfan, Khamil sur la grande route des caravanes de

la Mongolie et du Kou-Kou-nour. L'Angleterre a signé
avec la Kaschgarie un traité de commerce qui abaisse
les droits d'entrée à 2 et demi % de la valeur et stipule
une liberté complète de circulation.

AFGHANISTAN ET BÉLOUTCHISTAN.

Entre la Perse et les Indes anglaises, s'étendent de
vastes territoires qui, sans être directement soumis à
l'Angleterre, obéissent à son influence, et lui servent de
postes avancés : ce sont l'Afghanistan (458,000 kil. car.)
et le Béloutchistan ou Mekran (390,000 kil. car.).

Borné à l'est par les Indes, au nord par le Turkestan,
à l'ouest par la Perse, au sud par le Béloutchistan, qui
s'étend sur le littoral de la mer d'Oman, entre les bouches de l'Indus et le golfe Persique, l'Afghanistan est un
pays de montagnes, au climat tempéré, aux vallées fertiles, habité par des peuples belliqueux, et qui doit son
importance au commerce de transit, et à sa position
intermédiaire entre les Indes, la Perse et le Turkestan.

Routes de caravanes. — L'Afghanistan est tra-
versé par deux grandes routes de caravanes : 1° celle de
Lahore et de *Cachemire* à *Téhéran*, par Peïchaour, *Caboul* (60,000 hab.), et *Hérat* (50,000 hab.), deux des
entrepôts de l'Asie centrale où se croisent les routes
de l'Inde, de la Perse et de la Boukharie; 2° celle de
Kouratchi (Kurrachee) et de *Hayderabad* à *Ispahan*,
par le défilé de Boltan, la ville de *Candahar* (50,000 h.),
et le désert de Kerman.

L'Afghanistan était divisé en deux États : le royaume
de **Caboul** (4,000,000 d'hab.), tout dévoué à l'Angleterre, et celui de **Hérat** (1,000,000 d'hab.), sans cesse
disputé entre la Perse et le Caboul, derrière lesquels se
cachent des rivalités plus puissantes, et de plus vastes
ambitions, celles de la Russie et de la Grande-Bretagne.
Le khan de Caboul règne aujourd'hui sur tout l'Afghanistan.

Quant aux tribus nomades qui parcourent les steppes du Béloutchistan, elles n'ont d'autre débouché pour leurs laines, et leurs bois de construction, et d'autres marchés d'approvisionnement que deux ports, l'un anglais, l'autre soumis à l'influence anglaise, Kouratchi et Bender-Abasi sur le détroit d'Ormuz.

CHAPITRE II (N° 19)

INDES ANGLAISES.

Bornes. Superficie. Divisions politiques. —
— L'Empire anglais des Indes s'étend aujourd'hui du 1er au 36e parallèle nord ; du 65e au 102e degré de longitude orientale. Il est borné à l'ouest par l'Afghanistan, le Béloutchistan, et la mer d'Oman, au sud par la mer des Indes, le golfe du Bengale, le golfe de Martaban et le détroit de Malacca, à l'est par les empires de Siam et des Birmans, au nord par l'Himalaya qui le sépare du Thibet.

Il comprend l'Indoustan proprement dit, la presqu'île du Dékan, les îles Ceylan, Laquedives et Maldives dans la mer des Indes, Nicobar et Andaman dans le golfe du Bengale, et le littoral de l'Indo-Chine depuis les bouches de l'Iraouaddi jusqu'à l'île de Singapour.

Sur cette vaste superficie de plus de 4 millions de kil. carrés où vivent 250 millions d'hommes, tout est sujet ou vassal de la Grande-Bretagne, sauf les colonies françaises de *Pondichéry, Chandernagor, Mahé, Karikal* et *Yanaon,* avec leur population de 270,000 hab., et leur superficie de 508 kil. car., les colonies portugaises de Diu, Damao et Goa (4,158 kil. car. et 530,000 h.), et quelques petits États indigènes, tels que le Boutan, protégés de l'Angleterre.

Les possessions anglaises se divisent en **possessions immédiates** gouvernées et administrées directement par les fonctionnaires anglais, et qui forment les trois grandes présidences du *Bengale,* chef-lieu Calcutta, de *Bombay* et de *Madras,* les gouvernements du *Pendjaub* (cap. Lahore), des *Provinces du Nord-Ouest* (cap. Allahabâd) ; les commissariats généraux de l'*Aoude,* cap. Lacknau (Lucknow, 280,000 hab.), des *Provinces centrales* (cap. Nagpour), et de la *Birmanie britannique* (cap. Rangoun) ; les provinces du *Maïssour* (Mysore), du *Courg* (Coorg), de *Bérar* dans le Dékan, de l'*Adjmir* dans l'Inde centrale, placées directement sous l'administration du gouverneur général de l'Inde, l'île de *Ceylan* qui forme un gouvernement à part ; enfin les établissements du détroit de Malacca, divisés en 4 districts, sans y comprendre les îles *Nicobar* et *Andaman;*

Et en **possessions médiates,** telles que le Çachemire, le Ladak, le Dékan ou royaume du Nizam (cap. Haïderabad), le Radjepoutana, le Bandelkand, le Népaul, etc., gouvernées en apparence par des rajahs indigènes, mais en réalité par des résidents anglais, soumises à un tribut et surveillées par des garnisons britanniques.

Climat. Productions. — Le climat de l'Inde, comme celui de toutes les régions tropicales, n'a que deux saisons, celle des pluies pendant la mousson du sud-ouest, d'avril à octobre, et celle de la sécheresse pendant la mousson du nord-est, d'octobre à avril. La richesse de cette terre, échauffée par le soleil des tropiques, est inépuisable ; toutes les productions du globe semblent s'y être donné rendez-vous. Les *céréales* abondent dans le bassin de l'Indus, le *riz* dans l'Indo-Chine anglaise, dans le Bengale, dans la province de Madras. Les légumes et les *fruits* de toute espèce, le *tabac,* le bétel, prospèrent dans toutes les provinces ; l'île de Ceylan récolte plus de 25 millions de kilogrammes de *cafés* sans compter la production du Malabar, du Maïssour et de Malacca ; le *thé* de l'Assam, du Pendjaub et de Ceylan le dispute à celui de la Chine ; les *épices,* poivre du Malabar, de Ceylan, et de Singapour, cannelle, gingembre, badiane de Ceylan, rivalisent avec les produits des Indes néerlandaises ; la *culture de la canne à sucre* s'étend chaque jour ; les *plantes médicinales* croissent spontanément, et le quinquina est acclimaté dans les vallées du bas Himalaya ; l'*opium,* ce fléau de l'Orient, fait la richesse du Bengale. Les plantes utiles à l'industrie ne sont pas moins nombreuses : les *cotons* de Surate et de Madras ont un moment remplacé ceux de l'Amérique ; parmi les *plantes tinctoriales*, safran, nerprun, etc... l'*indigo* tient le premier rang ; le *jute,* le *chanvre*, le *lin*, les laines et les plantes oléagineuses, les arbres à gomme, les immenses forêts de bambous, de bois de teck, de cèdres, de sapins, de chênes complètent ce tableau des richesses de l'Inde.

Malgré le préjugé religieux qui interdit aux brahmanistes l'usage de la viande de bœuf, de nombreux troupeaux paissent dans les riches prairies du Gange et de l'Indus ; la laine des moutons du Sind rivalise avec celle de l'Australie ; la race des chèvres du Thibet est acclimatée dans les hautes vallées de l'Himalaya ; le cheval, le chameau, l'éléphant sont répandus dans toute la péninsule ; enfin la culture du mûrier et l'éducation des vers à soie a fait d'immenses progrès au Bengale, où la production dépasse 700,000 kilog.

L'Inde possède tous les minéraux comme toutes les productions végétales : la *houille* dans la vallée du Gange (province de Benarès), et dans celle de la Nerbuddah (province de Bombay) ; le *fer* dans presque toutes les provinces, et surtout dans le sud du Dékan à Salem, dans les provinces centrales, dans le Bandelkand ; le *cuivre* dans l'Himalaya, le *plomb* et l'*étain* dans le Pendjaub, l'*or* et l'*argent* au Bengale et à Golconde, les *diamants* et les pierres précieuses à Ceylan, et dans les cantons d'Orissa, de Golconde et de Visapour ; les *marbres* dans la chaîne des monts Ghates et des monts Windhya, le *graphite* à Ceylan ; le *salpêtre* à Ceylan, dans le Pendjaub et surtout au Bengale ; le *pétrole,* dans l'Indo-Chine anglaise et au Pendjaub, le *sel* dans les lacs du Goudjerate et du Sind, et dans les inépuisables mines de sel gemme du Pendjaub. La pêche des *perles* dans le détroit de Manaar sur les côtes de Ceylan, celle des *cauris*, coquillage qui sert de monnaie aux Indes, en Afrique et en Cochinchine, et qui se trouve surtout aux îles Maldives, occupent une partie de la population des côtes et sont l'objet d'un commerce considérable avec l'Asie, l'Afrique et même l'Europe.

Production industrielle. — L'industrie autrefois si florissante des Indes, n'a plus de débouchés que dans les contrées asiatiques : les cotonnades de Madras, de Calicut, de Madapolam, les mousselines de Dakka et de Surate, la joaillerie de Benarès et de Delhi, les aciers et les soieries du Bengale, ont depuis longtemps cédé le pas aux produits de l'industrie européenne, qui entrent de plus en plus dans la consommation indigène; les seuls objets manufacturés que l'Europe reçoive aujourd'hui des Indes sont les fameux *châles* de Cachemire (Srinagar), et de Lahore; les foulards aux couleurs fines et brillantes, les sacs d'emballage en toiles de jute, et quelques rares tissus. Les indigoteries, les sucreries, les magnaneries ont pris au contraire de grands développements, grâce à l'introduction des procédés européens, et compensent la ruine ou la décadence des autres industries indigènes.

Principaux ports. — Le littoral de l'Indoustan et du Dékan est baigné à l'ouest par la mer d'Oman, à l'est par le golfe du Bengale; celui de l'Indo-Chine anglaise et la presqu'île de Malacca par le golfe du Bengale, le golfe de Martaban, et le détroit de Malacca, qui sépare la presqu'île de l'île de Sumatra.

Dans le versant de la mer d'Oman, deux ports attirent à eux presque tout le commerce extérieur, Kouratchi (Kurrachee) et Bombay.

Kurrachee, chef-lieu du Sind, dans le delta de l'Indus, sur les confins du Béloutchistan et de l'Indoustan, est le rendez-vous des caravanes du Mekran et de l'Afghanistan qu'attirent ses foires annuelles, le centre du cabotage et de la pêche dans le golfe Persique, le point où vient aboutir le télégraphe indien.

Bombay (240,000 hab. en 1856; 650,000 en 1875), chef-lieu d'une des trois présidences, est un des meilleurs ports de l'Inde et tend à devenir le principal entrepôt du commerce avec l'Europe. Bombay n'est qu'à six jours d'Aden; des chemins de fer le rattachent à Calcutta, à Madras, au bassin de l'Indus; et depuis l'ouverture du canal de Suez le trafic européen préfère cette voie à celle de Calcutta.

Bombay a hérité de la prospérité de tous les ports de la côte de Malabar, *Cambaye*, *Surate* (107,000 hab.), *Cochin*, *Calicut*, les entrepôts du commerce du Portugal et de la Hollande, au xvie et au xviie siècle.

Au sud-est du cap Comorin, à l'entrée du golfe du Bengale, s'étendent les côtes rocheuses mais découpées de l'île de **Ceylan**, l'une des plus riches dépendances de l'Inde, et l'une des positions maritimes les plus importantes de l'océan Indien : ses trois ports principaux sont *Colombo*, capitale de l'île et débouché de son commerce, sur la côte sud-ouest; *Trinquemale*, sur la côte nord-est; *Pointe de Galles*, à l'extrémité sud-est de l'île, à dix jours d'Aden, à cinq jours de Bombay, à sept de Calcutta et de Singapour, relâche des *Messageries nationales* et des lignes anglaises de l'Inde, de la Chine, et de l'Australie.

La cote de Coromandel jusqu'aux bouches du Gange, est sans ports, et presque sans rades. Cependant, c'est sur cette côte inhospitalière que s'élève la troisième place de commerce de l'Inde, **Madras**, chef-lieu de présidence (400,000 hab.), desservi par les bateaux des Messageries nationales et de la Compagnie péninsulaire et orientale, et rattaché par des chemins de fer à Bombay et à Calcutta.

Dans le delta du Gange, le centre du commerce et de la navigation est **Calcutta** (890,000 hab.), sur l'Hougly, à 160 kil. de la mer, capitale des Indes anglaises, résidence du gouverneur général et qui date à peine d'un siècle et demi. Centre des chemins de fer et des télégraphes de l'Inde, rattaché à l'Europe par les Messageries nationales et la Compagnie péninsulaire et orientale (trajet en 28 jours), à l'extrême Orient, par les correspondances de la Chine et de l'Océanie, Calcutta est encore la première place de commerce de l'Asie, l'entrepôt de l'importation britannique, américaine et française, le centre des relations avec l'Indo-Chine, la Chine et les Indes néerlandaises, et le grand marché financier de l'Asie anglaise.

Au sud-est de Calcutta s'élève la ville de *Chittagong*, enrichie en quelques années par le commerce du riz, et qui occupe aujourd'hui l'un des premiers rangs parmi les ports du golfe du Bengale.

Le littoral anglais de l'Indo-Chine, qui s'étend des bouches du Gange au détroit de Malacca, a pour principaux ports *Akyab*, *Rangoun*, à l'embouchure de l'Iraouaddi, entrepôt des provinces anglaises du Pégou, de Martaban, d'Aracan, de Tenasserim et du royaume indépendant des Birmans ; *Bassein*, *Amhersttown*, *Maulmein* et *Merguy*. Enfin, sur le détroit de Malacca, grande route de la Chine et de l'Océanie, sont échelonnées trois positions stratégiques et commerciales de premier ordre : au débouché du golfe du Bengale, l'île de *Poulo-Pinang ;* au centre du détroit, *Malacca*, et à l'extrémité, l'île et la ville de **Singapour** (100,000 hab.), la clef de l'océan Indien.

Le mouvement des ports de l'Inde, de Ceylan et de l'Indo-Chine anglaise est de 12,100 navires et 5,700,000 tonneaux (entrée et sortie), sans y comprendre le cabotage et les navires sur lest, non plus que le mouvement des ports du détroit de Malacca qui ne représente pas de véritables opérations de commerce.

Navigation intérieure. Fleuves et canaux. — La nature a donné aux Indes deux des plus belles voies navigables du monde : le Gange et l'Indus, qui prennent leur source, le premier dans le versant méridional, le second dans le versant septentrional de l'Himalaya, pour se jeter, l'un dans le golfe du Bengale, l'autre dans la mer d'Oman.

Navigable sur une longueur de 2,500 kil., avec *Cal-*

cutta pour débouché, le Gange passe près de *Bareilly* (100,000 hab.), dans les provinces Nord-ouest ; de *Lacknau* (Lucknow) dans l'Aoude, arrose *Caunpour* (120,000 h.), *Allahabad* (145,000 hab.), *Patna* (160,000 hab.), et *Benarès* (175,000 hab.), l'entrepôt du commerce entre le Bengale, le Thibet et l'ouest de l'Indoustan ; il confond ses embouchures avec celles du Brahmapoutre et reçoit à gauche la Gogra ; à droite, la Djemma, qui arrose *Allahabad, Agrah* (150,000 h.), *Delhi* (155,000 h.), l'antique capitale des Mogols et l'entrepôt du commerce avec le Caboul, la Perse et le Cachemire.

La navigation de l'Indus est moins active : cependant un service de vapeurs existe entre *Hayderabad,* le principal port du Bas-Indus, et *Moultan,* le premier marché du Pendjaub, près du Sutledje, affluent de l'Indus.

Chemins de fer. — Si l'on considère Calcutta comme centre du réseau, les lignes principales sont :

1° *Celle de Calcutta à Delhi* et à *Amritsir* par la vallée du Gange et de la Djemma (*East-India Railway*). A Amritsir convergent trois des grandes voies commerciales de l'Indoustan, les routes de caravanes du Cachemire et du Thibet par les défilés de l'Himalaya ; celles de la Perse et de Caboul par Attok sur l'Indus et Peïchaour ; et les chemins de fer du Pendjaub qui descendent jusqu'à Moultan par **Lahore**, et qui doivent rejoindre plus tard, par la vallée de l'Indus, les chemins de fer du Sind, dont le débouché est le port de Kouratchi.

2° *Celle de Calcutta à Bombay* par Allahabad et Burhampour, avec des embranchements de Bombay à Kouratchi par Surate et Ahmedabad (110,000 hab.), et de Burhampour à Nagpour amorce de la ligne directe de Bombay à Calcutta encore inachevée (*great peninsulary railway*).

3° *Celle de Calcutta à Madras* par le littoral du golfe du Bengale.

4° *Celles de Madras à Calicut, et de Madras à Bombay* par Pounah (120,000 hab.). La longueur totale est de 12,000 kilom.

Valeur des échanges. —Depuis 1840, le commerce des Indes s'accroît en moyenne de cent pour cent dans une période de dix ans. Il était en 1855 de 850 millions, dont 500 à l'exportation : il atteignait, en 1874, trois milliards, dont 550 millions pour les établissements du détroit et 300 millions pour Ceylan.

Les pays qui y prennent la part la plus active sont la Grande-Bretagne,—1,700 millions, dont près de 1,100 millions à l'exportation ;

La Chine, — 500 millions, dont 330 à l'exportation ;

La France, — 110 millions, dont 100 à l'exportation ;

Les États-Unis, — 60 à 80 millions.

Viennent ensuite la Hollande et les villes Hanséatiques en Europe ;

La Perse, l'Afghanistan, l'Arabie, l'Indo-Chine en Asie ;

Le Cap et les îles de l'océan Indien en Afrique ;

L'Australie et les Indes néerlandaises en Océanie.

Exportation. —Dans le chiffre total l'exportation figure pour près des deux tiers.

Les *cotons* de Surate, exportés par Bombay, ceux de Madras et du Bengale représentaient en 1873, une valeur de plus de 500 millions de francs.

Le commerce immoral de l'*opium*, dont la Chine est le grand débouché, s'élève à plus de 300 millions.

Le *riz*, le *jute*, l'*indigo* figurent au troisième rang pour 110 à 85 millions ; le *sucre*, le *café*, les *épices*, à destination de l'Europe, les *graines à ensemencer*, les *soies brutes*, les *laines*, les *cuirs*, les *graines oléagineuses*, les salpêtres, la droguerie, les pierres et les métaux précieux, les perles, les bois de teck et de sandal représentent dans le total des échanges une somme de 400 millions environ ; mais la valeur de chaque article est inférieure à 70 millions. Enfin les *châles*, les *soieries*, les toiles d'emballage, exportés pour l'Europe ; les tissus de coton, l'acier destinés à la Perse, à l'Afghanistan, à l'Arabie, à l'Indo-Chine, à l'Océanie, à l'Afrique, varient entre 120 et 150 millions, mais ce chiffre tend à diminuer.

Importation. — Quant à l'importation, les produits de l'industrie européenne y tiennent le premier rang. En 1874, la Grande-Bretagne seule écoulait dans les Indes anglaises 700 millions de produits britanniques, contre 483 en 1853, cotonnades, fils de coton, lainages, mercerie, quincaillerie, fers et machines, cuivre laminé, bière, liqueurs. Les vins, les eaux-de-vie, les tissus, les soieries de *France* (10 millions en moyenne), la glace des États-Unis, les laines du Thibet, les soies écrues de la Chine, de la Perse et de Boukhara, l'ivoire, le poivre, le café, les perles des pays de la mer Rouge et du golfe Persique, les épices, les bois précieux, l'étain des Indes néerlandaises, n'atteignent pas ensemble au quart de l'importation britannique.

Régime douanier. — Les revenus de l'Inde reposent sur l'impôt foncier, sur le timbre, l'accise (impôt des boissons), le monopole de la vente du sel et de l'opium, et sur les douanes. Les droits d'entrée sont de 1 à 10 °/₀ de la valeur. Tous les produits de l'Inde, sauf les grains, le riz, les laques et les matières colorantes (indigo, etc.), qui sont taxés à la valeur ou au poids, sont exempts de droits de sortie.

Les chambres et les tribunaux de commerce, qui existent dans les principales places, la présence des consuls européens et la protection du gouvernement anglais garantissent aux négociants la plus complète sécurité et les informations les plus exactes.

Poids, mesures et monnaies. — Les poids et mesures varient avec les provinces. Les plus usités sont :

Pour les poids le *candy* = 226 kil. 750, le *maund* de factorerie = 37 kil. 320, le *seer* = 0 kil. 934, la *tola* = 0 kil. 1166.

Pour les mesures de capacité, les mesures anglaises.

Les principales monnaies de compte sont la *roupie* de la Compagnie des Indes = 2 fr. 50, et l'*anna* = 0,15 (Annales du commerce extérieur).

La monnaie d'argent a seule cours forcé.

EMPIRE BIRMAN.

Sur la frontière orientale de l'Inde, l'empire des Birmans (494,000 kil. car. et 4,000,000 d'hab.), qui fait partie de l'Indo-Chine, et dont tout le littoral appartient aux Anglais, est étroitement lié, par sa position et par les traités, aux destinées de l'Inde anglaise. Touchant à la Chine et au royaume de Siam, possédant le cours supérieur des deux grands tributaires du golfe de Martaban, le Salouen et l'Iraouaddi, riche en métaux, en bois de construction, en riz, en ivoire, la Birmanie a une double importance, comme pays de production et comme route commerciale; et sa capitale *Mandalay*, jusqu'où remonte la navigation de l'Iraouaddi, pourrait devenir un des entrepôts du commerce avec la Chine méridionale, dont Rangoun serait le débouché.

CHAPITRE III (N° 20)

INDO-CHINE.

L'Indo-Chine est une vaste presqu'île aux côtes basses et inondées, située entre la Chine au nord, les Indes et le golfe du Bengale à l'ouest, le détroit de Malacca au sud, et la mer de Chine à l'est, creusée par trois grands golfes, celui de Martaban, dans l'océan Indien, ceux du Tonkin et de Siam, dans l'océan Pacifique, et terminée par un long promontoire qui porte le nom de presqu'île de Malacca.

Sa situation entre les deux mers, dominant les routes de la Chine et celles de l'Océanie; ses grands fleuves, l'Iraouaddi, le Salouen, tributaires de l'océan Indien; et dans le versant du Pacifique, le Meïnam, le Meï-Kong, le Song-Koï, voies commerciales à peine explorées; la merveilleuse fertilité de ses plaines, la variété de ses productions, ont attiré depuis longtemps l'attention de l'Europe. L'Angleterre s'est emparée de tout le littoral, Rangoun, Pégou, Martaban, Maulmein, et des trois clefs du détroit, Poulo-Pinang, Malacca et Singapour.

La France a songé à son tour à se créer dans l'extrême Orient une position qui lui manquait depuis la ruine de sa domination dans les Indes, et de 1859 à 1866, elle a

Carte XI.

occupé les six provinces de la Basse-Cochinchine : *Saïgon, Mytho, Bien-Hoâ, Vinh-Long, Chaudoc* et *Ha-Tien,* et le groupe des îles de Poulo-Condore, situé à 180 kil. au sud de l'embouchure de Meï-Kong. (Superficie totale 57,000 kil. carrés. 1,335,000 h.)

———

CAMBODGE. — SIAM. — EMPIRE D'ANNAM.

La position de la Basse-Cochinchine assure à la France une influence prédominante sur les trois États limitrophes : le royaume de Cambodge, placé sous notre protectorat (85,000 kil. car. et 900,000 h.), celui de Siam et l'empire d'Annam.

Le **royaume de Siam,** qui s'étend sur un espace d'environ 800,000 kil. car., entre la Birmanie et l'Indo-Chine anglaise à l'ouest, la Chine au nord, l'empire d'Annam et le Cambodge à l'est, et le golfe de Siam, au sud, renferme une population de 6 à 7 millions d'habitants.

Le principal débouché de son commerce est sa capitale, *Bangkok,* sur le fleuve Meïnam, à 32 kil. de la mer, ville qui compte à peine un siècle d'existence, et où se pressent déjà un demi-million d'habitants. On évalue le mouvement des échanges à environ 30 millions de francs, et celui de la navigation à 260,000 tonneaux.

Les antiques relations entre la France et le royaume de Siam ont été resserrées par l'occupation de la Basse-Cochichine, et un traité de 1856 stipule la liberté de la navigation, la réduction à 3 % des droits sur toutes les marchandises françaises et l'établissement d'un consulat à Bangkok.

L'Empire d'Annam (cap. *Hué*), borné : au nord, par la Chine; à l'est par le golfe de Ton-Kin et la mer de Chine; au sud par le Cambodge et la Cochinchine française; à l'ouest, par le royaume de Siam, comprend une superficie d'environ 510,000 kil., habitée par 10 ou 11 millions d'Annamites, de Laotiens et de Chinois.

Possédant des pêcheries inépuisables, de vastes rizières, des plantations de coton, de maïs, de cannes à sucre, de tabac, de mûriers, de sésame, d'immenses forêts, des mines de fer, de cuivre, de plomb, d'étain, de zinc et de houille, de riches salines, l'empire d'Annam entretient un commerce actif avec Singapour, Batavia, Canton et Bangkok; mais Saïgon est destiné à devenir le principal entrepôt de ses échanges, et les draps, les armes, les objets de luxe, les vins de France y trouveraient un débouché assuré.

Le traité signé avec la France, en 1874, stipule des avantages commerciaux considérables et l'ouverture de trois ports dans le Ton-Kin. Le plus important est celui de *Ha-Noi*, à l'embouchure du Song-Koï, fleuve navigable jusqu'aux frontières de la Chine. Les droits de sortie et d'entrée sont réduits à 5 % de la valeur des marchandises.

EMPIRE CHINOIS.

Bornes. Population. Superficie. — L'empire chinois est situé entre 18° et 53° lat. N., 75° et 132° 30′ long. E. Il est borné : au nord, par la Sibérie ; à l'ouest, par le Turkestan oriental et les possessions russes de Dzoungarie ; au sud, par l'Indoustan, dont le sépare l'Himalaya, par la Birmanie, le Laos et l'empire d'Annam ; à l'est, par la mer de Chine, la mer Orientale, la mer Jaune et la mer du Japon. Sa superficie est de 10 millions de kil. car., en y comprenant les pays soumis, Mandchourie, Mongolie, Thibet.

L'île Haï-Nan, l'île Formose et l'archipel de Lieou-Kieou lui appartiennent.

On évalue la population totale à plus de 420 millions d'habitants. La capitale est Pékin (1,500,000 h.).

Climat. Productions. — L'empire chinois, avec son immense étendue, possède tous les climats, tous les terrains, toutes les cultures.

Sur les bords de la mer et des rivières, des *rizières* qui fournissent à la population indigène son principal aliment ; sur le penchant des collines et sur les plateaux, des champs de *blé*, de maïs, de millet, de tabac, de sorgho ; sur les hauteurs, des *forêts* où croissent, à côté des essences d'Europe, les bois précieux de l'Orient. Les *cotons* de Chang-Haï et de Nankin surpassent ceux de l'Inde ; le cannellier, le camphrier, le bambou, l'arbre à suif, l'indigotier sont cultivés jusqu'à l'extrême limite où la rigueur des hivers arrêtent leur croissance (42 degrés de latitude). Tous les fruits de l'Europe et de l'Asie prospèrent en Chine ; la canne à sucre abonde dans les provinces méridionales ; toutes les variétés de *plantes oléagineuses,* depuis les arachides jusqu'au colza, les plantes tinctoriales, les *plantes textiles,* le lin, le chanvre, le chinagrass ; les *plantes médicinales* (rhubarbe, ginseng) ; les *épices,* les arbres à gomme couvrent toute la région du centre et du midi ; mais les deux grandes richesses agricoles de la Chine sont l'arbre à thé et le mûrier.

9.

L'*arbre à thé* réussit surtout entre le 23e et le 33e degré de lat. N., dans les provinces de Fou-Kian, de Hou-Nan, de Hou-Pé : l'exportation s'élève, dans les années moyennes, à 75 millions de kilogrammes. La culture du *mûrier* et l'éducation des *vers à soie* remontent, dit-on, à plus de deux mille ans avant Jésus-Christ ; chaque ferme, chaque cabane a sa magnanerie, et l'on évaluait, en 1863, la production totale à près de 700 millions de francs.

La Chine nourrit beaucoup de volailles et de porcs, mais peu de bétail : le bœuf, le cheval, le mouton et la chèvre sont, au contraire, l'unique richesse des pays de steppes, comme la Mongolie ou les hauts plateaux du Thibet.

Le produit des **mines** est moins important que celui de l'agriculture. Les mines de fer, de cuivre, d'argent, d'étain, de plomb abondent dans les chaînes de montagnes qui couvrent le centre de l'Empire, mais elles sont mal exploitées ; le cinabre, l'alun, le salpêtre, se trouvent dans toute la Chine méridionale ; la houille de la région de Han-Keou est médiocre ; le sel gemme, les marbres, la pierre, le kaolin, les huiles minérales se rencontrent dans toutes les parties de l'empire et donnent lieu à d'importantes exploitations.

Production industrielle. — L'industrie chinoise a devancé de bien des siècles l'industrie européenne : toutes les grandes inventions, la boussole, la poudre à canon, l'imprimerie, le papier, les puits artésiens, étaient connues en Chine avant d'avoir été retrouvées en Europe : mais la Chine, enfermée dans ses traditions et dans ses préjugés, est restée stationnaire, tandis que l'Occident perfectionnait chaque jour son outillage et ses procédés. Toutefois, elle a gardé dans certaines industries spéciales une supériorité qui fait honneur à l'habileté de ses ouvriers et au génie de ses inventeurs. Les *porcelaines* et les *poteries* de Canton, de Ning-Po, etc., les *papeteries* de Fou-Tcheou, les *soieries* de Sou-Tcheou-Fou, à 45 kilom. de Chang-Haï, la première ville manufacturière et autrefois la plus peuplée de l'Empire, les broderies, les crêpes, la passementerie, que fabriquent presque tous les grands centres de population ; les *tapis* de Pékin, les *teintures* si variées et si éclatantes, les *laques,* les *émaux,* la tabletterie, les meubles de Pékin, de Canton, de Sou-Tcheou-Fou, de Nankin, les *encres* de Hoeï-Tcheou, ont conservé leur antique réputation et n'ont rien à envier aux produits similaires de l'Europe.

Historique des rapports de la Chine avec l'Europe. — Avec son étendue, sa population, la variété infinie de ses richesses naturelles, la Chine n'a pas cessé d'attirer vers elle le commerce de l'Occident depuis le jour où les découvertes des Portugais eurent soulevé les voiles mystérieux dont l'enveloppaient les légendes du moyen âge. Mais retranchée dans son immobilité, elle multipliait les barrières pour les opposer à l'invasion des barbares d'Europe, et en 1842, le port de Canton était seul ouvert au commerce européen. Le traité de Nankin, arraché par l'Angleterre au gouvernement Chinois après une guerre de deux ans, ajouta au port de Canton ceux de Ning-Po, d'Amoy (Emouï), de Fou-Tcheou-Fou et de Chang-Haï. De nouvelles hostilités ne tardèrent pas à éclater, et la violation du traité de Tien-Tsin (1858) attira sur la Chine les armes de la France et de la Grande-Bretagne. Le 24 octobre 1860, l'armée anglo-française entrait à Pékin, et les ambassadeurs signaient une convention qui ouvrait aux étrangers l'intérieur de l'Empire, et qui devait être le signal d'une révolution complète dans les relations entre les grandes puissances commerçantes et les peuples de l'extrême Orient.

Les ports qui centralisent aujourd'hui le commerce de la Chine avec les nations européennes et les États-Unis d'Amérique, sont : *Victoria,* dans l'île de **Hong-Kong,** colonie anglaise et station des Messageries et de la Compagnie Péninsulaire et orientale, qui a remplacé, comme entrepôt du commerce européen, les trois ports situés à l'embouchure du Tigre, *Macao,* colonie portugaise; *Whampoâ,* l'avant-port de Canton, et surtout *Canton* (Kouang-Toung, 1 million d'habitants), autrefois le seul

ASIE
Géographie Physique
et Politique
Colonies
(F.) à la France
(A.) à l'Angleterre
(P.) au Portugal
EUROPE
AFRIQUE
SIBÉRIE
Cercle Polaire Arctique
Monts Oural
Steppes des Kirghiz
MONGOLIE
TURKESTAN CHINOIS
Désert de Gobi
MANDCHOURIE
OCÉAN PACIFIQUE
MER DE BÉHRING
CHINE
THIBET
INDOSTAN
ARABIE
Nedjet
Yemen
Jérusalem
Isthme de Suez
Équateur
MER NOIRE
Sinope
Smyrne
TURQUIE D'ASIE
PERSE
Damas
Carte XII.

Carte XII.

port ouvert aux Européens, et dont les échanges dépassaient alors 300 millions ;

Soua-tao, l'un des marchés de l'opium ;

Emouï (Amoy, 300,000 h.), le centre des relations de la Chine avec les îles malaises, l'Indo-Chine, Singapour et Manille ;

Takao (220,000 hab.); *Tam-Souï*, dans l'île de Formose ;

Fou-tcheou-fou (650,000 h.), devenu depuis 1842 le premier marché de la Chine pour les thés noirs ;

Ning-po (4 0,000 à 500,000 h.), qui exporte des blés, des riz, de l'alun, du thé, etc. ;

Hang-tcheou-fou (1,200,000 h.), à la tête du grand canal, l'entrepôt du commerce entre les provinces du nord et celles du midi ;

Chang-Haï, sur le Hoang-pou, à peu de distance de l'embouchure du fleuve Bleu, résidence des consuls, siége des principales maisons européennes, à 50 jours de Southampton par les vapeurs de la compagnie Péninsulaire et Orientale, à 44 de Marseille par les Messageries (mouvement maritime de 2,000,000 de tonneaux, mouvement commercial de 800 millions) ;

Tching-Kiang et *Kiou-Kiang*, sur le fleuve Bleu ;

Han-Keou (800,000 h.), sur le même fleuve, à 1,000 kil. de son embouchure, au centre d'un admirable système de canaux, et d'une des régions les plus fertiles et les plus manufacturières de la Chine, accessible, malgré son éloignement de la mer, à des navires de 1,000 tonneaux ;

Tché-fou, sur le golfe de Pé-tchi-li ;

Tien-Tsin, ville de 500,000 âmes, sur le Peï-ho, le marché d'approvisionnement et de débouché maritime de Pékin ;

Enfin *Niou-Tchouang*, le port le plus septentrional de l'empire.

Le mouvement total de la navigation (entrée et sortie), dépasse en moyenne (période de 1870-1874), 16,000 navires et 8,300,000 tonneaux, dont 3,700,000 couverts par le pavillon anglais, et 3,470,000 par le pavillon américain.

Communications intérieures. Navigation fluviale. — Les routes de terre ne jouent qu'un rôle secondaire, au moins dans les parties de l'empire qui ont pour débouchés les ports du Pacifique, et qui intéressent spécialement le commerce maritime. Mal tracées, mal entretenues, elles ne sont, excepté dans les environs de Pékin, que des chemins de caravanes. Cette insuffisance des routes est compensée par un système de navigation intérieure à demi naturel, à demi artificiel, qui n'a pas de rival dans le monde.

Au sud, dans le golfe de Canton, débouche le **Si-Kiang**, grande voie du commerce de Canton avec les provinces du midi, dont la ville de *Fo-tchan* est l'entrepôt.

Au centre, à l'entrée de la mer Jaune, se jettent deux fleuves immenses, qui descendent des plateaux neigeux du Kou-Kou-Nour, traversent le Thibet oriental et arrosent les provinces les plus fertiles, les plus industrieuses et les plus peuplées de la Chine. L'un, long de 5,000 kilomètres, est le **fleuve Bleu** (Yang-Tsé-Kiang), qui arrose les grandes villes de *Nankin*, et d'*Han-Keou*, l'entrepôt du commerce européen dans l'intérieur de la Chine. L'autre, long de 4,000 kil., est le **fleuve Jaune** (Hoang-ho), gigantesque torrent dont les débordements capricieux ont plus d'une fois changé le cours et dévasté les rives. Au nord du Hoang-ho, dans le golfe de Petchi-li, se jette le **Pei-ho**, qui baigne *Tien-Tsin*, et dont un affluent traverse Pékin.

Ces quatre fleuves, avec leurs affluents et les lacs nombreux qui couvrent la région centrale de la Chine, sont les artères principales de la navigation intérieure : près de 300 canaux les unissent et forment un réseau qui embrasse toute la partie orientale de l'empire.

De tous ces canaux, le plus important est le **grand canal**, qui part de Hang-tcheou, et se dirigeant du sud au nord, se prolonge jusqu'à Tien-Tsin par un affluent

du Peï-ho, et de Tien-Tsin à Pékin par le *canal Impérial :*
c'est une ligne de navigation artificielle de 1,420 kil.,
la plus longue du globe.

Commerce extérieur. — Le commerce de la
Chine avec l'Europe et l'Amérique, le seul qui nous soit
complétement connu, a décuplé depuis soixante ans
et s'accroît dans une proportion lente mais continue
depuis les traités de Tien-Tsin et l'ouverture des principaux ports et des grandes voies de communication
intérieure. Le mouvement total est de 800 millions à
l'exportation, et de 700 à 750 à l'importation (moyenne
de 1870-74).

Le *thé* et la *soie* forment la presque totalité des exportations chinoises; les autres articles : cannelle, musc, bois
précieux, sucre, riz, objets manufacturés (porcelaine,
soieries, nankins, laques, encres, etc...), n'entrent que
pour un chiffre très-faible dans le commerce avec l'Europe
et les États-Unis.

La *Grande-Bretagne* tient le premier rang dans le trafic
avec l'empire chinois; dans ses exportations, qui montent
à 310 millions environ, en comptant le mouvement de
Hong-Kong, le thé figure pour plus de 65 millions de kilogrammes, et de 115 millions de francs, et la soie
pour 2 millions de kilogrammes. L'importation des produits anglais en Chine et à Hong-Kong (cotonnades, lainages, métaux travaillés, horlogerie, bijouterie, quincaillerie, coutellerie, armes, etc...), n'était, en 1874, que
de 220 millions; mais l'équilibre des échanges est ample-
ment rétabli par le commerce de l'opium, monopole des
Indes anglaises, et qui figure à l'importation pour plus
de 260 millions.

Au second rang viennent les *États-Unis,* qui, en 1872,
exportaient pour plus de 110 millions de thés, de soies
et d'objets destinés aux populations chinoises de la Californie, et qui n'importaient que pour 5 à 6 millions de
coton, de lainages, de métaux, etc...

Le troisième rang appartient à la *Hollande* et aux *Indes
néerlandaises;* le seul commerce des nids d'hirondelles

entre l'Archipel malais et les ports chinois représente une valeur de près de 19 millions.

La *France* ne figurait, en 1872, dans le commerce avec la Chine, que pour 52 millions, dont 50 millions et demi à l'exportation, et 1 et demi à l'importation, bien que ses vins, ses eaux-de-vie, ses toiles peintes, ses draps d'Amiens, ses serges, ses étoffes de soie brochées, sa passementerie, ses armes, son horlogerie, sa verrerie, réunissent toutes les conditions nécessaires pour trouver sur le marché chinois un débouché avantageux.

Le *Portugal*, par Macao, l'*Espagne*, par Manille, la *Suisse*, la *Prusse*, les *villes hanséatiques*, l'*Italie*, entretiennent avec les ports chinois quelques relations directes.

Le commerce de la *Russie* avec la Chine par Kiachta, s'élève en moyenne de 60 à 80 millions, dont 50 à 60 pour l'exportation des thés de caravanes et de la soie chinoise, et 12 à 16 pour l'importation des draps, des cotonnades et des pelleteries russes.

Poids et mesures. Monnaies. — Les poids et mesures varient avec les provinces et même avec les professions ; les plus usités sont :

Mesure de longueur, le **tchi** = 0 mètre, 355 (traité de 1858).

Mesures itinéraires, le **li** = 442 mètres.

Poids, le **liang** ou livre = 604 gr. 52 ; le **picul** = 60 kil. 453.

Monnaies. L'or et l'argent ne représentent en Chine que des valeurs nominales et variables dont l'unité de poids est le **liang** ou **taël** = 37 gr. 78 (*taël de Haï-Kouan,* poids de la douane), divisé en 10 **tsien**, 100 **fen** et 1,000 **ly** et valant environ 8 fr. 43 : le taël de Chang-Haï vaut 9 fr. 35.

L'or et l'argent chinois ne circulent que sous forme de lingots d'un titre plus ou moins élevé, et du poids de 50 taëls à 4 tsien.

La seule monnaie indigène portant une empreinte officielle est le *tsien* ou *sapèque,* pièce ronde, formée d'un alliage de cuivre, de plomb, d'étain, de zinc et de fer, et percée d'un trou carré qui sert à enfiler les pièces et à les réunir par centaines. L'enfilade de 1,000 sapèques représente légalement un taël d'argent au premier titre (*sycee*), mais la valeur varie avec les cours de l'argent.

Corée. — La Corée, autrefois tributaire de la Chine, forme aujourd'hui un royaume indépendant baigné par la mer Jaune et la mer du Japon, et borné à l'ouest par l'empire chinois, au nord par les possessions russes. La capitale est *Seoul.* La Corée est fermée aux Européens, et n'a guère de relations qu'avec le Japon et la Chine.

CHAPITRE IV (N° 21)

EMPIRE DU JAPON.

Bornes. Superficie. Population. — Le Japon, but extrême du commerce européen dans les mers de l'Orient, est un archipel long d'environ 800 lieues, situé entre le 24° et le 50° degré lat. N., et composé de quatre îles principales : *Kiou-Siou, Sikhofk, Niphon* et *Yeso.* Les îles *Kouriles* dépendent de l'empire japonais. Sa superficie est d'environ 402,000 k. car., sa population de 33 à 35 millions d'habitants. Les capitales sont *Kioto* (*Myako*) (375,000 hab.), et *Yedo*, dans l'île de Niphon.

Jusqu'en 1853, un seul peuple européen, les Hollandais étaient admis à commercer avec les Japonais, et leurs navires ne pouvaient entrer que dans le port de Nagasaki. Les États-Unis, en 1854, l'Angleterre, en 1855, forcèrent à leur tour les barrières qu'opposait à l'étranger la méfiance du gouvernement ; enfin, en 1858, la France et la Grande-Bretagne signaient à Yedo un traité bientôt étendu aux États-Unis, à la Russie, à la Hollande, et qui stipulait l'ouverture des ports de Hakodadi, Nagasaki, Hiogo, Neegata, Yedo et Osaka. Depuis ce temps, un nouveau traité signé en 1866 a confirmé et développé le premier, et malgré les résistances d'une partie de la féodalité japonaise, la partie éclairée de la nation et le souverain

du Japon, le *Mykado*, sont entrés hardiment dans la voie
de la civilisation occidentale et ont multiplié les relations
avec l'Europe.

Production naturelle et industrielle. — Le
sol, montagneux et volcanique, est aussi fertile et aussi
bien cultivé que celui de la Chine, et les productions sont
à peu près les mêmes : au midi, le riz, la canne à sucre,
l'arbre à thé, le camphrier, les bambous, le cotonnier;
au nord, les céréales, la pomme de terre, les légumes, etc.
L'éducation des vers à soie est plus répandue et plus
avancée que dans toute autre contrée, et le Japon a seul
échappé à l'épidémie qui depuis dix ans a diminué d'un
tiers la production de la soie en Asie et en Europe.

Ses mines sont inépuisables : l'or, l'argent, le cuivre,
la houille, les marbres, la terre à porcelaine se rencontrent en abondance; on exploite également le soufre, le
mercure et le fer. Enfin, les pêcheries d'Yeso fournissent
à la consommation de tout l'empire.

L'industrie japonaise est sans contredit la plus avancée de
l'Asie (soieries, cotonnades, porcelaines, laques, bronzes),
et la plus disposée à tirer parti des découvertes européennes.

Routes maritimes. Principaux ports. — Le
plus méridional des ports ouverts aux étrangers est celui
de *Nagasaki* (80,000 hab.), dans l'île de Kiou-Siou, dont
la plus grande ville est *Kagosima* (200,000 hab.), mais
les deux principaux centres du commerce européen et
américain avec le Japon sont *Osaka* (375,000 hab.), au
sud de l'île de Niphon, à peu de distance de Myako,
capitale de l'empire, et *Yedo*, la seconde capitale
(675,000 hab.), située sur un large golfe sur les bords
duquel s'élèvent les villes maritimes de *Simoda*, de
Yoko-Hama (65,000 hab.), et de *Kanagawa* qui lui servent d'avant-ports, et qui y sont rattachées par un
chemin de fer. La Compagnie péninsulaire et orientale
et les Messageries nationales desservent le port d'Yedo,
l'une depuis 1863, les autres depuis 1865; il faut y ajouter
depuis 1866 une compagnie américaine qui a pour point
de départ San-Francisco, et depuis 1875 une compagnie

russe qui a son point d'attache à Petropaulowsk (Sibérie).
Hakodadi, près de *Matsmaï*, capitale de l'île d'Yeso, est
surtout visité par les bâtiments russes et américains.

Commerce extérieur. — Les documents nous
manquent pour apprécier le commerce du Japon avec la
Chine et la Corée. Quant aux échanges avec l'Europe et
les États-Unis, le thé, la soie, les graines de vers à soie
et le cuivre forment la presque totalité des exportations
japonaises qui montent à 120 millions environ, sans
compter les métaux précieux (100 millions). Les marchandises les mieux accueillies sont les draps, les serges,
les cotonnades, les armes, les spiritueux, les bois de
teinture, les livres, les instruments d'optique et de chi-
rurgie, et même les articles de Paris. L'importation
représente une valeur de 135 à 140 millions, sans
compter les métaux précieux.

Les États-Unis, suivis de près par l'Angleterre, occupent le premier rang dans le mouvement des échanges,
puis viennent la France (35 millions exportés et 9 importés en 1873), la Hollande et la Russie, enfin les villes
hanséatiques et la Prusse, qui vont surtout y chercher la
soie et les œufs de vers à soie, mais dont les importations
se réduisent encore à un chiffre insignifiant.

La base du nouveau système de monnaies au Japon est
le **yen** qui équivaut au dollar américain = 5 fr. 35.
Les pièces d'or sont de 1, 2 et 5 yen, les pièces d'argent
de un yen, au même titre que le dollar. La *mesure de
longueur* usitée dans le commerce avec l'Europe est le
yard anglais. Le *poids* le plus employé est le *picul* de
60 kilogrammes.

Piraterie dans les mers de Chine. — Les
navires marchands ne doivent pas oublier que les parages
du Japon et de la Chine sont encore infestés par des
pirates, dont les jonques viennent enlever les bâtiments
de commerce jusqu'en vue des ports; mais ce fléau,
mollement combattu par les gouvernements asiatiques,
ne peut manquer de disparaître devant les efforts des
puissances d'Europe et des États-Unis.

LIVRE V

OCÉANIE

CHAPITRE I (N° 22)

DIVISIONS, ROUTES COMMERCIALES.

Le nom d'Océanie s'étend aux nombreux groupes d'îles disséminés dans l'océan Pacifique, entre l'Amérique et l'Asie, et au continent de l'Australie ou de la Nouvelle-Hollande, dont la superficie est égale aux deux tiers de celle de l'Europe.

La superficie totale de l'Océanie est d'environ 11 millions de kilomètres carrés.

Les géographes l'ont divisée en trois régions, en prenant pour base la diversité des races qui l'habitent : au nord-ouest la **Malaisie,** habitée par les Malais, race énergique, intelligente, mais indomptable, et dont les pirateries infestent encore les mers de l'extrême Orient (*îles de la Sonde,* — *Moluques,* — *Célèbes,* — *Bornéo,* — *îles Philippines,* etc.).

A l'ouest, la **Mélanésie,** habitée par des peuples de race nègre, inférieurs aux Malais, mais dont les récits des anciens voyageurs semblent avoir exagéré la laideur physique et l'abrutissement; race condamnée, du reste, à disparaître devant l'invasion européenne (*Australie,* — *Tasmanie,* — *Nouvelle-Guinée,* — *îles Salomon,* — *Nouvelle-Calédonie,* — *Nouvelles-Hébrides,* etc.).

A l'est et au nord-est, la **Polynésie,** dont les populations paraissent appartenir à la race malaise, modifiée par des influences diverses qui lui ont enlevé une partie de sa sauvage énergie (*îles Sandwich,* — *Nouvelle-Zélande,* — *archipel de Taïti,* — *des Marquises,* — *de Tuamotou,* — *de Tonga,* etc.).

Colonies européennes. — L'avenir de l'Océanie appartient tout entier à quatre puissances européennes :

1° La *Hollande*, qui possède presque tout l'archipel Malais.

2° L'*Espagne*, maîtresse des îles Philippines et Mariannes.

3° L'*Angleterre*, qui occupe l'Australie, la Nouvelle-Zélande, la Tasmanie, etc.

4° La *France*, dont le pavillon flotte à Taïti, aux îles Marquises et à la Nouvelle-Calédonie.

L'Océanie est rattachée à l'Europe par quatre grandes routes commerciales :

1° et 2° Celle du *cap de Bonne-Espérance* et celle du *cap Horn*, fréquentées par les navires à voiles et desservies par les clippers anglais et américains.

3° et 4° Celle de l'*isthme de Suez* et celle de l'*isthme de Panama*, fréquentées par la navigation à vapeur.

Dans l'état actuel des communications, la plus importante est celle de l'isthme de Suez et de l'océan Indien, desservie par trois grandes compagnies :

1° La *Compagnie péninsulaire et orientale anglaise*, qui a établi à Pointe de Galles une correspondance régulière avec l'Australie et la Nouvelle-Zélande (trajet de Marseille à Sidney en 48 jours).

2° Les *Messageries françaises*, qui correspondent à Singapour avec Batavia, chef-lieu des possessions hollandaises (trajet de Marseille à Batavia en 34 jours).

3° La compagnie de navigation hollandaise (*Nederland*) qui dessert Batavia, Samarang et Sourabaya par le canal de Suez et Singapour.

CHAPITRE II (N° 22)

COLONIES HOLLANDAISES.

Les possessions hollandaises de l'Océanie renferment près de 25 millions d'habitants, dont 24 millions et demi d'indigènes, appartenant presque tous à la race malaise, 300,000 émigrants chinois, et 45,000 Européens (Superficie 1,600,000 k. car.).

Elles comprennent 1° l'île de **Java**, dont la capitale, Batavia, est le chef-lieu des possessions hollandaises (130,000 k. car., 17,700,000 hab.).

2° L'île de **Sumatra**, dont la soumission a été achevée par la ruine du royaume indigène d'*Atchin* (430,000 k. car.).

3° Sur la côte occidentale de Sumatra, un archipel dont **Banca** est l'île la plus importante.

4° L'archipel de **Sumbava-Flores-Timor**. Les Portugais possèdent encore dans cette dernière île le territoire et le port de *Dillé* (14,316 k. car. et 250,000 h.).

5° L'île de **Célèbes** (118,380 k. car.).

6° L'archipel des **Moluques** (Gilolo, Ternate, Amboine, Banda, etc.).

7° La plus grande partie de l'île de **Bornéo** (800,000 k. car., 2,000,000 d'hab.), où se trouve encore, au nord-ouest, un État indépendant, celui de *Bornéo*.

8° La Hollande a quelques établissements dans la **Nouvelle-Guinée**, grande île située au nord de l'Australie, et dont l'intérieur est inconnu.

Climat. Productions. — Les îles de l'archipel malais présentent de profondes analogies de sol et de climat ; deux saisons, l'une sèche, l'autre pluvieuse, pendant la mousson du nord-ouest (décembre-mars) ; un soleil brûlant, mais dont l'ardeur est tempérée par des brises de mer, une végétation dont la puissance et la variété n'ont pas d'égales, des montagnes volcaniques d'où descendent de nombreux cours d'eau.

Toutes les plantes tropicales, et la plupart de celles des climats tempérés, réussissent dans les îles de la Malaisie ; mais les grandes cultures sont : celle du **café**, dont la production à Java, à Sumatra, à Bornéo, à Célèbes dépasse annuellement 70 millions de kilogrammes, de la **canne à sucre**, du **riz**, des **épices**, *poivre* de Sumatra, de Bornéo, de Java, *muscades* et *girofle* des Moluques,

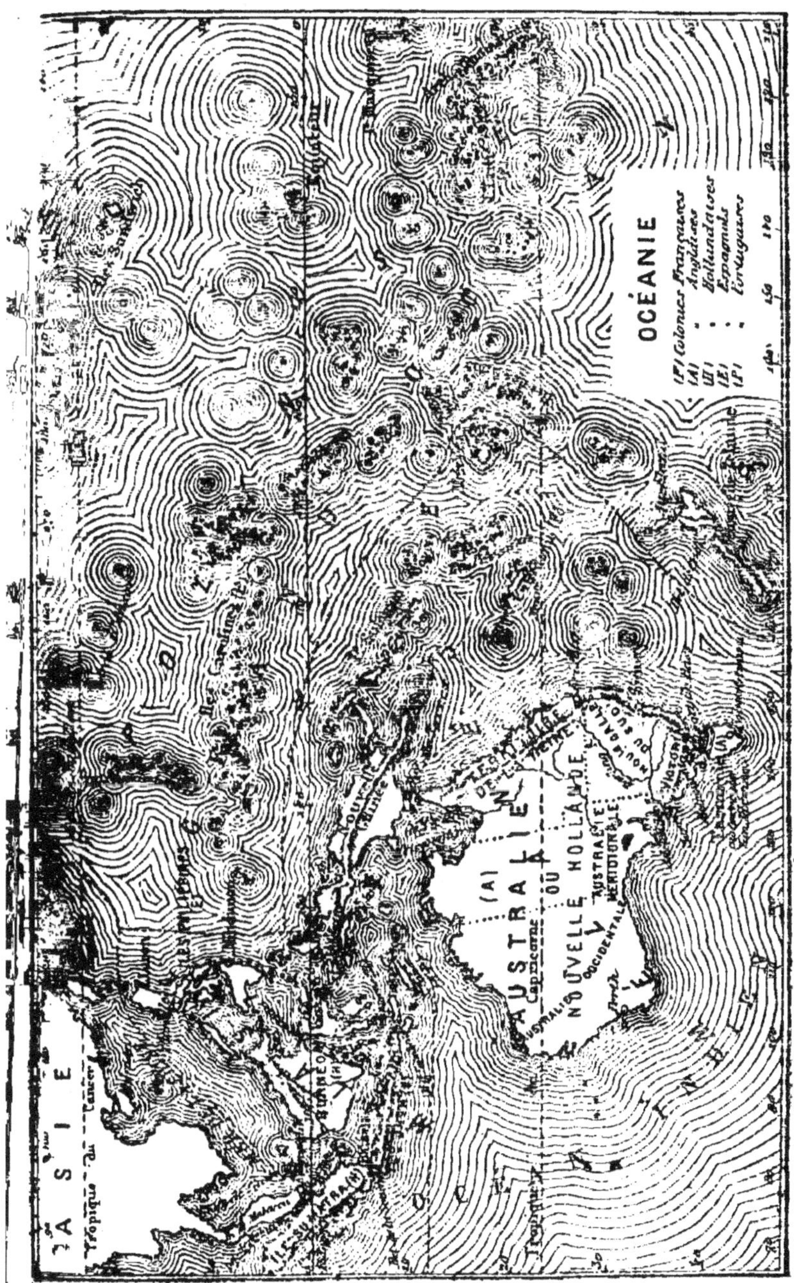

Carte XIII.

cannelle de Java et de Sumatra ; du **coton,** du **thé,** du **tabac** et de l'**indigo.**

Les arbres à caoutchouc et à gutta percha abondent dans l'archipel de la Sonde et le quinquina est acclimaté à Java.

Le règne minéral n'est pas moins riche : les mines d'**étain** de Banca fournissent 50 à 60,000 quintaux métriques chaque année ; les métaux précieux, le cuivre, le fer, le soufre, le sel gemme, les diamants se rencontrent à Bornéo, à Java, à Célèbes ; la houille est exploitée à Bornéo et aux Moluques.

Ports et marchés. — Le principal débouché du commerce des Indes néerlandaises est **Batavia** (Java, 70,000 hab.), desservie par la correspondance des Messageries et par une ligne hollandaise.

Les ports de *Sourabaya* et de *Samarang*, dans l'île de Java ; ceux de *Benkoulen*, de *Padang*, de *Palembang*, entrepôts des poivres et des cafés de Sumatra ; celui de *Macassar*, dans l'île de Célèbes ; ceux d'*Amboine, Ternate* et *Banda*, dans les Moluques, ceux de *Banjermassing* et de *Pontianak*, à Bornéo, sont ouverts à tous les pavillons. Le mouvement dépasse un million de tonneaux et 10,000 navires.

Commerce extérieur. — Le commerce des colonies hollandaises s'élève en moyenne à 700 millions, dont 400 à l'*exportation,* qui consiste surtout en cafés, sucres, épices, étain de Banca, indigo, thés, tabacs de Java, riz, gutta-percha, ivoire, perles, écailles, bois précieux, nids d'hirondelles destinés à la Chine, etc.

L'*importation* consiste en tissus de coton, toiles peintes, soieries, fournies par la métropole, l'Angleterre, la France et la Chine ; poterie et verrerie belge et anglaise ; ouvrages en métal, armes et outils, importés d'Angleterre, de Belgique et du Zollverein, par les navires hollandais ; vins et spiritueux français et hollandais ; bijouterie et orfévrerie de provenances diverses.

La Hollande occupe le premier rang dans le mouvement commercial, où elle figure pour les deux tiers. La

Société de Commerce des Pays-Bas, chargée pour le compte du gouvernement du transport et de la vente des produits coloniaux, est le principal intermédiaire des échanges.

La Grande-Bretagne vient au second rang avec un mouvement de 40 à 60 millions, sans compter le commerce avec les Indes anglaises et Singapour.

La France ne figure à l'importation que pour 1 ou 2 millions, à l'exportation directe que pour 6 à 7 millions.

COLONIES ESPAGNOLES.

L'Espagne possède dans la Malaisie le groupe des îles **Philippines**, dont les plus importantes sont *Luçon* et *Mindanao*, et celui des îles **Palaos, Carolines** et **Mariannes**, (Superficie de 174,000 k. car.).

La population totale est d'environ 6 millions d'habitants, noirs, Malais (Tagales), Chinois et Européens.

Le grand débouché commercial est le port de **Manille** (Luçon) (150,000 hab.), rattaché à Hong-Kong par les services de la Compagnie Péninsulaire et Orientale.

On évalue en moyenne le commerce des îles Philippines à 140 millions, dont plus de moitié à l'exportation, qui consiste en sucres, tabacs et cigares, chanvres, indigo, écaille de tortue, nacre de perles, peaux brutes, etc. La Grande-Bretagne et ses colonies y figurent pour 70 à 75 millions, les États-Unis pour 25, l'Espagne, les républiques de l'Amérique du Sud et la Chine pour des sommes très-inférieures. Le commerce avec la France ne dépasse pas 2 millions.

CHAPITRE III (N° 22)

COLONIES ANGLAISES.

AUSTRALIE.

Superficie. Productions. — L'Australie est un continent, d'une superficie de 7,620,000 kil. car., creusé par de vastes golfes, sillonné par des chaînes de montagnes aussi élevées que les Pyrénées, arrosé par de grands fleuves tels que le Murray et le Darling. Située entre 11° et 39° lat. S., 111° et 151° long. E., l'Australie jouit au sud d'un climat salubre et tempéré, tandis que ses côtes septentrionales sont échauffées par le soleil et fertilisées par les pluies des tropiques.

Le sol, coupé de marécages et de landes pierreuses ou sablonneuses, se prête assez facilement à nos cultures; les céréales (5 millions d'hectolitres en 1873), la vigne, les arbres fruitiers, les plantes textiles, le tabac y réussissent comme dans les contrées les plus favorisées de l'Europe; l'arbre à thé, le coton y ont été introduits avec succès, les forêts présentent de nombreuses variétés de bois de construction et d'ébénisterie.

Les pâturages nourrissent d'immenses troupeaux de chevaux, de bœufs (5 millions en 1874), et surtout de moutons (52 millions en 1874), dont la laine fine et abondante est une des principales richesses de l'Australie, qui en exportait, en 1871, 700,000 balles contre 157,000 en 1859.

Les *mines d'or* de la province de Victoria, découvertes en 1851, produisaient déjà, en 1852, 371 millions de francs, et l'extraction totale de 1866 à 1873 s'élève à plus d'un milliard; les *mines d'argent,* moins abondantes, produisent de 12 à 15 millions; les *mines de cuivre* de l'Australie méridionale et de Queensland, le disputent à celles du Chili et de la Grande-Bretagne : les gisements de fer, de plomb et de houille abondent sur le littoral.

Divisions politiques. Principaux ports. — L'Australie anglaise se divise en cinq provinces :

1° L'**Australie occidentale** (1,730,740 kil. car., — 30,000 hab.), qui a pour débouchés les ports de *King-Georges-Sund* et de *Freemantle*.

2° L'**Australie méridionale**, qui comprend les régions nouvellement découvertes dans le centre de l'Australie (986,000 k. car., 204,000 hab.), a pour débouché, sur la côte méridionale, *Adélaïde* (28,000 hab.), entrepôt des cuivres, des laines, des céréales de cette province.

3° La province de **Victoria** (229,000 k. car., 850,000 h.), sur la côte sud-est, a pour capitale et pour entrepôt de ses métaux précieux et de ses laines, *Melbourne*, ville de 200,000 habitants, dont l'emplacement était occupé, il y a trente ans, par une lande inhabitée : pour villes principales *Ballarat*, *Sandhurst* et *Geelong*.

4° La **Nouvelle-Galles du Sud** (800,000 kil. car., 580,000 hab.), sur la côte orientale, la plus ancienne des colonies anglaises d'Australie, a pour capitale et pour port principal *Sidney* (135,000 hab.), fondé en 1788, l'une des rades les plus belles et les plus sûres du monde.

5° La province de **Queensland** (1,355,890 kil. car., 170,000 hab.), a pour débouchés maritimes *Brisbane* et *Port-Denison*, villes récentes de quelques milliers d'habitants.

Le territoire du **Nord** compte 2 millions et demi de kilomètres carrés et n'est encore habité que par des indigènes.

L'île de **Tasmanie** ou terre de *Van Diémen* (68,000 k. car., 110,000 hab.), forme une province distincte, avec les ports de *Hobart-Town* et de *Launceston*

Commerce extérieur. — Le commerce extérieur

de l'Australie et de la Tasmanie, qui ne dépassait pas 50 millions en 1840, s'élève aujourd'hui à 1,400 millions, dont près de 700 à l'exportation.

La Grande-Bretagne et ses colonies absorbent plus des trois quarts de ce commerce ; le reste se partage entre les États-Unis, la Chine, les républiques de l'Amérique du Sud, la Californie, les possessions françaises et hollandaises d'Océanie, les Indes orientales, Maurice et le cap de Bonne-Espérance.

La France figure à l'importation pour un ou deux millions en eaux-de-vie, vins, poissons marinés, sucres raffinés, poterie et verrerie, etc. ; à l'exportation pour une somme égale de laines en masse.

Le mouvement de la navigation, y compris le cabotage, approche de 5,000,000 tonneaux, et le développement des voies ferrées dépasse 2,800 kilomètres.

NOUVELLE-ZÉLANDE.

Le groupe de la Nouvelle-Zélande situé dans la Polynésie, à 500 lieues de la côte sud-est du continent australien, se compose de trois îles, d'une superficie totale de 300,000 kil. carrés environ ; la population blanche est de 254,000 habitants en 1875 contre 48,000 en 1855 : on compte 45,000 indigènes (*Maoris*), souvent en lutte avec les colons européens.

Les céréales, les fruits, les légumes d'Europe, l'oranger et la vigne, dans l'île septentrionale ; le phormium tenax de la Nouvelle-Hollande, d'immenses forêts qui renferment les essences les plus variées, des pâturages qui nourrissent 360,000 têtes de gros bétail, et 4 millions de moutons à la laine fine et soyeuse : telles sont les richesses agricoles de la Nouvelle-Zélande ; mais elles sont encore dépassées par ses richesses minérales : la houille, le fer, le cuivre y abondent, et les gisements aurifères d'Auckland et d'Otago, dont la découverte a triplé en quatre ans la population européenne, ont produit pendant quelques années de 60 à 80 millions.

Les ports qui servent de débouchés au commerce de la Nouvelle-Zélande sont, dans l'île du Nord, **Auckland** (14,000 hab.) et *Wellington,* sur le détroit de Cook ; dans l'île méridionale, *Nelson* et *Dunedin,* capitale de la province d'Otago (20,000 hab.). Le mouvement de la navigation dépasse 500,000 tonneaux ; la longueur des chemins de fer exploités 500 kilomètres.

Le commerce extérieur, qui n'était en 1861 que de 95 millions, s'élève aujourd'hui à plus de 300, dont 140 millions à l'exportation : les *laines* (100 millions), l'*or,* les bois de construction, les gommes-résines, les céréales, les pommes de terre, le cuivre, le chanvre indigène, représentent à l'exportation les valeurs les plus considérables ; à l'importation, les instruments d'agriculture, les spiritueux, les sucres, les denrées coloniales, les tissus de laine, les vêtements confectionnés, la ganterie, les chaussures en cuir, les calicots imprimés, les meubles, la verrerie, la poterie, les papiers de tenture sont les marchandises dont le placement est le plus sûr.

Outre l'Angleterre et ses colonies australiennes, les États-Unis et les colonies françaises d'Océanie sont à peu près les seuls pays qui entretiennent des relations directes et suivies avec la Nouvelle-Zélande.

Autres colonies. — L'Angleterre possède en outre, en Océanie, les îles **Fidji** (20,700 kil. car. et 148,000 h.), annexées en 1874 et l'île *Labouan* près de Bornéo.

COLONIES FRANÇAISES.

(Voir la Géographie commerciale et industrielle de la France. — Colonies d'Océanie.)

LES ILES SANDWICH OU HAOUAÏ.

De tous les archipels indépendants de l'Océanie, le seul qui offre une véritable importance commerciale, est le groupe des *îles Sandwich* ou *Haouai* (19,756 kil. car., 56,000 hab.), dont la population indigène, convertie au christianisme par les missionnaires anglais et américains, a adopté, au moins extérieurement, les habitudes européennes et les formes de nos gouvernements constitutionnels, qu'y maintient l'influence de l'Angleterre.

Situées au nord de la Polynésie, presque à moitié chemin entre la Californie et le Japon, sur la route des baleiniers qui se rendent dans les mers de Behring et d'Okhotsk, les îles Sandwich sont une relâche et un point de ravitaillement désigné par la nature à tous les navires qui sillonnent, entre l'Amérique et l'Asie, la partie septentrionale de l'océan Pacifique.

La capitale et le port le plus important est *Honolulu*. Le mouvement de la navigation de tout l'Archipel s'élevait, en 1874, à 360 navires et 238,000 tonneaux (moitié sous pavillon américain).

Le commerce dépassait à l'importation 8 millions de francs et à l'exportation 10 millions (sucre, café, riz, laines, peaux et graisses).

LIVRE VI

AMÉRIQUE

CHAPITRE I (N° 23)

ROUTES DE LA CÔTE OCCIDENTALE DE L'AMÉRIQUE PAR LE CAP HORN ET PAR L'ISTHME DE PANAMA.

Compagnie du Pacifique de Liverpool. — Lignes américaines
et anglaises de Panama.

ÉTATS-UNIS. TERRITOIRE D'ALASKA.

La partie la plus septentrionale du continent de
l'Amérique du Nord, l'ancienne Amérique russe, aujour-
d'hui territoire d'Alaska (1,495,380 kil. car., 70,000 h.),
cédé aux États-Unis en 1867 et séparé de la Sibérie par
le détroit de Behring, est une région froide et presque
inhabitée, arrosée par un grand cours d'eau, le *Youkon*
navigable de juin à septembre, et couverte dans le sud
de magnifiques forêts de sapins. On y a constaté l'existence de gisements houillers et de nombreux minerais;
mais jusqu'à présent, l'Alaska n'a d'importance que par
ses pêcheries et ses fourrures. La *Nouvelle-Arkhangel* ou
Sitka, dans l'île de Sitka, est la principale station des
baleiniers.

LA COLOMBIE BRITANNIQUE ET VANCOUVER.

Sur la côte occidentale de l'Amérique du Nord, la
station la plus septentrionale des services anglais et
américains de l'océan Pacifique est la *Colombie britannique* et l'île de *Vancouver* (552,000 kil. car., 50,000 h.).

D'admirables forêts, un sol qui, malgré la rigueur des hivers, se prête à la culture des céréales, de la pomme de terre et des légumes d'Europe ; enfin les gisements aurifères de la rivière *Frazer*, qui ont attiré l'émigration européenne et canadienne, mais qui aujourd'hui sont en partie épuisés : tels sont les revenus de cette colonie naissante, mais destinée par sa position et ses richesses de tout genre à un brillant avenir.

Le port de *Victoria*, dans l'île de Vancouver, est la station des paquebots et le débouché du commerce de la Colombie britannique avec la Californie, l'Orégon, les îles Sandwich et la Grande-Bretagne.

ÉTATS-UNIS. GROUPE CALIFORNIEN.

Au sud de la Colombie britannique, entre les montagnes Rocheuses et l'océan Pacifique, s'étend jusqu'au Mexique une région sillonnée par les ramifications des montagnes Rocheuses, arrosée par l'*Orégon*, par le *Rio Sacramento*, par le *Rio Colorado*, froide et âpre vers le nord, fertile et tempérée vers le sud, et offrant sur le littoral des plaines étroites et de riches vallées où croissent avec les céréales, le tabac, la vigne, le coton et la canne à sucre. C'est le groupe californien, qui comprend les États de *Californie*, d'*Orégon*, de *Nevada* (1,005,863 kil. carrés, 700,000 habitants), avec les territoires de *Washington*, d'*Utah*, d'*Idaho* et d'*Arizona* (919,000 kil. carrés, 140,000 h.).

Les gisements aurifères. Production des métaux précieux. — La principale richesse du groupe californien, ce sont ses mines, et surtout ses immenses gisements aurifères, qui s'étendent sur une superficie de 138,500 kilomètres carrés, et dont on évalue aujourd'hui le rendement annuel à moins de 160 millions contre 350 en 1860.

Les mines d'*argent* de l'État de Nevada (Washoë), plus récemment exploitées, ne le cèdent pas en richesse aux mines d'or ; en 1862, le rendement s'élevait à 42 millions, et en 1873, à plus de 200 millions de francs.

Les *mines de mercure*, les *mines de cuivre* de la Californie méridionale et de la Nevada, la découverte de mines de lignite et de gisements de soufre, la culture du froment, de la vigne, des arbres fruitiers, l'exploitation des forêts, la production de la laine promettent à la Californie des ressources aussi précieuses que l'or et l'argent.

Débouchés commerciaux. — Le débouché du commerce du groupe californien, et l'entrepôt de ses produits, est le port de **San Francisco** (100,000 h. en 1865, 200,000 en 1875), le point de départ des relations avec la Chine, le Japon, l'Océanie, la côte occidentale d'Amérique, la station la plus importante des lignes anglaises et américaines qui partent de Panama et des clippers qui doublent le cap Horn. (Mouvement de 3,855,000 tonneaux, en 1875).

Le ports de *Monterey*, de *San Pedro de los Angeles*, le port fluvial de *Sacramento*, à 225 kil. de San Francisco, sur le fleuve Sacramento, *Astoria*, dans l'Orégon, etc., partagent avec San Francisco le commerce maritime de la région californienne.

Commerce extérieur. — Les exportations du groupe californien s'élevaient, en 1873, à 212 millions pour les pays étrangers et plus de 200 millions pour les États-Unis. Les métaux précieux, les laines, les céréales, les peaux brutes, le mercure, les minerais de cuivre, les bois de construction, y figurent pour les sommes les plus importantes.

La Grande-Bretagne, la côte occidentale d'Amérique, la Chine, le Japon, les îles Sandwich se partagent le mouvement du commerce extérieur, où la France figure à peine à l'exportation directe.

La valeur des importations par mer, sans y comprendre celles des ports américains de l'Atlantique, est en moyenne (1868-73), de 160 millions.

La France y figure pour 10 à 15 millions en articles de

Paris, soieries, lainages, chaussures, spiritueux, vins, conserves alimentaires, etc.

Progrès de la Californie. — La Californie est sortie de l'état d'anarchie qui a signalé la brusque formation de cette étrange société recrutée parmi toutes les races du globe, depuis le Chinois, qui y conserve ses mœurs nationales, jusqu'à l'émigrant européen, australien et américain : toutefois, le mouvement ne s'est pas ralenti en se régularisant ; chaque année les clippers de New-York et les paquebots de Panama amènent 16,000 passagers, tandis que les chemins de fer apportent plus de 75,000 immigrants de l'est. Ces États, nés d'hier, ont déjà leurs chemins de fer, leurs lignes télégraphiques qui les rattachent à New-York en traversant les montagnes Rocheuses et la région des prairies ; des steamers sillonnent les fleuves ; de nombreuses banques, des associations puissantes stimulent le crédit et exploitent les richesses du sol ; l'industrie se répand et diminue peu à peu le tribut que payait aux États de l'est le groupe du Pacifique.

MEXIQUE. AMÉRIQUE CENTRALE. PANAMA.

Les ports du Mexique, *San Blas, Mazatlan* et *Acapulco ;* ceux de l'Amérique contrale, *La Union, Corinto* ou *Realejo, Saint-Jean-du-Sud, Punta-Arenas,* sont les étapes de la route de la Californie, dont le point de départ est *Panama,* débouché du transit entre les deux mers, et centre de toutes les grandes lignes de navigation du Pacifique.

ÉQUATEUR.

C'est de Panama que partent les services de l'Amérique du Sud comme ceux de l'Amérique du Nord.

Leur première étape sur la côte occidentale de l'Amérique du Sud, est la république de l'**Équateur,** bornée : au nord, par la Nouvelle-Grenade ; à l'est, par le Brésil ;

au sud, par le Pérou ; à l'ouest, par l'océan Pacifique (643,000 kil. carrés, 1,350,000 habitants, dont un quart de race blanche et 100,000 Indiens nomades et à peu près indépendants).

Brûlant sur les côtes, le climat est tempéré sur les plateaux et dans les hautes vallées où **Quito**, la capitale de l'État (80,000 h.), jouit d'un printemps perpétuel.

L'Équateur n'a que trois ports de quelque importance, **Guayaquil** (30,000 h.), le grand débouché de son commerce, *Manta* et *Esmeralda*.

Le commerce s'élève à environ 50 millions de francs, dont 20 à 28 à l'exportation qui consiste en cacaos (12 millions), café, chapeaux dits de Panama ou de Moyobamba, tabacs, quinquina, cuivre ; et 24 à 38 millions à l'importation qui consiste en tissus, objets manufacturés, vins et spiritueux français, etc... La France figure dans ce mouvement pour 3 ou 4 millions, dont les deux tiers exportés de France. L'Espagne, les États Colombiens, le Pérou et l'Angleterre se partagent le reste des échanges.

RÉPUBLIQUE DU PÉROU.

Bornes. Superficie. Productions. — Le Pérou est situé entre l'Équateur, au nord ; le Brésil et la Bolivie, à l'est ; la Bolivie, au sud et l'océan Pacifique, à l'ouest (1,323,800 kil. carrés, 2,500,000 habitants, Indiens, métis ou de race espagnole).

Les mines d'argent. — Les *mines d'argent* produisent annuellement près de 30 millions de francs : il faut y ajouter des mines de cuivre, quelques gisements de houille, situés il est vrai dans l'intérieur, des mines de mercure, la pierre à chaux, le nitrate de soude, le borax, etc.

Les îles à guano. — Les plus riches dépôts de guano du monde se trouvent dans les îles de la côte du Pérou et de Bolivie. On évalue à plus de 80 millions de francs le produit net des ventes de guano, par le gouvernement péruvien, qui s'est réservé le monopole de l'exploitation et du trafic de ce précieux engrais.

Les cultures. — La côte du Pacifique est presque partout aride et sablonneuse, mais lés vallées des Andes produisent le coton, le sucre, le tabac, la vigne et le riz : les immenses forêts du versant oriental abondent en *quinquina* et en caoutchouc, et sur les plateaux mûrissent les céréales et paissent de nombreux troupeaux de moutons et de lamas.

Débouchés commerciaux. — Les stations des steamers de la Compagnie anglaise du Pacifique et des navires de la Compagnie française d'Armements maritimes du Havre sont, du nord au sud :

Payta, Truxillo;

Callao, le port de *Lima*, la capitale du Pérou (160,000 h.), *Pisco*, en face des îles Chinchas, *Islay*, le principal entrepôt des laines, du quinquina, des métaux précieux, que fournissent les départements du sud, et le port d'importation d'*Arequipa* et de *Cuzco*, la seconde et la troisième ville du Pérou;

Arica, débouché du transit de la Bolivie, par la route de mulets des Cordillères, et *Iquique*, débouché de la province de Tarapaca.

De 1865 à 1875, l'intercourse entre le Pérou et la France mettait en mouvement 160 navires jaugeant 102,000 tonneaux, dont 110 navires et 58,000 tonneaux sous pavillon français (moyenne décennale). Le mouvement total de la navigation du Pérou est évalué à 4 millions de tonneaux environ, et le tonnage de sa marine marchande à 10,000 tonneaux. Les routes de l'intérieur sont médiocres, mais la longueur des chemins de fer exploités dépasse 1,700 kilomètres. Une des lignes les plus importantes gravit les Andes et pénètre jusqu'au cœur de la Cordillère, à *Puño*, sur les bords du lac Titicaca.

Commerce extérieur. — Le commerce extérieur du Pérou s'élève en moyenne (1870-74), à 480 millions, dont 235 millions à l'exportation.

Carte XIV.

Le guano (80 à 100 millions), les métaux précieux, la laine, le quinquina, le coton, les peaux brutes et le nitrate de soude, sont les principales marchandises exportées.

Les produits manufacturés, les vins, les spiritueux, les farines, la houille sont les principaux objets d'importation.

La France figure dans le mouvement des échanges pour 70 à 90 millions, dont 35 à l'exportation et 45 à l'importation, qui consiste en tissus de laine, vêtements confectionnés, soieries, ouvrages en peau et en cuir, papier, livres et gravures, vins et eaux-de-vie, et articles de luxe recherchés par la société de Lima.

Outre la France, la Grande-Bretagne (130 à 150 millions), les États-Unis, le Chili, la Bolivie, le Brésil, l'Australie sont les pays avec lesquels le Pérou entretient le plus de relations.

La monnaie est divisée suivant le système décimal : l'unité monétaire est le *soleil* (sol), de 5 francs.

Les poids et mesures, empruntés à l'ancien système espagnol, sont officiellement remplacés par le système métrique.

BOLIVIE.

La république du Haut Pérou ou Bolivie, séparée du Pérou en 1825, est bornée : au nord et à l'est, par le Brésil ; au sud, par la confédération Argentine et le Chili ; à l'ouest, par l'océan Pacifique et le Pérou. Sa superficie est de 1,300,000 kilomètres carrés, et sa population d'environ 2,000,000 d'habitants, dont 600,000 Indiens.

Le littoral, nu et désert, est dominé par de gigantesques plateaux, d'où sortent les plus grands affluents du fleuve des Amazones et du Paraguay. La région des plateaux, où sont situées les villes les plus peuplées, la *Paz* (77,000 h.), capitale du pays, *Chuquisaca (Sucre), Potosi, Cochabamba,* est riche en mines d'or, d'argent, de cui-

vre, d'étain, et en quinquina, l'un des produits les plus
importants de la Bolivie.

Les plaines orientales, couvertes de forêts vierges,
d'admirables pâturages, de terres fertiles où croissent la
canne à sucre, le café, le coton, le cacao, le maïs, ont
pour débouchés les grands fleuves du Brésil et de la confédération Argentine, où la navigation est jusqu'à présent sans importance.

Le seul port de la Bolivie, sur le littoral du Pacifique,
est *Cobija*, bourgade de 2,000 habitants, desservie par
la Compagnie anglaise du Pacifique; mais la plupart des
échanges avec l'Europe ont lieu par le port péruvien
d'*Arica*.

Le commerce extérieur de la Bolivie, difficile à apprécier en l'absence de documents authentiques, varie
(1865-72), entre 35 et 48 millions; les métaux précieux,
le quinquina, le cuivre, l'étain, la laine d'alpaga, le
guano forment la base des exportations; les liquides, les
tissus et la quincaillerie, celle des importations.

Les villes hanséatiques, l'Angleterre, les États-Unis,
l'Espagne et la Belgique se partagent ce trafic, où la
France n'entre que pour un chiffre insignifiant, qui serait
beaucoup plus élevé si nos commerçants tenaient plus de
compte des goûts et des habitudes nationales.

L'unité monétaire est la piastre de 5 francs.

CHILI.

Bornes. — La république du Chili est une longue
bande de terre limitée : au nord, par la Bolivie; au sud,
par les côtes désertes de la Patagonie, et resserrée entre
les Andes, à l'est, et l'océan Pacifique, à l'ouest.

La superficie est de 326,000 kil. car.; la population
de 2,150,000 habitants (1876), d'origine indienne et européenne, sans compter les tribus mal soumises des
Araucans. La capitale est **Santiago** (150,000 h.).

Productions. — Apre et stérile dans sa partie septentrionale, le Chili est fertile et bien arrosé dans le sud, et jouit d'un climat tempéré : les céréales, la vigne y prospèrent ; les bestiaux, les moutons, les chevaux se multiplient dans les pâturages des Andes ; de belles forêts couvrent les flancs des montagnes ; mais la principale richesse du Chili, ce sont ses mines de cuivre (1,638 mines exploitées), qui comptent parmi les plus riches du monde, ses mines d'argent (Caracolès), qui fournissent de 35 à 40 millions par an, ses gisements de houille et de lignite, et les dépôts de guano qui se trouvent en abondance dans les îlots du Pacifique ou même sur les rochers du littoral.

Principaux ports. — Le grand marché du Chili, la principale station des paquebots anglais du Pacifique, est le port de **Valparaiso** (100,000 h.).

Les ports du nord, *Huasco, Coquimbo, Caldera,* pour les métaux ; ceux du sud, *Constitucion, Valdivia, Port-Montt* et *Ancud* (îles Chiloé), pour les céréales, les laines et la houille, partagent avec Valparaiso le commerce du Chili.

Le mouvement de la navigation dépasse 11,000 navires et 8 millions de tonneaux. L'effectif de la marine marchande est de 20,000 tonneaux environ.

Le Chili possède plus de 1,200 kilomètres de chemins de fer exploités.

Commerce extérieur. — Le commerce extérieur s'élève en moyenne (1870-74), à 350 millions, dont moitié à l'importation.

L'Angleterre figure dans ce mouvement pour 70 millions à l'importation et 84 millions à l'exportation ; la *France* pour 60 millions, dont 15 à 16 à l'importation.

Le cuivre (72 millions), l'argent (20 millions), les grains, les laines, les peaux brutes, la houille, le guano et le nitrate de soude provenant du Pérou représentent la presque totalité des objets exportés.

A l'importation, les draps, la chapellerie, les vêtements confectionnés, la lingerie, la mercerie, les percales, la ganterie, la papeterie et la librairie françaises, nos sucres raffinés, nos vins jouissent d'une incontestable supériorité ; mais l'Angleterre l'emporte pour les cotonnades, les machines, la quincaillerie, les métaux bruts ; la Belgique, pour les châles, et la concurrence allemande devient de jour en jour plus active.

Institutions commerciales. — Le Chili est une des plus tranquilles et des mieux gouvernées des républiques de l'Amérique du Sud. L'immigration européenne et surtout allemande a pris des proportions importantes, et colonise peu à peu les régions voisines de l'Araucanie : l'industrie se développe, les voies de communication se multiplient, les tarifs douaniers sont assez modérés, et l'adoption du système métrique français a été décrétée à partir du 1er juin 1865.

Le système décimal est également adopté pour les monnaies, dont l'unité est la piastre ou peso = 5 francs.

LES PASSAGES DU SUD. LE CAP HORN.

Au sud du Chili, s'étendent, jusqu'à la pointe extrême de l'Amérique, des archipels stériles, des terres arides, froides, pierreuses et parcourues par des tribus d'Indiens nomades.

C'est au sud de cette région mal connue, entre le continent et l'île de la *Terre de Feu,* que s'ouvre la porte *du Pacifique et de l'Atlantique, le détroit de Magellan,* long canal sinueux, et qui n'est facilement accessible qu'aux navires à vapeur (53° latitude S.). Le Chili y a fondé quelques établissements à Punta-Arenas. Les navires à voiles doivent se résigner à doubler la pointe méridionale de la Terre de Feu, le *cap Horn,* qui marque l'extrémité de l'Amérique, et domine les mers Australes (56° lat. S.).

ILES FALKLAND.

L'Angleterre occupe dans ces régions lointaines, sur

la route du cap Horn et du détroit de Magellan , un groupe stérile, celui des îles *Falkland,* situées dans l'Atlantique, à 480 kil. à l'est du détroit de (Magellan, la station et le port de ravitaillement des baleiniers qui s'avancent dans les mers du Sud jusqu'au 62° degré de latitude.

CHAPITRE II (N° 24)

ROUTES DE L'AMÉRIQUE MÉRIDIONALE (CÔTE ORIENTALE) PAR L'OCÉAN ATLANTIQUE.

Compagnie du Pacifique de Liverpool. — Royal Mail Steam Packet de Southampton. — Messageries maritimes françaises. — Compagnie hambourgeoise, etc...

CONFÉDÉRATION ARGENTINE. (LA PLATA.)

Le point extrême de la navigation sur la côte orientale de l'Amérique du Sud, est le Rio de la Plata, le grand fleuve de la confédération Argentine.

Le Rio de la Plata. — Le *Rio de la Plata,* le rival du fleuve des Amazones, large de 240 kilomètres à son embouchure, est formé par la réunion de trois fleuves, le *Parana* (3,700 kil.), l'*Uruguay* (1,250 kil.), et le *Paraguay* (2,400 kil.), grossi du *Pilcomayo,* qui descend des Andes du Pérou (1,500 kil.).

C'est à ce merveilleux ensemble de voies navigables librement ouvertes à tous les pavillons depuis 1852, que doivent leur prospérité et presque leur existence, trois des jeunes républiques de l'Amérique du Sud, la *confédération Argentine,* l'*Uruguay* et le *Paraguay.*

Bornes. Superficie. Population. — La confédération Argentine ou république de la Plata, est bornée : au nord, par la Bolivie ; à l'est, par le Paraguay, le Brésil, l'Uruguay et l'Atlantique ; au sud, par les steppes des

Indiens *Puelches*, au delà du *Rio Negro* ; à l'ouest, par le Chili et la Bolivie (entre 22° et 41° latitude S., 59° et 74° long. O.).

Sa superficie est d'environ 3 millions de kilomètres carrés, si on y comprend les territoires du grand Chaco, des Pampas, des Missions et de la Patagonie : sa population de 2 millions d'habitants, Indiens, métis, créoles Espagnols, ou immigrants européens.

Productions. — La confédération Argentine peut se diviser en trois régions : celle de la côte, qui produit en abondance les fruits et les céréales ; celle des Andes, riche en mines de cuivre et d'argent ; et celle de l'intérieur, couverte de marécages salés, de steppes immenses (les *pampas*), de pâturages où errent sous la conduite des sauvages *gauchos*, des troupeaux de bœufs, de chevaux, de moutons, qui sont la véritable richesse des États de la Plata.

Débouchés commerciaux. — Le grand débouché commercial des États de la Plata est le port de **Buenos-Ayres** (200,000 habitants, dont 25,000 Français), situé sur la rive droite du Rio de la Plata, à 320 kil. de son embouchure, et desservi par les Messageries de Bordeaux, les Paquebots de Southampton, de Liverpool, du Havre, d'Anvers, de Hambourg, etc...

Le mouvement maritime dépasse 3,000 navires à voiles (1 million de tonneaux), et 1,800 vapeurs (1 million de tonneaux).

Commerce extérieur. — Le commerce extérieur de la Plata s'élève environ à 550 millions (moyenne de 1871-75), dont moins de moitié à l'exportation, qui consiste en laines, cuirs secs ou salés, suifs, viandes sèches ou salées, extraits de viande, crins et poils, plumes d'autruches, etc...

Deux puissances européennes prennent à ce commerce une part prépondérante, l'Angleterre pour plus de 140 millions, la France pour 180, dont plus de 100 représentent la valeur des marchandises exportées en France, laines, peaux, graisses, etc... et 70 à 80 la valeur de nos importations, vins, beurres salés, fruits, fromages, farines; tissus de laine, de soie et de coton, mercerie, lingerie, livres, cristaux et porcelaines, quincaillerie, etc...

Progrès commercial. — La nombreuse immigration européenne et surtout allemande, italienne et française (Basques), établit entre les États de la Plata et l'Europe des liens que resserre chaque jour l'essor de la prospérité et du commerce; des capitalistes anglais organisent des banques et des compagnies de chemins de fer (1,600 kilomètres exploités, 400 en construction, 3,180 concédés); la publication d'un code de commerce, l'adoption du système métrique, le dégrèvement des tarifs douaniers sont venus donner au commerce de nouvelles garanties, et une nouvelle impulsion.

L'unité monétaire est la piastre forte ou patagon, de 5 francs.

URUGUAY.

Bornes. Superficie. Émigration européenne. — La république de l'Uruguay est bornée : au nord, par le Brésil; à l'ouest, par la confédération Argentine ; au sud, par le Rio de la Plata; à l'est, par l'Atlantique.

Sa superficie est d'environ 180,865 kil. carrés, sa population de 450,000 habitants, dont 150,000 étrangers, Français, Espagnols et Italiens. La capitale est *Montevideo* (105,000 h.).

Productions. — La seule richesse du pays est l'éducation du gros bétail, des moutons et des chevaux, qui errent sous la garde des gauchos, dans les savanes de l'intérieur.

Navigation. — Le grand débouché du commerce est le port de **Montevideo**, sur la rive gauche du Rio de la Plata, desservi par les Messageries, les Paquebots anglais de Southampton, etc. (mouvement de 3,600 navires et 1,850,000 tonneaux).

Commerce extérieur. — Le commerce extérieur

'. s'élevait, en 1875, à plus de 180 millions, dont près des deux tiers à l'exportation. La France y figurait pour 77 millions, dont 41 millions de peaux brutes, de laines, de graisses, etc., exportées en France, et 36 millions de tissus, de lingerie, de mercerie, de chapellerie, de vins, de sucres raffinés importés de France.

PARAGUAY.

Bornes, Superficie, etc. — La république du Paraguay est bornée : au nord, par la province brésilienne de Parana; à l'est et au sud, par le fleuve Parana, qui la sépare du Brésil et de la confédération Argentine; à l'ouest, par le fleuve Paraguay et la province argentine de grand Chaco.

Sa superficie est de 146,000 kil. carrés : le recensement de 1857 portait à 1,330,000 habitants le chiffre de la population, composée de métis, d'Indiens et de blancs d'origine espagnole, mais les guerres désastreuses des dernières années ont réduit cette population à moins de 500,000 habitants.

Commerce. — Malgré sa situation au cœur du continent, à 1,300 kilomètres de la mer, le Paraguay communique par ses deux fleuves avec l'océan Atlantique, et sert en même temps de débouché aux vastes provinces brésiliennes de Matto-Grosso et de Parana, séparées par des distances infranchissables du littoral brésilien.

L'entrepôt du commerce est la capitale, **Assomption,** sur le Paraguay, rattachée par des lignes de steamers aux ports de la Plata.

Le Brésil, l'Uruguay, la Plata, la Bolivie, les États-Unis, l'Angleterre et l'Italie sont à peu près les seules nations qui entretiennent des relations directes avec le Paraguay.

Ses exportations, évaluées à 7 ou 8 millions, consistent en maté (thé américain), cuirs, bois de construction et tabacs : ses importations (7 millions) en cotonnades, lainages, quincaillerie, métaux, sels, vins et farines.

EMPIRE DU BRÉSIL.

Bornes. Superficie. Population. — Le Brésil est situé entre 4° de latitude N. et 33° 35′ de latitude S.; 37° et 74° de longitude O. Il est borné : au nord, par les Guyanes et le Vénézuéla; à l'ouest, par la Nouvelle-Grenade, l'Équateur, les deux Pérous, le Paraguay et le confédération Argentine; au sud, par l'Uruguay; à l'est, par l'océan Atlantique.

La superficie est de près de 8,600,000 kil. carrés, la population de 10 millions d'habitants, dont 2 millions de blancs, et le reste Indiens, noirs ou métis. Les esclaves sont au nombre de 300,000.

Le Brésil se divise en vingt provinces. La capitale est Rio-Janeiro (300,000 h.).

Climat. Productions. — La fécondité du sol et la variété du climat se prêtent à toutes les cultures. Les plus importantes sont celles du *café*, dont la production est évaluée à près de 260 millions de kilogrammes, de la *canne à sucre*, qui produit de 120 à 140,000 tonnes; du *cacao*, du *tabac*, du *coton*, dont la production a quadruplé depuis 1860; la *vanille*, le *girofle*, l'*indigo*, les *plantes médicinales*, le *manioc*, dont la fécule torréfiée produit le *tapioca*, réussissent dans les régions du centre et du nord, ainsi que le *riz* et le *maïs*, qui forment la nourriture des habitants. Dans le sud, le *blé*, le *maté* ou thé américain, les plantes d'Europe croissent presque sans travail. Les forêts abondent en bois de teinture, d'ébénisterie, en essences résineuses, parmi lesquelles le *caoutchouc*, etc...

Les pampas nourrissent d'innombrables troupeaux de bœufs, de moutons, de chevaux qui errent en liberté dans ces plaines sans limites.

Mines. — Les mines sont d'une richesse et d'une abondance qui défie les faibles ressources de l'exploitation : aussi les seules qui soient sérieusement exploitées sont celles de la province de Minas-Geraës : on évalue à 10 millions la production de l'*argent*, à 15 millions celle de l'*or*; à 26 ou 30 millions celle des *diamants*. Le fer, le cuivre, les marbres, se rencontrent dans toutes les régions montagneuses; enfin, l'on a découvert dans les provinces de Rio-Grande du Sud, de Saint-Paul et de Ceara, des gisements de houille qui affranchiraient le Brésil du tribut qu'il paie à l'étranger.

Industrie. — Quant à l'industrie, si l'on en excepte les fonderies et les forges de la province de Minas-Geraës, quelques fabriques de cotonnades et quelques manufactures concentrées dans les grands ports, elle se borne aux objets de consommation quotidienne et mérite à peine une mention.

Relations avec la France. — L'intercourse entre le Brésil et la France met en mouvement 380 à 400 navires jaugeant 135,000 tonneaux, dont 102,000 couverts par le pavillon français. Tous nos grands ports, mais surtout le Havre, Bordeaux et Marseille, sont en relations suivies avec les ports brésiliens ; et la ligne mensuelle des Messageries nationales, qui part de Bordeaux, communique par Lisbonne avec Pernambuco, Bahia et Rio en 25 ou 26 jours. Deux autres lignes régulières ont pour point de départ le Havre et Marseille.

Principaux ports. — Les principaux débouchés du commerce sont, à partir de l'embouchure de l'Amazone, *Para* ou *Belem*, sur le bras méridional de l'Amazone : *Saint-Louis de Maranhao* (Maragnan) : **Pernambuco** (120,000 hab.), la première relâche des paquebots anglais, des Messageries françaises et des vapeurs de New-Nork, le grand marché des sucres et des cotons : **Bahia** ou *San Salvador* (130,000 hab.), la troisième place de commerce du Brésil : **Rio-Janeiro**, capitale de l'empire, le premier port et le premier marché du Brésil : *Santos*, le débouché maritime de la province de Saint-Paul : *Porto-Alegre* et *Rio-Grande* du sud qui se partagent le commerce de la province de Rio-Grande.

On évalue à près de 23 millions de tonneaux le mouvement de la navigation, dont 13 millions pour le commerce avec l'étranger.

Communications intérieures. Le fleuve des Amazones. — Les communications intérieures sont encore très-imparfaites, malgré le merveilleux réseau de voies navigables qui comprend pour le bassin de l'Amazone plus de 22,000 kilomètres, et dont la nature a fait tous les frais. Quelques centaines de barques et une trentaine de petits vapeurs font le trajet de *Belem* à *Rio-Negro* sur l'Amazone, ville destinée à devenir le Saint-Louis de l'Amérique du Sud et remontent même la *Madeira* et les grands affluents du fleuve : la navigation intérieure est ouverte aux pavillons étrangers.

Quelques belles routes sur la côte, et 1,500 kilomètres de chemins de fer exploités ou en construction, mettent les ports en communication avec les marchés intérieurs de la région maritime ; mais les provinces du centre, du nord et de l'ouest ne sont sillonnées que par de véritables sentiers de caravanes, dont le parcours exige des mois entiers, et n'est pas sans danger.

Commerce extérieur. — Le commerce extérieur du Brésil, qui s'élevait en 1857 à 715 millions, dépasse aujourd'hui 900 millions ; le chiffre des importations est inférieur à celui des exportations.

La *Grande-Bretagne* et ses possessions y figurent au premier rang pour 350 à 400 millions de francs, dont près de moitié à l'importation.

La *France* pour 120 millions, répartis d'une manière à peu près égale entre l'importation et l'exportation :

Les *États-Unis* pour près de 300 millions, dont les trois quarts à l'exportation.

Puis viennent le Portugal et ses possessions, les villes Hanséatiques, les États scandinaves, la Belgique et les républiques de l'Amérique du Sud.

L'exportation consiste uniquement en matières premières ou denrées alimentaires : *cafés, sucres, spiritueux, cotons, cuirs bruts, tabacs,* bois de teinture et d'ébénisterie, potasses, caoutchouc, graines oléagineuses, laines en masse, cacao, métaux précieux et diamants.

L'importation consiste en objets manufacturés et denrées alimentaires. L'Angleterre l'emporte sur nous pour les cotonnades et les métaux travaillés; les États-Unis pour les farines, le Portugal pour les huiles d'olive; mais pour les nombreux articles sortis de nos manufactures : lainages, soieries, vêtements confectionnés, modes, chapellerie, ouvrages en peau et en cuir, et pour les vins, les beurres, les sels, la France occupe une place privilégiée sur le marché du Brésil.

Le Brésil a adopté le système métrique de poids et mesures. On compte en général par *milreïs* = 2 fr. 55 à 2 fr. 80. Les monnaies réelles sont des pièces de 20,000 = 56 fr. 20; 10,000 = 28 fr. 10, et de 5,000 reïs = 14 fr. 05 (or); et de 2,000 = 5 fr. 10, 1,000 = 2 fr. 55, et 500 reïs = 1 fr. 25 (argent).

CHAPITRE III (Nᵒˢ 25 et 26)

ROUTES DE L'AMÉRIQUE CENTRALE ET DE L'ISTHME DE PANAMA.

Compagnie française transatlantique. — Royal Mail Steam Packet Company. — West-India and Pacific Steam Ship Company. — Compagnie hambourgeoise. — Lloyd de Brême, etc.

INDES OCCIDENTALES

LES ANTILLES.

On donne le nom d'*Antilles* à cette longue chaîne d'îles qui semblent rattacher l'Amérique du Nord à l'Amérique du Sud, et qui ferment du côté de l'Est la Méditerranée colombienne, divisée par la saillie de la presqu'île du Yucatan en deux grands bassins, le golfe du Mexique et la mer des Antilles. Presque toutes offrent les mêmes caractères physiques, un sol volcanique, un climat brûlant, et une merveilleuse fécondité.

On peut les diviser, au point de vue politique et commercial, en cinq groupes principaux :

1° Les Antilles espagnoles ;
2° Les Antiles anglaises et les îles Bahama ;
3° Les Antilles françaises ;
4° Les Antilles danoises, hollandaises et suédoises ;
5° L'île indépendante de Haïti ou Saint-Domingue.

I. — ANTILLES ESPAGNOLES.

Ile de Cuba. — Cuba, longue de 1,000 kilomètres, large de CO à 80 (118,833 kil. car.), se divise en deux départements et nourrit une population de 1,400,000 habitants dont 796,000 de race blanche, 300,000 esclaves noirs, et 300,000 hommes de couleur, libres, parmi lesquels un certain nombre de travailleurs chinois.

Productions agricoles, minérales et industrielles. — La culture de la canne à sucre, du tabac, du coton, du café, les bois d'ébénisterie, l'éducation du bétail, telles sont les ressources de cette riche contrée ruinée aujourd'hui par la guerre civile, et que tous les efforts de l'Espagne ne réussiront peut-être pas à maintenir dans sa dépendance.

Quelques mines de fer, des gisements de cuivre, des salines, de belles pêcheries, apportent leur contingent au commerce de Cuba : mais l'industrie n'existe que pour l'exploitation des produits agricoles ; et la construction des navires, autrefois si active, est aujourd'hui abandonnée.

Communications extérieures. Principaux ports. — La France entretient avec Cuba des relations suivies. Les paquebots de la Compagnie transatlantique, qui partent de Saint-Nazaire, touchent à la Havane et à Santiago, et l'intercourse met en mouvement près de 300 navires (100,000 tonneaux).

Les trois principaux débouchés du commerce de Cuba sont :

GRANDES ANTILLES
LUCAYES OU BAHAMA
SAINT DOMINGUE
GOLFE DU MEXIQUE
Grand banc de Bahama
Canal du Détroit de Bahama
Canal de la Providence

Carte XV.

La Havane (230,000 h.), capitale de l'île et résidence du capitaine général, sur la côte septentrionale ; *Matanzas*, sur la côte nord ; *Santiago de Cuba*, sur la côte méridionale, en face de la Jamaïque et de Haïti.

Porto-Rico. — Porto-Rico, la quatrième des Grandes-Antilles par son étendue et l'une des plus fertiles, possède environ 650,000 habitants, dont un dixième d'esclaves. Le *sucre* et le *café* sont ses deux grandes cultures, et cette dernière y est même beaucoup plus florissante qu'à Cuba.

Saint-Jean de Porto-Rico, la capitale de l'île, *Mayaguez*, le marché des cafés, sont les principaux débouchés du commerce, et la première de ces villes sert de station aux lignes françaises et anglaises qui desservent les Antilles.

Commerce des Antilles espagnoles. — Le commerce extérieur des Antilles espagnoles s'élève en moyenne à plus de 1,300 millions de francs, dont un peu moins de moitié à l'exportation.

Les États-Unis (420 millions), l'Espagne, l'Angleterre occupent les premiers rangs : la *France* les suit avec une exportation moyenne de 30 millions et une importation de 23 millions ; les villes Hanséatiques et la Hollande, avec un chiffre d'échanges moins considérable.

Exportation. — Les principaux articles de l'exportation sont les *sucres* et les *mélasses*, les *tabacs* en feuilles et les *cigares*, le *rhum*, le *café* de Porto-Rico et de Cuba, le cacao, le coton, destinés à l'Europe ; la cire blanche, à l'Amérique du Sud et au Mexique ; les bois d'acajou et les minerais de cuivre, à l'Angleterre.

Importation. — A l'importation, le premier rang appartient aux tissus anglais, français et allemands ; le second, aux céréales et aux riz fournis par les États-Unis et par l'Espagne ; le troisième, aux vins français et espagnols ; le quatrième, aux bois des États-Unis et du Canada. Puis viennent les salaisons des États-Unis et de la Plata, la houille anglaise, les peaux ouvrées, les modes, la carrosserie, la verrerie de France, la quincaillerie et

i les machines anglaises, les métaux d'Espagne et du
Zollverein.

II. — ANTILLES ANGLAISES.

L'Angleterre possède dans la Méditerranée colombienne :

1° Les îles **Lucayes** ou **Bahama,** archipel composé de plus de cinq cents îles ou îlots semés entre la Floride et la pointe septentrionale de Haïti.

2° La **Jamaïque,** l'une des grandes Antilles, longue de 280 kilomètres, large de 80, et peuplée d'environ

Carte XVI.

510,000 habitants, dont 30,000 blancs. *Kingston* desservi par les lignes anglaises et françaises des Antilles est le principal marché des cafés, des sucres et des tabacs.

3° Dans les **Petites Antilles,** dispersées entre les bouches de l'Orénoque et l'île de Porto-Rico, l'Angleterre possède :

La *Trinité,* avec son port de Spanish-Town, la *Grenade, Saint-Vincent, Sainte-Lucie,* desservie par la ligne annexe de la Compagnie transatlantique française qui rattache Fort-de-France à Cayenne; *Tabago,* la *Barbade,* l'une des plus peuplées et des plus fertiles des Antilles (160,000 hab.), la *Dominique* située entre les îles fran-

14.

çnises de la Guadeloupe et de la Martinique, *Antigoa, Barboude, Montserrat, Nevis, Saint-Christophe*, les îles *Vierges*, etc.

La population totale des Antilles anglaises sans y comprendre la Jamaïque est d'environ 450,000 habitants.

La culture la plus importante est celle de la *canne à sucre,* qui réussit dans toutes ces îles ; puis viennent les *cafés,* le *cacao,* les *fruits,* les épices, les plantes aromatiques, le coton, l'indigo, les bois de teinture et d'ébénisterie, etc.

Commerce des Antilles anglaises. — Le commerce extérieur des Antilles anglaises s'élève à environ 280 millions de francs ; la part la plus considérable appartient à la Jamaïque, à la Barbade, à Sainte-Lucie, à Saint-Vincent, à la Trinité et à la Grenade.

La France ne figure que pour un chiffre insignifiant dans ce mouvement presque entièrement absorbé par la Grande-Bretagne et les Etats-Unis ; mais nos colonies des Antilles entretiennent, grâce à leur situation et aux nouveaux moyens de communication, des relations assez actives avec les possessions anglaises.

III. — ANTILLES FRANÇAISES.

La Martinique. — La Guadeloupe. — La Désirade. — Les Saintes. — Saint-Martin (1).

IV. — ANTILLES HOLLANDAISES, DANOISES ET SUÉDOISES.

Antilles hollandaises. — La Hollande possède les îles de *Curaçao,* de *Saint-Eustache,* de *Saba,* et partage avec la France celle de *Saint-Martin.* La population totale ne dépasse pas 40,000 habitants, dont 35,000 noirs. Les oranges, le cacao, la vanille, le quinquina, le sucre, le café sont les principales cultures.

La France ne prend que très-peu de part au com-

(1) Voir la *Géographie commerciale et industrielle de la France.* — Colonies d'Amérique.

merce des Antilles hollandaises, qui ne dépasse pas 15 à 18 millions.

Antilles danoises. — Le Danemark possède les trois îles de *Sainte-Croix*, de *Saint-Jean*, et de *Saint-Thomas*, qui doit à la franchise de son port, à sa position intermédiaire entre les Antilles espagnoles, anglaises et hollandaises, une importance commerciale hors de proportion avec son étendue et sa production. C'est l'entrepôt du commerce des Antilles, la station des vapeurs français de la Compagnie transatlantique et des lignes anglaises, allemandes et américaines de l'Amérique centrale. On évalue à près de 54 millions son commerce général, où la France entre pour 9 millions (marchandises françaises importées dans l'île).

Antilles suédoises. — La Suède a conservé l'île de *Saint-Barthélemy* (3,000 hab.).

V. — HAÏTI.

La seule des Antilles qui soit indépendante, est l'île de Haïti ou Saint-Domingue, située entre Cuba à l'ouest et Porto-Rico à l'est. Elle occupe une superficie d'environ 84,000 kil. car., et se divise en deux États constitués tous deux par les nègres et les gens de couleur, après le massacre ou l'expulsion des blancs, français et espagnols : la république de Haïti (partie française, 800,000 hab.) à l'ouest, et la république de *Saint-Domingue* (partie espagnole, 290,000 hab.) à l'est.

Débouchés commerciaux. — Le commerce de Saint-Domingue a quatre débouchés principaux :

Dans la république de Haïti, *Port-au-Prince* (35,000 hab.), la capitale, sur la côte ouest de l'île ; le *Cap Haïtien,* sur la côte nord, desservi par la Compagnie française transatlantique, et *Jacmel* sur la côte sud, le second marché de l'île pour les cafés :

Dans la république dominicaine, *Saint-Domingue,* la capitale (15,000 hab.).

Le mouvement total de la navigation de Haïti varie

entre 230,000 et 260,000 tonneaux, avec tendance au progrès ; celui de la république dominicaine, entre 40,000 et 42,000 tonneaux. La France entre dans ce mouvement pour 60,000 tonneaux et 160 à 200 navires, presque tous partis du Havre et de Marseille.

Commerce extérieur. — Le commerce extérieur de la république de Haïti s'élève en moyenne (1869-73) à 80 ou 90 millions : il a diminué de près d'un tiers depuis 1863, diminution qu'il faut attribuer en partie aux troubles politiques, en partie aux opérations de contrebande qu'il est impossible de constater. En 1873 l'ensemble des échanges dépassait probablement 150 millions.

Les États-Unis, l'Angleterre et la France se disputent le premier rang. Les villes hanséatiques, l'Espagne et la Belgique viennent au second.

Le principal article d'exportation est le *café*, qui dans les échanges avec la France figure pour 13 millions sur 24. Viennent ensuite les bois d'*acajou* et de *campêche*, les *cotons*, le cacao, le tafia, le sucre, et quelques autres articles moins importants.

La France renvoie en échange, pour une valeur de 8 à 11 millions, des vins, des huiles et des farines, par Marseille, des tissus, des ouvrages en peau et en cuir, de la verrerie, des porcelaines, de la bière et des bestiaux, le Havre et Nantes.

Le commerce de la république Dominicaine varie entre 10 et 15 millions : la France n'y prend qu'une part très-restreinte.

GUYANES.

A la route commerciale des Antilles se rattache celle des Guyanes, qui s'étendent sur le littoral de l'Amérique du Sud, entre les bouches de l'Orénoque et celles du fleuve des Amazones. Ce vaste territoire est partagé entre l'Angleterre, la Hollande et la France.

Guyane anglaise. — La Guyane anglaise, bornée

à l'ouest par le Vénézuéla, au sud par le Brésil, à l'est par la Guyane hollandaise, au nord par l'océan Atlantique, occupe une superficie de 221,000 kil. carrés, qui nourrit 200,000 habitants, dont 160,000 noirs, 8,000 Indiens et 20,000 à 30,000 blancs.

Les deux débouchés de son commerce sont les ports de *Stabrok* (*Georgestown*) ou *Demerari*, sur la rivière Demerari, et de *Nouvelle Amsterdam*.

Les paquebots français de la Compagnie transatlantique relâchent à Demerari, en se rendant de la Martinique à Cayenne.

Guyane hollandaise. — La Guyane hollandaise, située entre la Guyane anglaise et la Guyane française (120,000 kil. car., 58,000 hab.), a pour capitale et pour principal débouché *Paramaribo* ou *Surinam*, sur la rivière du même nom, desservi par la Compagnie française transatlantique.

La part de la France dans le commerce des Guyanes est insignifiante.

Guyane française (1).

VÉNÉZUÉLA ET NOUVELLE-GRENADE (COLOMBIE).

Bornes. Divisions. — Sur les côtes de la mer des Antilles, entre le Brésil et le Pérou au sud, l'océan Pacifique à l'ouest, l'isthme de Panama et la mer des Antilles au nord, et les Guyanes à l'est, s'étend une vaste région à laquelle les géographes ont donné le nom de Colombie, et qui appartient à l'Amérique du Sud.

Elle se divise en trois républiques indépendantes : le Vénézuéla, les États-Unis de Colombie ou Nouvelle-Grenade, et l'Équateur, qui appartient au versant du Pacifique.

(1) Voir l'abrégé de la *Géographie commerciale et industrielle de la France*. Colonies d'Amérique.

11.

I. — VÉNÉZUÉLA.

Bornes. Superficie. Population. — Le Vénézuéla, situé entre le Brésil au sud, la Guyane anglaise à l'est, la mer des Antilles au nord, la Nouvelle-Grenade à l'ouest, renferme une superficie de 1,044,000 kil. carrés, et une population de 1,800,000 habitants, Indiens, nègres ou descendants des conquérants espagnols.

Productions. — Situé à l'entrée de la mer des Antilles, arrosé par un des plus grands fleuves du monde, l'*Orénoque*; couvert en partie de savanes brûlées par le soleil, le Vénézuéla est propre à toutes les cultures : les plus importantes sont celles du *café* (700,000 quintaux métriques), du *cacao,* du sucre, du coton, du tabac, du maïs, qui forme la nourriture de la masse de la population.

Communications extérieures. Ports et marchés. — La France entretient avec le Vénézuéla, par Bordeaux, Marseille, le Havre et Nantes, des relations, qui mettent en mouvement de 90 à 100 navires jaugeant 64,000 tonneaux.

Quatre ports se partagent le commerce maritime : *La Guayra,* port de Caracas (50,000 hab.), la capitale de la république; *Puerto-Cabello,* le principal marché des cafés; *Maracaïbo,* situé, comme les précédents, sur la mer des Antilles, et *Ciudad-Bolivar* (Angostura), sur l'Orénoque, entrepôt du commerce de l'intérieur.

Commerce extérieur. — Le chiffre des échanges varie entre 130 et 140 millions, dont plus de moitié à l'exportation. La France n'occupe que le quatrième rang après les États-Unis, les villes Hanséatiques et la Grande-Bretagne.

Nos principales exportations, qui s'élèvent à 10 ou 12 millions (commerce général), consistent en *cacaos,* connus sous le nom de caraque et puerto-cabello; en *cafés,* en *cotons,* en bois de teinture et en peaux brutes.

Les envois de la France consistent en tissus et marchandises de luxe, en peaux préparées, en vins, en conserves alimentaires, pour une somme de 5 à 7 millions ; les États-Unis fournissent des céréales ; l'Angleterre, de la houille, des tissus et des ouvrages en métaux ; les villes Hanséatiques, des métaux et des produits chimiques.

II. — ÉTATS-UNIS DE COLOMBIE (NOUVELLE-GRENADE).

Bornes, etc. — La Nouvelle-Grenade ou États-Unis de Colombie, bornée au nord par la mer des Antilles et l'État de Costa-Rica, à l'ouest par l'océan Pacifique, au sud par l'Équateur, à l'est par le Brésil et le Vénézuéla, renferme une superficie de 830,000 kil. car., et une population de 3 millions d'habitants, d'origine indienne ou espagnole. Elle se compose de huit États.

Le transit de Panama. — La plus grande richesse de la Nouvelle-Grenade, c'est son admirable situation géographique. Maîtresse des deux isthmes de Darien et de Panama, la voie de transit la plus courte entre l'Atlantique et le Pacifique, la Nouvelle-Grenade est au nouveau monde ce que l'Égypte est à l'ancien. Des nombreux projets de canal entre l'Atlantique et le Pacifique, ceux qui semblent réunir le plus de suffrages, qui offrent le tracé le plus direct, les difficultés d'exécution les moins considérables, sont ceux qui désignent Panama ou le golfe de Darien comme le point de passage de cette route maritime destinée, dans un avenir plus ou moins éloigné, à supprimer le cap Horn, comme le canal de Suez a supprimé le cap de Bonne-Espérance.

Aujourd'hui, les deux grands débouchés du transit entre les deux mers sont le port de **Colon** ou d'*Aspinwall* (10,000 h.), sur la mer des Antilles, et celui de **Panama** (20,000 h.), sur l'océan Pacifique. Un chemin de fer de 75 kil., exploité depuis 1855, unit ces deux villes, et le trajet s'opère en quatre heures (22,000 voyageurs en 1873).

Ports de la mer des Antilles. — Les autres ports
de la Nouvelle-Grenade n'ont d'importance que comme
débouchés du commerce local, et comme ports de relâche.
Sainte-Marthe et *Carthagène* se partagent le commerce
de la mer des Antilles.

Commerce extérieur. — Le commerce extérieur
de la Confédération, sans y comprendre le transit, est de
100 millions environ, dont 45 à 50 à l'exportation.

L'Angleterre, les États-Unis, les villes Hanséatiques
luttent difficilement avec la France qui y figure pour
40 millions, dont 9 ou 10 millions à l'exportation.

Les principales marchandises exportées sont le tabac,
le quinquina, les bois de teinture, le café, le cacao, la
vanille, le cuivre, les métaux précieux, les peaux
brutes.

A l'importation, nos tissus, nos vins, notre verrerie,
soutiennent la concurrence de l'Angleterre et des Etats-
Unis; mais la houille, les viandes salées, les cotonnades
communes, proviennent exclusivement de la Grande-
Bretagne ou de New-York.

AMÉRIQUE CENTRALE.

On donne le nom d'Amérique centrale à l'isthme
borné au nord par le Mexique, à l'ouest par l'océan Pacifique, au sud par la Nouvelle-Grenade, à l'est par la mer
des Antilles. Il se divise en cinq républiques indépendantes :

1° Le **Guatemala** (105,600 kil. carrés, 1,200,000 h.),
qui touche aux deux mers, c. *Guatemala*.

2° Le **San-Salvador**, sur l'océan Pacifique (20,000 k.
carrés, 600,000 h.), c: *San-Salvador*.

3° Le **Honduras** (122,000 kil. carrés, 390,000 h.),
sur la mer des Antilles, c. *Comayagua*.

4° Le **Nicaragua**, sur les deux mers (150,000 kil.
carrés, 250,000 h.), c. *Managua*.

5° Le **Costa-Rica** (56,000 kil. carrés, 220,000 h.), c. *San-José*.

Sauf dans le Costa-Rica, les Indiens forment la masse de la population.

Productions. — L'Amérique centrale, couverte de montagnes volcaniques, arrosée par de nombreux cours d'eau, dont la plupart ne sont que des torrents, produit le café, le cacao, la vanille, le sucre, le coton, les bois d'ébénisterie, l'indigo : l'éducation de la cochenille est une des principales ressources du Guatemala et du Nicaragua.

Débouchés commerciaux. — Les principaux débouchés du commerce de l'Amérique centrale sont : sur la mer des Antilles, *Omoa* et *Truxillo,* dans le Honduras; *Saint-Jean* ou *Grey-Town,* dans le Nicaragua, et *Limon,* dans le Costa-Rica : sur l'océan Pacifique, *Libertad* et la *Union,* dans le San-Salvador, *Amapala,* dans le Honduras, *Réalejo* et *Saint-Jean du Sud,* dans le Nicaragua et *Punta-Arenas,* dans le Costa-Rica. Ces différents ports sont desservis par des bateaux qui appartiennent à la Compagnie du chemin de fer de Panama.

Les principales routes de transit entre les deux mers de l'Amérique centrale sont : 1° celle de Punta-Arenas à Limon (Costa-Rica), et de Limon à la baie de Nicoya (Id.), desservie par un chemin de fer ;

2° Celle de Grey-Town, par la rivière Saint-Jean et le lac de Nicaragua à Léon de Nicaragua et Saint-Jean du Sud, sur l'océan Pacifique;

3° Celle de Porto-Cabello à Amapala (Honduras), desservie par un chemin de fer de 375 kilomètres.

Commerce extérieur. — Le commerce extérieur de l'Amérique centrale s'élève à 120 ou 130 millions, dont plus de moitié à l'exportation.

L'Angleterre y tient le premier rang, les États-Unis le second, le troisième est disputé entre la France et les villes hanséatiques.

La *cochenille* de Guatemala, le *café* de Costa-Rica, l'*in-*

digo de San-Salvador, les *bois de teinture et d'ébénisterie,* le guano, le cacao et le coton sont les principaux articles d'exportation : nos ports y figurent pour une valeur de 2 ou 3 millions.

Les tissus, les vins et les objets manufacturés de toute espèce constituent la presque totalité de l'importation. Nous n'y figurons que pour un million.

COLONIE ANGLAISE DE BALIZE.

La Grande-Bretagne possède au sud de la presqu'île du Yucatan, sur la côte du Honduras, l'établissement de *Balize,* sur la rivière du même nom.

Cette colonie doit son importance à sa position, qui en fait le débouché du commerce du Honduras, du San-Salvador et du Guatemala, et plus encore à ses forêts d'acajou, qui fournissent annuellement de 24 à 25,000 tonnes.

MEXIQUE.

Bornes. Superficie. Population. — Le Mexique est situé entre 15° et 32° latitude N., 90° et 119° 40 longitude O. Il est borné : au nord, par les États-Unis ; à l'est, par les États-Unis, le golfe du Mexique et la mer des Antilles ; au sud, par le Guatemala et l'océan Pacifique ; à l'ouest, par l'océan Pacifique et le golfe de Californie.

La superficie est de 1,920,000 kil. carrés, la population de 9,300,000 h., dont une moitié d'Indiens et un sixième de race blanche sans mélange.

Il se divise en 27 États et un territoire ; la capitale est Mexico (230,000 h.).

Climat. — Aux avantages de sa situation géographique, le Mexique joint ceux d'un climat peut-être unique dans le monde. Grâce au relief des terres qui s'élèvent en pente rapide à partir des deux Océans, et qui, au centre, s'étendent en larges plateaux couronnés de montagnes volcaniques, le Mexique résume pour ainsi dire tous les climats, depuis les plus brûlants jusqu'aux plus tempérés.

Production agricole. — Dans les *terres chaudes,* sur le bord des deux mers, région humide, malsaine, mais d'une fertilité sans égale, on cultive le coton, le riz, la canne à sucre, le café, le tabac, le cacao, la vanille, les graines oléagineuses.

Dans les *terres tempérées* réussissent toutes les céréales, la vigne, l'olivier, les arbres fruitiers d'Europe, le lin, les plantes médicinales.

Les chevaux, les bœufs, les moutons, les porcs se sont multipliés d'une manière prodigieuse dans les savanes de l'intérieur, et surtout sur les vastes plateaux des terres tempérées et des terres froides.

Production minérale. — Les gisements aurifères de la Sonora, de Guerrero, d'Oaxaca, produisent de 25 à 30 millions et sont à peine exploités.

Les mines d'*argent* de Zacatecas, de Guanajato, de Potosi, les plus riches du monde, produisent annuellement de 140 à 180 millions.

On exploite en outre le fer, le cuivre, le mercure, le plomb, la houille, etc.

Relations avec la France. — Saint-Nazaire est le point de départ d'une ligne régulière de la Compagnie transatlantique qui fait en vingt-cinq jours le trajet de Vera-Cruz, et qui dessert également les principaux ports situés sur le golfe du Mexique.

Le Havre, Bordeaux et Nantes sont les ports français qui entretiennent le plus de relations avec le Mexique.

Principaux ports. Lignes de navigation. — Les ports les plus fréquentés du golfe du Mexique sont :

Vera-Cruz (28,000 h.), sur la route directe de Mexico, le premier marché du Mexique.

Tampico, à 460 kil. nord de Vera-Cruz.

Matamoros, à l'embouchure du Rio del Norte; *Tuspan, Carmen* et *Campêche,* sur le golfe de Campêche.

Sur l'océan Pacifique, *Acapulco, Manzanillo, San-Blas, Mazatlan, Guaymas, la Paz,* desservis par les lignes anglaises et américaines du Pacifique, marquent les étapes de la grande route maritime entre Panama et la Colombie britannique.

Le mouvement de la navigation s'élevait en moyenne (de 1869 à 1873) à 3,140 navires, dont 330 couverts par le pavillon américain, 120 par le pavillon français, 165 par le pavillon anglais, et 2,230 par le pavillon mexicain. (Tonnage total, y compris le cabotage, un million de tonneaux.)

Mexico, la capitale, est le centre des relations commerciales et des voies de communications; c'est là que viendra aboutir le double chemin de fer de l'océan Pacifique, par Guanajato et San-Blas, et de l'Atlantique, par Puebla et Vera-Cruz; c'est de là que partent aujourd'hui toutes les routes qui rayonnent vers les frontières de l'empire, routes dont le mauvais état est une des principales causes de l'infériorité du Mexique.

Commerce extérieur. — Le commerce extérieur du Mexique, y compris les métaux précieux, s'élève à 300 millions de francs, dont un peu plus de moitié à l'exportation.

L'*Angleterre* y figure en moyenne pour 100 millions, les *États-Unis* pour 95 millions, la *France* pour 45 à 48, dont 20 ou 22 à l'importation.

A l'exportation, les métaux précieux, presque entièrement destinés à l'Angleterre et à la France, occupent le premier rang; puis viennent les bois de teinture et les matières tinctoriales, indigo, cochenille, les cotons en bourre; les plantes médicinales, la vanille, le sucre, les peaux brutes, les viandes salées, les bois d'ébénisterie, etc.

L'importation consiste surtout en objets manufacturés. Nos draps, nos soieries de Lyon, nos papiers peints, notre verrerie, nos porcelaines, notre bijouterie, nos articles de Paris forment la masse de notre exportation et soutiennent la concurrence étrangère. Nos vins n'ont d'autre rivalité à redouter que celle de l'Espagne, qui approvisionne également le Mexique d'huiles d'olive.

L'Angleterre l'emporte pour les cotonnades à bon marché, les tissus de lin, la quincaillerie ; les États-Unis pour les farines, les ouvrages en métaux, le mercure de Californie, les produits de la pêche, etc.

Régime douanier. — Les droits de douanes et de navigation sont assez élevés ; on estime à 70 millions le revenu normal des douanes ; il n'existe pas de droits de sortie.

Poids, mesures et monnaies. — Les monnaies de compte sont : la **piastre**, *peso* ou *dollar* = 5 fr. 3758 ; le **réal** = 0,6719 et le **grano** = 0,0559. Le système métrique est légalement en vigueur.

Les anciennes mesures les plus usitées sont : *mesure de longueur*, la **vara**, = 0^m,83695. *Mesures de capacité*, la **carga** = 666 litres ; la **fanega**, 55 litres 501 ; l'**almud** = 4 litres 625. *Poids*. Le **tercio** = 69 kil. 014 : la **livre** = 0,461.

CHAPITRE IV (N°s 27 et 28)

ROUTES DE L'AMÉRIQUE DU NORD PAR L'OCÉAN ATLANTIQUE.

Compagnie française transatlantique. — Lignes régulières anglaises, américaines, allemandes, etc...

ÉTATS-UNIS DE L'AMÉRIQUE DU NORD.

Bornes. Superficie. Population. — La république fédérale des États-Unis, située entre 25° et 49° lat. N., 70° et 126° long. O., est bornée : au nord, par la Nouvelle-Bretagne ; à l'est, par l'océan Atlantique ;

au sud, par le golfe du Mexique et le Rio del Norte, qui la sépare du territoire mexicain; à l'ouest, par l'océan Pacifique.

Elle se divise en 38 États, 10 territoires et un district fédéral (un territoire devient État quand la population jouissant des droits politiques dépasse 60,000 habitants). La capitale est *Washington* (120,000 h.), dans le district fédéral de Columbia.

La population totale est de 40 millions d'habitants, dont 5 millions de nègres ou de mulâtres; la superficie de 9,333,000 kil. carrés.

Grandes divisions. — Cet immense territoire peut se diviser en quatre groupes unis par le lien fédéral, et par une certaine communauté d'intérêts, mais distincts par la position, par l'aspect physique, et par le caractère des populations.

1° **Groupe californien et Alaska.** (Voir plus haut, pages 223 et sqq.)

2° **Groupe du sud.** Au *sud*, s'étend une immense vallée formée tour à tour de prairies, de steppes, de plaines marécageuses, et arrosée par le roi des fleuves de l'Amérique du Nord, le Mississipi et ses innombrables affluents. Elle comprend, en y rattachant les États situés sur l'Atlantique, au sud du Potomac, 13 États. (Texas. — Louisiane. — Arkansas. — Mississipi. — Alabama. — Floride. — Géorgie. — Caroline du sud. — Caroline du nord. — Tennessee. — Virginie occidentale. — Virginie. — Maryland. — Territoire du Nouveau-Mexique. — Territoire indien.)

3° **Groupe de l'ouest.** Entre la Nouvelle-Bretagne et les grands lacs au nord, les montagnes Rocheuses à l'ouest, le groupe méridional au sud, les monts Alleghanys à l'est, se forme peu à peu un groupe nouveau, celui des *États de l'ouest* (Kentucky. — Ohio. — Indiana. — Michigan. — Wisconsin. — Illinois. — Minnesota. — Iowa. — Nebraska. — Missouri. — Kansas. — Colorado. — Territoires de Dacotah. — Montana. — Wyoming), région à la fois agricole et industrielle, où dominent, à

Colonies
(F) Françaises
(A) Anglaises
(E) Espagnoles
(H) Hollandaises
(D) Danoises
Terre de Grinnell
OCÉAN GLACIAL ARCTIQUE
GROENLAND (D)
ALASKA
TERRITOIRE
L. du Gd Ours
Cercle Polaire
NOUVELLE BRETAGNE (A)
Labrador
CONFÉDÉRATION CANADIENNE
CANADA
Indiens Sioux
É T A T S - U N I S
R. Rouge
TEXAS
CUBA
ANTILLES
MEXIQUE
AMÉRIQUE
SEPTENTRIONALE
Géographie Physique
et Politique
— Chemins de fer —
AMÉRIQUE
MÉRIDIONALE
AMÉRIQUE
CENTRALE.
MER DES ANTILLES
OCÉAN PACIFIQUE
GUATEMALA
HONDURAS
NICARAGUA
CANADA
Québec
Montréal
Ottawa
St Louis
le Caire
Cincinnati
Ohio
CAROLINE
GEORGIE
LOUISIANE
FLORIDE
Mobile
La Nlle Orléans
Golfe du Mexique
ÉTATS-UNIS

Carte XVII.

côté de l'élément saxon, les émigrants allemands et irlandais.

4° Groupe du nord. Enfin, entre les Alleghanys, l'Atlantique et la Nouvelle-Bretagne, s'étend une région, aux côtes découpées, au climat salubre, au sol accidenté, la plus peuplée, la plus industrieuse, la plus commerçante des États-Unis, le groupe des Etats du Nord (Maine. — New-Hampshire. — Massachusetts. — Vermont. — Connecticut. — New-York. — Rhode-Island. — New-Jersey. — Pensylvanie. — Delaware), peuplé par la race anglo-saxonne, et qui, aujourd'hui plus que jamais, tient dans ses mains les destinées des États-Unis.

Production agricole. — La production des céréales est une des principales richesses des États-Unis. On l'évaluait, pendant la dernière période quinquennale, à environ 570 millions d'hectolitres (380 millions d'hect. de maïs, 80 à 90 millions de froment, 68 millions d'avoine, etc.). Le groupe du nord-ouest, *Iowa, Illinois, Wisconsin, Michigan, Indiana* et *Ohio,* est le grenier des États-Unis, et fournit à lui seul plus des 55 centièmes de la production totale.

Si la culture des céréales fait la richesse des Etats de l'ouest, ceux du sud doivent leur prospérité à celle du *riz* et aux deux grandes **cultures industrielles** du *coton* et du *tabac,* qui ont joué un rôle si important dans la vie commerciale et politique des États-Unis, et exercé sur les destinées du monde entier une si puissante influence.

En 1861, la production du *coton* en Géorgie, en Virginie, dans les deux Carolines, la Louisiane, le Texas, le Mississipi, le Tennessee, l'Alabama, s'élevait à 4,800,000 balles en chiffres ronds; le capital de culture réprésentait une valeur de six millards; et le personnel était de 1,500,000 esclaves et 200,000 planteurs, surveillants ou ouvriers libres. L'abolition de l'esclavage a changé toutes les conditions du travail; l'extension de la culture du coton aux Indes, en Égypte, au Brésil a détruit le monopole des États-Unis, et les meilleures récoltes n'ont pas dépassé, depuis la guerre de sécession, 4,350,000 balles (de 210 kilogrammes).

Les **forêts** qui couvrent une partie du territoire des États-Unis, sont une de leurs richesses les plus exploitées : toutes les essences y sont représentées (1) ; et elles fournissent à la fois les bois de construction, d'ébénisterie, les résines, les écorces à tan, etc.

Les *pâturages* et les *prairies artificielles* de l'Amérique du Nord nourrissent toutes nos races domestiques : les *bœufs* (27,000,000), et les *chevaux* (9,300,000), y sont plus nombreux qu'en Angleterre, par rapport au chiffre de la population : le recensement de 1875 comptait, dans les 30 États de l'Union sur lesquels on a pu réunir des données précises, 35 millions de *moutons*. Le nombre des *porcs* dépasse 32 millions.

Production minérale. — **Houille.** Les richesses minérales des États-Unis sont immenses, même sans y comprendre le groupe californien. Deux *régions carbonifères* d'une superficie de 100,000 kil. carrés s'étendent sur les deux versants du plateau des Alleghanys, et comprennent toute la Pensylvanie, l'Ohio, l'Indiana, l'Illinois, le Missouri, l'Iowa, le Kentucky, le Tennessee, l'Alabama, la Virginie. La production dépasse 30 millions de tonnes.

Pétrole. — Les sources de *pétrole* de la Pensylvanie, de l'Ohio, du Kentucky, de la Virginie, exploitées par plus de 500 compagnies avaient produit dans la seule Pensylvanie, en 1874, plus de 4 millions et demi de barils de 160 litres.

Fer. — La production de la fonte était en 1875, aux États-Unis, de 4 millions de tonnes.

Cuivre. Les mines de *cuivre* du lac Supérieur (*Michigan*), les plus riches des États-Unis, celles du Tennessee, du Nouveau-Mexique et de la Californie produisent au moins 30,000 tonnes de métal.

---

(1) On estime à 320 milliards le nombre des pieds de sapins qui existent sur le territoire de l'Union.

15.

Autres métaux et minéraux. — Le Massachusetts, le Missouri et un grand nombre des États de l'ouest renferment des gisements de plomb, de zinc et d'étain ; enfin les granits, les marbres, les mines de sel gemme abondent dans le nord et dans l'ouest.

Métaux précieux. — La production totale de l'or et de l'argent était évaluée, en 1875, à 450 millions, dont 360 pour la région californienne, 49 pour le Colorado et 19 pour le Montana.

Production industrielle. — L'agriculture, l'exploitation des mines, et le commerce maritime, ont absorbé longtemps toutes les forces des États-Unis, et c'est à peine depuis un demi-siècle que la grande industrie a conquis droit de cité : tout en favorisait le développement, abondance du combustible et des matières premières, puissance des forces motrices hydrauliques, facilité des communications ; mais les bras manquaient, et c'est à cette insuffisance de la population ouvrière que les Américains ont dû en partie leur merveilleux génie mécanique, et les applications si générales et si variées de la vapeur à tous les usages industriels (près de 2 millions de chevaux vapeur et de 51,000 roues hydrauliques). Du reste, les industries de première nécessité sont les seules qui se soient développées : produire beaucoup et à bon marché, malgré la cherté de la main-d'œuvre, telle est la préoccupation dominante à laquelle on sacrifie volontiers la perfection du travail.

Presque toutes les industries des États-Unis, minoteries et distilleries de *Chicago* (Illinois), de *New-York*, de *Cincinnati ;* scieries mécaniques de l'Ohio, du Michigan, du Vermont, de la Pensylvanie, de la Californie ;.salaisons de *Cincinnati*, de *Chicago*, de *Buffalo* (New-York) ; manufactures de coton de *Lawrence* et de *Lowell* (Massachusetts), sur le Merrimac, le Manchester américain, de *Philadelphie*, en Pensylvanie, de *Providence*, dans le Rhode-Island (8 millions de broches et 167,000 métiers en 1874) ; lainages du New-York, du New-Jersey (*Newark*, 108,000 h.), de la Pensylvanie, du Massachusetts ; soieries de *Paterson*, dans le New-Jersey ; industries métallurgiques de *Pittsbourg*, le Birmingham et le Sheffield américain, de **Cincinnati** (230,000 hab.), de *New-York*, de *Philadelphie*, de *Saint-Louis*, de *Milwaukee* (Wisconsin), de *Boston ;* faïences de *Trenton* et de *Baltimore*, sont concentrées dans le groupe du nord et de l'ouest, tandis que celui du sud est exclusivement livré aux industries agricoles.

Les constructions maritimes, pour lesquelles les États-Unis n'ont pas de rivaux et qui chaque année livrent en moyenne au commerce 2,000 bâtiments d'une capacité de 520,000 tonneaux (dont 4 à 500 vapeurs), ont pour centres tous les grands ports maritimes, les villes situées sur les lacs, Pittsbourg et Cincinnati, sur l'Ohio, Saint-Louis sur le Mississipi, etc...

Relations avec la France. — L'intercourse entre la France et les États-Unis représentait, en 1874, un mouvement de 908 navires chargés et de 904,000 tonneaux, dont les trois quarts couverts par le pavillon américain ; en 1865, l'intercourse n'était que de 350 navires et de 240,000 tonneaux. Le Havre absorbe les quatre cinquièmes de ce mouvement ; puis viennent Marseille, Bordeaux et Nantes.

Une ligne hebdomadaire, celle des Paquebots de la Compagnie transatlantique, rattache le Havre à New-York en 10 jours.

Principaux ports, lignes de navigation. — 1° Quatre grands ports centralisent presque tout le commerce extérieur des États du Nord :

Portland (*Maine*), rattaché par une ligne de steamers à Liverpool et à Glasgow :

Boston (Massachusetts, 250,000 h.), centre du commerce avec le Canada, les Indes-Orientales et la Méditerranée ; débouché des céréales de l'ouest, des métaux, du poisson salé, des cuirs, de la glace, des huiles de pétrole, des bois de constructions, etc...

New-York, à 28 kil. de l'Océan, sur l'Hudson

(62,000 h., en 1800, 1,000,000 en 1875, sans compter *Brooklyn* (400,000 h.), *Jersey-City* (85,000 h.) et *Hoboken,* véritables faubourgs de New-York), rattaché par des services réguliers de steamers à tous les ports des États-Unis et de l'Amérique anglaise; à la Havane , à Vera-Cruz par la Nouvelle-Orléans, au Brésil ; à toute la côte occidentale d'Amérique, de Valparaiso à San-Francisco, par l'isthme de Panama; à l'Europe, par les lignes américaines ou européennes qui aboutissent à Liverpool, à Glasgow, à Southampton, au Havre, à Brême, à Hambourg (mouvement commercial, 3 milliards 800 millions : mouvement maritime, y compris le cabotage, 11,000 à 12,000 navires et 8 à 9 millions de tonneaux : effectif maritime, 1,500,000 tonneaux).

Philadelphie (Pensylvanie, 817,000 h.), sur la Delaware, à 213 kil. de l'Océan, est la seconde ville des États-Unis , l'une des premières cités manufacturières du monde, le grand marché de la houille, l'un des débouchés du commerce des bois, des céréales et du fer.

2° Les principaux débouchés du commerce de l'Atlantique, dans les *États du Sud,* sont :

Baltimore (Maryland, 270,000 h.), le grand marché des farines et des tabacs ;

Wilmington, dans la Caroline du nord;

Charleston (*Caroline du sud,* 50,000 h.), ville aujourd'hui ruinée par les conséquences de l'insurrection du Sud, dont elle a donné le signal :

Savannah (Géorgie), dont la prospérité a été également atteinte par des événements trop récents pour qu'elle ait eu le temps de se relever.

3° Sur les côtes du golfe du Mexique, presque partout inondées et marécageuses, trois ports d'une importance inégale attirent à eux presque tout le commerce de la région méridionale et de la vallée du Mississipi : ce sont :

Mobile (Alabama), à l'embouchure de la Mobile et de l'Alabama, un des grands marchés du coton;

La Nouvelle-Orléans (Louisiane, 192,000 h.), située dans le delta marécageux du Mississipi, à 151 kil. de la mer, sur la rive gauche du fleuve ; marché des cotons, des sucres, des tabacs, des céréales, que lui amènent un vaste réseau de chemins de fer et le système du Mississipi ; capitale commerciale et politique du groupe méridional de la Confédération ;

Galveston (Texas), tête de ligne des chemins de fer et des voies navigables de l'État, débouché de l'immigration, marché du coton, des céréales et du bétail.

Le mouvement total de l'intercourse des Etats-Unis avec l'étranger, qui ne dépassait pas, en 1847, 28,600 navires et 6,700,000 tonneaux, s'élevait, en 1873, à 63,700 navires et 26 millions et demi de tonneaux.

L'effectif maritime était, en 1874, de 4,800,000 tonneaux, dont 1,200,000 pour la marine à vapeur.

Voies navigables. — Les voies navigables des États-Unis peuvent se ramener à deux grands systèmes :

1° *Celui* des lacs *Supérieur, Huron, Michigan, Erié, Ontario.*

Rochester et *Oswego* (New-York), sur le lac Ontario ; *Buffalo* (120,000 h. New-York), *Erié* (Pensylvanie), *Cleveland* (Ohio), *Toledo* (Ohio), sur le lac Érié ; *Détroit* (80,000 h.), sur le lac Saint-Clair (Michigan) ; *Chicago* (300,000 h.), (Illinois), et *Milwaukee* (75,000 h.), (Wisconsin), sur le lac Michigan, les grands marchés des farines, des grains et des salaisons ; *Sault-Sainte-Marie,* à l'entrée du lac Supérieur, figurent parmi les premières cités commerçantes de l'Union.

2° **Le système du Mississipi,** qui compte avec ses affluents un développement de 25,000 kilomètres navigables, a pour débouché la Nouvelle-Orléans ; pour principales stations : *Wicksbourg* (Mississipi) ; *Memphis* (Tennessee) ; *Cairo* (Illinois) ; *Davenport* (Iowa) ; *Saint-Paul* (Minnesota), et pour centre **Saint-Louis** (Missouri, 320,000 h.), le point de départ des routes de terre vers la Californie et le débouché de la navigation du Missouri. Les principaux affluents du Mississipi sont : à droite, la *Rivière Rouge,* l'*Arkansas,* le *Missouri* (5,200 kil.) ; à gauche, l'*Illinois,* l'*Ohio,* avec ses ports florissants de

Louisville (100,000 h., Kentucky) ; de *Cincinnati* (Ohio) ; de *Pittsbourg* (100,000 h., Pensylvanie).

Plus de 7,000 kilomètres de canaux complètent ce vaste système de navigation intérieure et réunissent les grands lacs à l'Atlantique, par New-York et par Philadelphie, au Mississipi par l'Ohio et par l'Illinois.

Routes de terre. — Les routes les plus importantes sont celles qui rattachent le versant de l'Atlantique à celui du Pacifique, par le Mexique et la Californie. Saint-Louis est le centre du réseau : c'est de là que part la route de poste de San Francisco, par la vallée de la Nébraska, et celle de Mexico, par le Kansas et le Nouveau-Mexique.

Chemins de fer. — Le réseau des chemins de fer de l'Union compte aujourd'hui 122,000 kilomètres exploités et 18,000 en construction, et rattache entre eux tous les centres de quelque importance. La ligne transcontinentale franchit les montagnes Rocheuses et réunit New-York à San Francisco, après un parcours de 5,200 kilomètres.

Lignes télégraphiques. — Le réseau télégraphique sillonne tout le territoire. Le télégraphe transatlantique établit aujourd'hui entre New-York et l'Europe une communication instantanée, et prochainement l'Amérique et l'Asie doivent communiquer à travers l'océan Pacifique.

Commerce extérieur. — Le commerce extérieur des États-Unis, qui sous l'influence de la guerre civile s'est abaissé, en 1864, à 3,069,500,000 fr. s'élevait, en 1860, à 4,000,500,000 fr., sans y comprendre le numéraire et les métaux précieux ; et à 4 milliards 380 millions, numéraire compris. Il dépasse aujourd'hui (moyenne de 1871-75), 6 milliards, y compris les métaux précieux.

L'*Angleterre* figure au premier rang pour 2 milliards 800 millions, dont 1 milliard à l'importation :

La *France* pour 500 millions (plus de 230 à l'importation en France) ; l'Amérique anglaise pour 400 millions ;

les villes Hanséatiques et l'Allemagne pour 600 ; le Brésil pour 300, Cuba pour plus de 500, la Chine et le Japon pour plus de 200 ; les Indes orientales anglaises pour 100 à 110, la Belgique pour 125.

Exportation. — Les exportations s'élevaient en 1874-1875 à 3 milliards 250 millions : les *cotons* y figuraient pour une valeur de 960 millions.

Puis viennent les *grains*, les *farines* et les *riz* de New-York, de la Nouvelle-Orléans, de Charleston, de Chicago, les *tabacs* expédiés par New-York, Baltimore, etc..., les *bois* exportés par New-York, Boston, Charleston, les *peaux* et les *fourrures*, les *bestiaux* et les *viandes salées*, les *potasses*, les *graines* de toute sorte, les *produits de la pêche*, les *métaux précieux*, les *métaux bruts*, surtout les cuivres et les fers, les *huiles de pétrole*, que New-York, Philadelphie et Boston envoient en Angleterre, en Belgique et en France.

Les *objets manufacturés*, dont la valeur à l'exportation ne dépasse pas 160 millions, se bornent aux tissus de coton vendus en Chine, au Japon, et même dans l'Amérique du Sud, et aux métaux travaillés, aux machines, aux mécaniques, que les États-Unis expédient au monde entier.

Parmi ces divers produits, ceux qui représentent la presque totalité de nos échanges avec les États-Unis, sont les cotons, les métaux précieux, les tabacs, les graisses, les produits de la pêche, les bois, les peaux brutes, le riz et les métaux bruts ou travaillés (230 à 240 millions).

Importation. — L'*importation* s'élevait en 1874-75 à près de 2 milliards 780 millions.

Les *tissus de coton*, de lin et de laine, fournis par l'Angleterre, la Belgique, la France, le Zollverein ; les *soieries* françaises et belges représentaient une valeur d'environ 600 millions.

Les *sucres* du Brésil, des Antilles, etc... venaient au second rang pour une valeur de 370 millions.

Viennent ensuite, dans l'ordre d'importance, les cafés

de l'Amérique du Sud, et des Indes ; les thés de la Chine et du Japon ; les vins français et espagnols ; les laines brutes ; l'étain ; les peaux brutes de l'Amérique du Sud, les peaux ouvrées de France et d'Angleterre, le tabac, la verrerie belge, anglaise et française, la poterie d'Angleterre et de France ; les fruits frais ou conservés d'Espagne, de France et de Turquie ; les huiles de palmes de la côte d'Afrique, les sels français et anglais. Nos soieries, nos vins, nos lainages, notre verrerie, et nos articles parisiens sont les principaux objets de notre exportation.

Régime douanier. — Si le commerce et l'industrie jouissent à l'intérieur de la plus complète liberté, il n'en est pas de même du régime douanier et de la législation internationale. La Confédération a maintenu des tarifs très-élevés qui pèsent sur la plupart des produits étrangers : sucres, tissus, spiritueux, fer en barres ou travaillé, ouvrages en peau et en cuir, etc... L'accroissement énorme de la dette publique par les dépenses de la dernière guerre (15 milliards), laisse peu d'espoir que les États-Unis se décident à entrer prochainement dans une voie plus libérale.

Des traités de commerce règlent les relations des États-Unis avec les puissances de l'Europe, de l'Asie et de l'Amérique. La France y est représentée par un ministre, un consul général et trois consuls.

Poids. Mesures et monnaies. — Les poids et mesures des États-Unis sont les mêmes qu'en Angleterre : mais le système métrique est facultatif depuis 1866.

L'unité monétaire est le *dollar* (5 fr. 20 à 40 c.) : la monnaie d'or est la seule légale, les monnaies d'argent ne circulent que comme appoint.

Les monnaies les plus usitées sont :

Monnaies d'or.   Le double aigle = 20 dol. = 106 f. 60

                       L'aigle   = 10 » = 53   30

                       Le demi-aigle = 5 » = 26   65

                       Le dollar   =   5   33

Monnaies d'argent. Le trade-dollar   = 5
    (1873)   Le demi, le quart et le dixième de
                      dollar.
Alliage.   Le cent   = 0 fr. 05

ROUTES DE L'AMÉRIQUE DU NORD PAR L'OCÉAN ATLANTIQUE
(*Suite*).

NOUVELLE-BRETAGNE (N° 29).

Bornes. Superficie. Population. Divisions.

— L'Amérique anglaise du Nord ou Nouvelle-Bretagne, située entre 70° et 43° lat. N., 55° et 142° long. O. est bornée au nord par l'océan Glacial et la mer d'Hudson, à l'est par l'Atlantique, au sud par les États-Unis, à l'ouest par l'Amérique russe et l'océan Pacifique. On évalue sa superficie à plus de 9 millions de kilomètres carrés, et la population totale à 4 millions d'habitants, dont 360,000 Indiens et 3,740,000 d'origine européenne. Cet immense territoire peut se diviser en trois régions distinctes : à l'ouest, entre l'océan Pacifique et les montagnes Rocheuses, la *Colombie anglaise* et l'île Vancouver :

Au **nord**, entre l'océan Glacial, la mer d'Hudson, l'Atlantique, le Canada, le territoire de la Rivière Rouge et les montagnes Rocheuses, s'étendent les anciennes possessions de la *Compagnie de la baie d'Hudson* fondée en 1670 pour le commerce des pelleteries, et qui forment aujourd'hui le *Territoire de la baie d'Hudson* (7,600,000 kil. car.).

La troisième division comprend les provinces de l'est et du centre, qui sont :

1° L'île sablonneuse de *Terre-Neuve* (104,000 kil. car., 161,000 hab.), capitale Saint-John.

2° L'île du *Prince-Édouard,* moins froide et plus fertile que Terre-Neuve (5,600 kil. car., 96,000 hab.), cap. Charlotte-Town ;

3° La presqu'île de la *Nouvelle-Écosse* (Acadie) avec son

annexe l'île du *cap Breton*, riche en forêts, en mines, en prairies (56,281 k. car., 389,000 h.), capitale Halifax ;

4° Le *Nouveau-Brunswick*, vaste forêt arrosée par la rivière Saint-Jean (70,000 kil. car., 285,000 hab.), capitale Fredericktown ;

5° Le *Bas Canada*, terre française par les souvenirs, la langue et la population, l'une des plus riches de l'Amérique du Nord (500,770 kil. car., 1,120,000 hab.), capitale Québec ;

6° Le *Haut Canada*, moins vaste mais plus fertile et plus peuplé que le Bas Canada (279,140 kilom. carrés, 1,620,000 hab.), capitale Ottawa.

7° Le Territoire de la *Rivière Rouge* ou de *Manitoba*, vaste prairie arrosée par la Rivière Rouge, l'Assiniboine et les affluents du lac Ouinnipeg, baignée au sud par le lac Supérieur, et destinée à devenir le lien entre le Canada et la Colombie anglaise (15,000 hab. dont 2,000 blancs), v. p. Fort-Garry.

Huit des provinces, la Colombie, les deux Canada, la Nouvelle-Écosse, le Nouveau-Brunswick, l'île du Prince-Édouard, le Manitoba, et les territoires de la baie d'Hudson, forment, sous le nom de *Dominion of Canada*, une confédération qui s'administre elle-même sous la haute surveillance d'un gouverneur nommé par la métropole. La capitale est *Ottawa*, sur la rivière du même nom.

Terre-Neuve n'est pas entrée dans la confédération.

Du gouvernement de la Nouvelle-Bretagne dépend l'Archipel des *Bermudes*, situé dans l'Atlantique par le 33° degré de latitude N. et le 67° de longitude O., sur la route des Antilles, et rattaché à Halifax par un service de vapeurs qui se prolonge jusqu'à Saint-Thomas.

Production agricole. — Les céréales mûrissent jusqu'au 52° degré de latitude, et dépassent de plusieurs millions d'hectolitres les besoins de la consommation : la pomme de terre, le houblon, les arbres fruitiers du nord de l'Europe, sont cultivés dans toute la région du Saint-Laurent ; les plantes textiles, le lin et le chanvre, les plantes oléagineuses réussissent jusqu'au 51° degré. Des forêts immenses fournissent des bois de construction sans rivaux en Amérique ; les prairies nourrissent de nombreux bestiaux, des chevaux, des moutons qui sont une des richesses de l'Amérique anglaise.

Production minérale. Pêcheries. — Jusqu'ici on n'a pas découvert de mines de houille au Canada, mais la Nouvelle-Écosse possède des gisements considérables qui s'étendent dans le Nouveau-Brunswick et l'île du cap Breton. Le fer et le cuivre se rencontrent en abondance dans la région des lacs et dans la Nouvelle-Écosse ; l'or dans la Colombie et dans le Bas Canada, sur les bords du Saint-François : l'huile de pétrole dans tout le Canada occidental ; mais après ses forêts, la plus grande ressource de l'Amérique anglaise, ce sont ses admirables pêcheries. La pêche de la morue, sur les bancs de Terre-Neuve, occupe chaque année plus de 50,000 matelots et de 1,800 navires, dont 900 français jaugeant 100,000 tonneaux : le produit moyen, pour la pêche anglaise seulement, est de 22 millions de francs : la pêche du Saint-Laurent et celle des lacs, sans égaler celle de Terre-Neuve, surpasse les plus riches pêcheries d'Europe.

Industrie. — L'industrie, favorisée par d'innombrables chutes d'eau, par l'abondance du combustible minéral et végétal, par les produits des mines et des forêts, se développe rapidement. Les chantiers de construction de Québec, de Saint-John, d'Halifax, de l'île du Prince-Édouard, de Toronto, rivalisent avec ceux de l'Angleterre : l'ébénisterie et la carrosserie de Québec et de Toronto, les forges et les fonderies de Saint-Maurice, de Trois-Rivières, d'Ottawa ; la tannerie, la chapellerie, les fonderies de suif peuvent figurer avec honneur à côté des industries européennes.

Routes maritimes. Principaux ports. — Tout le mouvement maritime de la côte de l'Atlantique est concentré dans ce vaste golfe formé par les bouches du Saint-Laurent et défendu par le banc et l'île de Terre-Neuve.

Trois grands ports se partagent le commerce de la Nou-velle Bretagne par l'Atlantique : **Halifax** (30,000 hab.), capitale de la Nouvelle-Écosse, rattachée à Liverpool, à Boston et à New-York par les services anglais.

Québec (60,000 hab.), sur le Saint-Laurent, à 547 k. de son embouchure chef-lieu du Bas Canada, et l'un des ports les plus vastes et les plus profonds de la côte anglaise d'Amérique :

Montréal (120,000 hab.), sur le Saint-Laurent, à 258 kil. de Québec, l'entrepôt du commerce des grands lacs, le centre des chemins de fer canadiens, et l'une des grandes villes manufacturières de l'Amérique anglaise.

Les ports de *Saint-John*, dans le Nouveau-Brunswick, de *Charlotte-Town* et de *Georges-Town*, dans l'île du Prince-Édouard ; de *Trois-Rivières*, au confluent du Saint-Laurent et de la rivière Saint-Maurice, prennent une part assez active au mouvement général de la navigation.

Voies navigables. — La nature a donné au Canada la plus belle voie de navigation intérieure qui existe dans le monde, le Saint-Laurent et les grands lacs, cette mer d'eau douce qui sépare les États-Unis des possessions anglaises.

Les ports de *Sarnia,* sur le lac Huron ; de *Dover*, de *Sherbroake,* sur le lac Érié ; d'*Hamilton,* et de *Toronto* (60,000 hab.), sur le lac Ontario, le disputent à ceux de la rive américaine.

Cette navigation se prolonge par celle du Saint-Laurent avec ses ports de *Kingston* (15,000 hab.), de Montréal et de Québec, et ses grands affluents navigables, le Sague-nay, le Saint-Maurice, l'Ottawa, sur lequel est assise la capitale de la Confédération canadienne, *Ottawa-City* (25,000 hab.).

Routes de terre et chemins de fer. — Les routes de terre ne sont encore que des sentiers de chasse, dans les vastes territoires qui s'étendent entre le haut Canada et les montagnes Rocheuses ; mais de nombreux chemins de fer, qui ont pour centre la ville de Montréal, rayonnent sur les deux rives du Saint-Laurent, et desservent toutes les grandes villes de commerce et d'industrie (6,500 kilomètres en 1875).

Commerce extérieur. — Le commerce extérieur de l'Amérique anglaise s'élève à plus de 1,200 millions dont 700 millions à l'importation. La Grande-Bretagne et les États-Unis absorbent la presque totalité du chiffre des échanges : la Hollande, les villes Hanséatiques, les États scandinaves et la France n'y figurent que pour des sommes peu considérables.

Le poisson séché et salé, les huiles de poissons et les huiles minérales, les bois de construction, la potasse, les céréales, les métaux, la houille, les pelleteries représentent presque toute l'exportation; les principaux articles importés d'Angleterre et des États-Unis sont les tissus, les machines, les ouvrages en métal, les vins et spiritueux, les denrées coloniales, les sucres. Le transit des céréales venant des États-Unis par les grands lacs fournit à l'exportation canadienne une de ses plus importantes ressources.

Poids, mesures, monnaies. — Les poids et mesures usités sont ceux de la métropole. Cependant on emploie généralement comme mesure pour les liquides l'ancien *gallon* anglais de 3 litres 785, et pour les marchandises sèches le *boisseau* de Winchester = 35 litres 24. Les monnaies de compte sont : le dollar = 5 fr. 14, et le cent = 0 fr. 0514 (1875).

———

Saint-Pierre et Miquelon. — (Voir la Géographie commerciale de la France, *Colonies françaises d'Amérique.*)

———

LIVRE VII

CHAPITRE I (N° 30)

LES GRANDES ROUTES DU COMMERCE.

Les routes d'autrefois. Le commerce Méditerranéen. — Ce sont les bords de la Méditerranée qui ont vu naître le commerce et la navigation, et se former toutes les grandes puissances maritimes de l'antiquité : la Phénicie, la Grèce, Carthage et l'Égypte des Ptolémées et des Césars.

Constantinople, Trébizonde, Smyrne étaient les entrepôts et les débouchés du commerce de l'Asie-Mineure et de l'Asie centrale. Quant au commerce de l'Inde, il venait aboutir aux *ports de Syrie,* par la navigation du golfe Persique, celle de l'Euphrate, et les caravanes de *Palmyre*, et surtout à **Alexandrie** par les navires arabes de la mer Rouge, et par le canal des Pharaons et des Ptolémées qui unissait le Nil au golfe de Suez (*Arsinoé*).

Ces routes changèrent peu au moyen âge. La Méditerranée resta le centre de l'activité commerciale : les Arabes, devenus les maîtres du littoral asiatique et africain, furent plus que jamais les intermédiaires du commerce avec les Indes et la haute Asie; l'Empire grec, l'Italie, avec ses grandes républiques **Venise, Gênes, Pise,** conservèrent le monopole des relations avec l'Afrique et l'Orient.

Les découvertes du XV° siècle. — Les grandes explorations maritimes de la fin du xv° siècle vinrent bouleverser toute l'économie commerciale du moyen âge. La découverte de l'Amérique (1492), celle de la route des Indes et de l'extrême Orient par le cap de Bonne-Espérance (1498), celle du détroit de Magellan (1520) et du cap Horn (1616), réduisirent à un rôle secondaire le commerce de la Méditerranée : les peuples de l'Océan, le Portugal, l'Espagne, et plus tard, l'Angleterre, la France, la Hollande, devinrent tour à tour les maîtres de la mer et portèrent jusqu'aux extrémités du globe, la puissance, les langues, et les idées de l'Europe.

Révolution moderne. Chemins de fer. — Notre siècle voit s'accomplir une révolution non moins profonde dans les routes et dans les habitudes du commerce.

Les chemins de fer ont modifié toutes les conditions des transports par terre. Le réseau européen compte plus de 140,000 kilomètres, et peut se diviser en dix grandes lignes, dont six se dirigent du nord au sud et quatre de l'ouest à l'est.

LIGNES DU NORD AU SUD.

1° De la Manche au détroit de Gibraltar. — (Du *Havre* à *Cadix, Alicante, Malaga.*) Cette ligne traverse la France et l'Espagne par *Paris, Bordeaux, Burgos* et *Madrid*, et se rattache à l'Angleterre par les paquebots de la Manche.

2° Ligne des Bouches du Rhin aux Bouches du Rhône. — (*Amsterdam à Marseille.*) Cette ligne traverse la Hollande, la Belgique et la France par *Rotterdam, Anvers, Bruxelles, Paris* et *Lyon;* unit la mer du Nord à la Méditerranée, c'est-à-dire à l'Afrique du Nord, à l'Asie Occidentale et aux Indes, et se rattache à l'Angleterre par les paquebots du Pas de Calais et de la mer du Nord.

3° Des Bouches de l'Elbe à la mer de Sicile et à la mer Ionienne. — (*Hambourg* à *Reggio* et à *Brindisi.*) Cette ligne traverse l'Allemagne, la Suisse et l'Italie par *Gœttingue, Cassel, Francfort, Carlsruhe, Bâle, Lucerne,* le *mont Saint-Gothard* (tunnel en construction), *Milan, Plaisance* et *Bologne.* A Bologne, elle se bifurque et suit d'un côté le littoral de l'Adriatique

par *Ancône* et *Trani*; de l'autre, celui de la mer Tyrrhénienne, par *Florence*, *Rome* et *Naples*.

Des lacunes existent encore au passage des Alpes.

4° De la Baltique à l'Adriatique. — (*Stettin* à
Trieste.) Cette ligne traverse la Prusse, la Saxe et l'Au-
triche, par *Berlin*, *Dresde*, *Prague*, *Vienne*, *Gratz* et
Laybach.

**5° De la Baltique à l'Archipel et à la mer de
Marmara.** — (*Stettin*, *Dantzig* et *Saint-Pétersbourg* à
Constantinople, par *Breslau* ou *Varsovie*, et les lignes
encore incomplètes de Hongrie, de Roumanie et de
Turquie.)

6° De la Baltique à la mer Noire et au Caucase.
— (*Saint-Pétersbourg* à *Odessa*, *Taganrog* et *Vladikaukas*, par *Moscou* et *Orel*.)

LIGNES DE L'OUEST A L'EST.

1° Ligne de l'Europe septentrionale. — (*Paris* à
Saint-Pétersbourg.) Cette ligne, parallèle aux rivages de
la mer du Nord et de la Baltique, coupe, du sud-ouest
au nord-est, la France, la Belgique, l'Allemagne, la
Prusse et la Russie, par *Saint-Quentin*, *Liége*, *Cologne*,
Hanovre, *Magdebourg*, *Berlin*, *Kœnigsberg*, *Kowno*,
Vilna et *Saint-Pétersbourg*.

2° Lignes de l'Europe centrale. — (*Paris* à *Moscou*
et à la *frontière d'Asie*.) Cette ligne, parallèle à la ligne
de partage des eaux de l'Europe, traverse de l'ouest à
l'est la France, l'Allemagne, la Pologne et la Russie, par
Strasbourg ou *Forbach*, *Mayence*, *Francfort*, *Prague* et
Olmütz, ou *Freyberg*, *Dresde* et *Breslau*, *Cracovie*, *Varsovie* et *Vilna*, *Moscou* et *Nijni-Novogorod*, ou *Moscou*,
Samara et *Orenbourg*.

3° Ligne du Danube. — (De *Paris* à *Odessa*.) Parallèle au cours du Danube, dont elle suit la longue vallée,
cette ligne traverse la France, l'Allemagne, l'Autriche et
la Roumanie, par *Strasbourg*, *Carlsruhe*, *Stuttgard*,
Augsbourg, *Munich*, *Vienne*, *Pesth* et *Bazias*. Elle se pro-

longe jusqu'à *Odessa* sur la mer Noire, par *Bukharest* et *Galatz*. C'est aujourd'hui la voie la plus courte pour se rendre à Constantinople.

4° **Lignes de l'Europe Méridionale.** — (*Bordeaux, Lyon* et *Marseille* à *Constantinople*.) Cette ligne traverse le sud de la France, franchit les Alpes au mont Cenis, coupe l'Italie septentrionale de l'ouest à l'est, et s'arrête en Autriche à *Sisseck,* sur la Save. Elle traverse *Toulouse, Cette, Marseille, Lyon, Turin, Milan, Venise, Trieste* et *Agram.* Elle est destinée à se prolonger par la Turquie jusqu'à Constantinople.

Routes maritimes. — La révolution n'est pas moins importante dans la navigation et dans les routes maritimes que dans les transports par terre. Trois causes ont surtout contribué à la produire et à la développer :

1° L'étude des courants maritimes et atmosphériques qui tracent les routes de l'Océan, comme les vallées et les défilés tracent celles du continent.

2° Le progrès de la navigation à vapeur.

3° Le percement des isthmes, inauguré par le canal de Suez.

Les courants et les vents. — Sur mer comme sur terre, les routes ne sont pas arbitraires : la nature les a tracées d'avance, et leur direction devient plus sûre et plus constante à mesure que l'on connaît mieux les lois de la physique du globe; elles sont déterminées surtout par deux grands phénomènes physiques : les courants maritimes et les courants atmosphériques.

La masse des mers est entraînée par un double mouvement, des pôles vers l'équateur, et d'orient en occident. On donne le nom de *courant polaire boréal et austral* aux eaux froides qui se précipitent des pôles vers l'équateur, et celui de *courant équatorial* aux eaux chaudes des mers tropicales que l'action des courants polaires et de la rotation terrestre refoule d'orient en occident. Tous les courants secondaires peuvent se ramener à ces deux grands mouvements de l'Océan, et sont déterminés par des causes locales, surtout par la forme et par la position des terres qui en modifient profondément la direction primitive.

C'est ainsi que dans l'océan Atlantique et dans l'océan Pacifique, les courants de l'Équateur brisés par le continent de l'Amérique et par celui de l'Asie, reviennent sur eux-mêmes, et décrivent sous le nom de *Gulf-Stream* et de *Courant du Japon*, un immense demi-cercle qui semble tracer au navigateur la double route de l'aller et du retour.

Aux courants des mers correspondent, dans l'atmosphère, des courants analogues : les *vents polaires* et les *vents alisés*, plus inconstants encore que les courants maritimes, et plus sujets à mille perturbations locales qui en altèrent la régularité.

Ainsi dans l'océan Atlantique et dans le Grand-Océan, les *vents alisés* soufflent régulièrement de l'est à l'ouest, entre le 30ᵉ degré de latitude N., et le 30ᵉ de latitude S.; tandis que sous les mêmes latitudes, dans l'océan Indien, règnent les *moussons* ou *vents de semestre*, déterminés par les variations de température du continent asiatique, et qui soufflent du nord-est au sud-ouest, pendant les mois d'hiver (octobre-février), et du sud-ouest au nord-est et pendant les mois d'été (avril-septembre).

La navigation à vapeur. La navigation à voiles. — En 1819, le premier steamer américain se hasardait à traverser l'Atlantique : en 1876, le tonnage de la marine à vapeur britannique est de 2 millions de tonneaux, celui de la marine américaine, de plus d'un million de tonneaux, et nos deux grandes compagnies françaises, les *Messageries* et la *Compagnie transatlantique*, possèdent une flotte de 80 bâtiments, qui font flotter notre pavillon à Buenos-Ayres, à Batavia, et à Yedo !

Cependant l'usage de la vapeur, tout en réduisant le nombre des navires à voiles ne les a pas supprimés : en effet, si la vapeur offre d'inappréciables avantages pour le transport des dépêches, des voyageurs et des marchandises qui peuvent supporter un fret élevé, la navigation à voiles et surtout la navigation mixte ont pour elles l'économie des transports et le bon marché de la construction. Grâce à l'étude des vents et des courants, les clippers de Liverpool et de New-York sont même arrivés à lutter avec les navires à vapeur, du moins pour les longues traversées, et le voyage, aller et retour, de New-York en Australie, qui était de 250 jours, est réduit à 125 depuis la publication des cartes de Maury.

Nous résumons dans le tableau qui suit les notions que nous avons déjà présentées isolément sur les grandes routes maritimes, sur les principaux ports, les services réguliers des compagnies les plus importantes, les distances et la durée des longues navigations, et nous y ajoutons quelques indications sur les prix de passages et le coût du fret pour les marchandises.

Routes de la Méditerranée (*Services à vapeur*).

PORTS D'EMBARQUEMENT	PORTS DE RELACHE OU DE DESTINATION.	COMPAGNIES. SERV. RÉGULIERS.	DISTANC. KILOM.	DURÉE DU TRAJET.	FRAIS DE PASSAGE. (en francs.)	FRET MOYEN PAR TONNE DE MARCHANDISES.	
						vapeurs.	voiliers.
Barcelone.	Valence, Alicante, Cadix, la Corogne, Santander.	Paquebots-poste, Lopez.	»	»	»	»	25 à 28.
Cette.	Oran, Mostaganem, Alger, Bougie, Djidjelli, Philippeville, Bône.	Compagnie de navigation mixte.	»	»	»	»	»
Marseille.	Alger.	Messageries mar.	760	48 heures.	80, 60, 25, 15.	»	10 à 15.
—	Barcelone.	Id.	340	20 heures.	60, 45, 25, 12.	30 à 60	9 à 10.
—	Naples, le Pirée, Dardanelles, Constantinople.	Id.	2800	8 jours.	400, 270, 150, 90.	50, 80, 120 et 300.	20 à 25.
—	Syra, Smyrne, Dardanelles, Constantinople.	Id.	2230 (Smyrne)	7 jours.	350, 240, 130, 80 (Smyrne).	Id.	16 à 20.
—	Gênes, Messine, Volo, Salonique, Constantinople.	Id.	»	»	350 et 95 (Salonique).	Id.	16 à 25.
—	Naples, Alexandrie.	Id.	2740	6 jours.	375, 225, 120, 70.	40, 50, 80 et 300.	13 à 22.
—	Palerme, Messine, Syra, Smyrne, Rhodes, Mersina, Alexandrette, Latakié, Tripoli, Beyrouth, Jaffa, Port-Saïd, Alexandrie.	Id.	3270	16 jours.	752, 568, 303, 179.	»	»

—	Alger, Philippeville, Bône.	Société générale de transports à vapeur.	»	»	»	30 à 60.	»
—	Alger, Oran, Philippe-ville, Bône.	Comp. de navig. mixte.	»	»	65, 45, 18 (Bône)	Id.	»
—	Alger, Oran par Cartha-gène, Philippeville.	Comp. Valéry.	»	»	»	»	»
—	Bône, La Calle.	Id.	»	»	»	»	»
—	Tunis.	Id.	»	6 jours.	»	40 à 70.	12 à 18.
—	Bastia, Ajaccio.	Id.	»	30 heures.	40, 28.	20 à 35.	9 à 12.
—	Gênes, Livourne, Civita-Vecchia, Naples.	Id.	»	4 jours.	120, 80.	25 à 60.	9 à 16.
—	Ajaccio, Bastia, Calvi, Porto-Torrès.	Compag. de navigation à vapeur.	»	»	»	30 à 60.	11 à 12.
—	Gênes, Livourne, Civita-Vecchia, Naples.	Id.	»	»	»	»	»
—	Malte, Alexandrie, Port-Saïd.	Id.	»	»	350, 250, 80.	»	»
—	Naples, le Pirée, Volo, Salonique, Dardanelles.	Id.	»	»	»	»	»
—	Gallipoli, Constantino-ple.	Id.	»	»	»	»	»
—	Gênes, Livourne, Naples, Palerme, Messine, le Pirée, Smyrne, Darda-nelles, Constantinople, Odessa.	Trinacria.	»	14 jours.	»	50, 80, 120 et 300.	19 à 28.

Routes de la Méditerranée (*Services à vapeur*).

PORTS D'EMBARQUEMENT	PORTS DE RELACHE OU DE DESTINATION.	COMPAGNIES. SERV. RÉGULIERS.	DISTANC. KILOM.	DURÉE DU TRAJET.	FRAIS DE PASSAGE.	FRET MOYEN PAR TONNE DE MARCHANDISES.	
						vapeurs.	voiliers.
Gênes.	Livourne, Cagliari, Tunis	Comp. Rubattino.	»	4 jours.	»	»	»
—	Livourne, Naples, A-lexandrie.	Id.	»	7 jours.	»	»	»
—	Libourne, Civita-Vec-chia, Palerme.	Comp. Florio.	»	»	»	»	»
—	Marseille, Gibraltar.	Ligne de la Plata.	»	»	»	»	»
—	Livourne, Naples, Mes-sine, Catane, Tarente, Brindisi, Bari, Ancône, Venise, Trieste.	Comp. Peirano-Danovaro, etc.	»	»	»	»	»
Venise.	Ancône, Brindisi, Alexan-drie.	Comp. Péninsu-laire et orientale	»	13 jours.	»	60 à 150.	16 à 20.
Trieste.	Corfou, Syra, le Pirée.	Lloyd autrichien.	»	5 jours.	270, 197, 75.	»	»
—	Corfou, Syra, Candie.	Id.	»	14 h. de Syra.	278, 200, 78.	»	»
—	Corfou, Syra, Smyrne.	Id.	»	5 jours.	283, 205, 80.	»	»
—	Corfou, Syra, Constant.	Id.	»	5 jours.	330, 232, 95.	»	»
—	Ancône, Brindisi, Cor-fou, Zante, Cérigo, Syra, Scio, Smyrne, Rhodes, Chypre, Beyrouth, Jaffa, Alexandrie.	Id.	»	14 jours.	»	»	»
—	Corfou, Alexandrie.	Id.	»	6 jours.	330, 227, 88.	»	»
—	Pola, Fiume, Zara, Ra-	Id.	»	8 jours 1/2.	168, 120, 65.	»	»

	guse, Cattaro, Antivari, Corfou, Prevesa.						
Malte.	Tunis, Tripoli.	Comp. anglaise.	»	»	»	»	»
Constantinople.	Salonique.	Messageries mar.	660	4 jours 1/2.	350, 95 (de Marseille).	50 à 300 (de Marseille).	20 à 25 (de Marseille).
—	Varna, Sulina, Galatz, Braïla.	Id.	740	5 jours.	533, 132 (id.).	50, 80, 150 et 300 (id.)	25 à 30 (id.)
—	Inéboli, Samsoun, Trébizonde.	Id.	1000	4 jours 1/2.	564, 143 (id.).	60, 100, 150 et 300 (id.)	20 à 25 (id.)
—	Odessa.	Id.	660	40 heures.	475, 325, 175 (id).	50, 80, 120 et 300 (id.)	25 à 30 (id.)
—	Mêmes trajets.	Lloyd autrichien.	»	»	»	»	»
—	Mêmes trajets et Poti.	Comp. marseill.	»	»	»	»	»
Odessa.	Sébastopol, Kertch, Taganrog.	Comp. russe de navig. à vapeur.	»	6 jours.	136, 100, 40.	»	»
—	Kertch, Poti.	Id.	»	8 jours.	168, 132, 48.	»	»
—	Const., Smyrne, Tripoli, Beyrouth, Jaffa, Alex.	Id.	»	13 jours.	432, 312, 74.	»	»
Le Havre.	Lisbonne, Gibraltar et Carthagène.	Lig. péninsulaire et algérienne.	»	»	»	»	»
—	Oran, Alg., Bône, Phil.	Id.	»	»	»	»	»
Southampton.	Gibraltar, Malte, Port-Saïd.	Comp. péninsul. et orientale.	»	13 jours.	500.	»	»
Londres.	Lisbonne, Gibralt., Mars.	Comp. anglaise.	»	»	»	»	»
Liverpool.	Gibraltar, Alger, Malte, Alexandrie, Beyrouth.	Moss-Linie.	»	»	375 (Alger et Alexandrie).	»	»
Hambourg.	Cadix, Séville, Malaga, Barcelone, Gênes, Livourne, Naples, Messine, Palerme.	Comp. anglaise.	»	»	»	»	»

Routes de l'Atlantique, de la mer du Nord et de la Baltique (Europe) (*Services à vapeur*).

PORTS D'EMBARQUEMENT	PORTS DE RELACHE OU DE DESTINATION.	COMPAGNIES. SERV. RÉGULIERS.	DISTANC. KILOM.	DURÉE DU TRAJET.	FRAIS DE PASSAGE.	FRET MOYEN PAR TONNE DE MARCHANDISES.	
						vapeurs.	voiliers.
Bayonne.	Saint-Sébastien, Bilbao, Santander.	»	»	24 heures.	35 et 25.	»	»
Bordeaux.	Liverpool.	Comp. du Pac. et Moss-Linie.	»	3 jours.	135, 80, 50.	25 à 30.	18 à 27.
—	Londres.	»	»	3 jours.	53.	25 à 35.	17 à 30.
—	Anvers, Rotterdam et Amsterdam.	»	»	90 heures.	53 et 26.	25 à 30.	20 à 30.
—	Anvers, Hambourg.	»	»	56 heures.	120 et 60.	35 à 50.	20 à 30.
Le Havre.	Lisbonne, Porto.	Comp. portug.	1600	4 jours.	160, 120.	50 à 55 par mèt. cube.	20 à 25.
—	Lisbonne, Gibraltar.	Ligne péninsulaire et algér.	2250	6 jours.	»	60 à 70 par mèt. cube.	»
—	St-Nazaire, St-Sébastien, Santander, la Corogne, Vigo, Malaga.	Id.	2600	10 jours.	400, 305.	»	25 à 29.
—	Southampton.	Service anglais.	»	8 à 10 heures.	»	»	»
—	Londres.	General Steam nav. company.	»	18 à 20 heures.	16 et 11.	»	»
—	Liverpool.	Lignes anglaises.	»	40 heures.	30 et 15.	»	»
—	Hull.	Id.	»	»	»	»	»
—	Anvers.	Lig. franco-belge	»	17 à 20 heures.	»	10 à 20.	8 à 10.
—	Rotterdam.	Id.	»	20 à 24 heures.	25 et 15.	10 à 25.	10 à 16.
—	Hambourg.	Ligne allemande.	»	60 heures.	50 et 25.	15 à 35.	10 à 20.

—	Christiania.	Lig. norvégienne	»	4 jours.	65.	19.	10 à 13.
—	Gothembourg et Stock.	Ligne anglaise.	»	5 jours.	»	»	»
—	Dunkerque, Copenhague, Revel, Riga, St-Pétersb.	Comp. gén. bat. à vap. à hél. du N.	2700	6 à 7 jours.	125, 225.	35 à 40.	25 à 30.
Dunkerque.	Londres et Hull.	»	»	24 heures.	19 et 13.	»	»
Anvers.	Tous les grands ports de Gibraltar à St-Pétersb.	Lignes belges.	»	»	»	»	»
Amsterdam.	Tous les grands ports de Lisbonne a Stettin.	Lig. hollandaises allemandes, etc.	»	»	»	»	»
Rotterdam.	Tous les grands ports de Bordeaux à St-Pétersb.	Lig. holl., angl., française.	»	»	»	»	»
Londres et Liverpool.	Tous les grands ports de Gibraltar à St-Pétersb.	Lignes anglaises.	»	»	»	»	»
Hull.	Tous les grands ports de la mer du N. et Baltique.	Id.	»	»	»	»	»
Glasgow.	Anvers et Rotterdam.	Id.	»	»	30 et 15.	»	»
Brème.	Londres et Hull.	Lloyd de l'Allemagne du Nord.	»	»	50 et 25.	12 à 20.	10 à 12.
—	Rotterdam, Anv., Havre.	Id.	»	»	94, 62 et 44.	12 à 25.	10 à 15.
Hambourg.	Tous les ports de Séville à St-Pétersbourg.	Lig. allemandes et anglaises.	»	»	»	»	»
Stettin.	Tous les ports d'Anvers à St-Pétersbourg.	Id.	»	»	»	»	»
Copenhague.	Christiansand, Leith, îles Feroë, Reykiawik.	Ligne danoise.	»	12 jours.	126 et 102.	»	»
Christiania.	Tous les ports de Norvége.	»	»	»	»	»	»
Stockholm.	Londres.	»	»	»	»	»	»
St-Pétersbourg.	Stockholm.	»	»	»	»	»	»

Côte occidentale d'Afrique. — Afrique orientale.

PORTS D'EMBARQ.	PORTS DE DESTINATION OU DE RELACHE.	COMPAGNIES. SERV. RÉGULIERS.	DIST. KILOM.	DURÉE DU TRAJET.		FRAIS DE PASSAGE.	FRET MOYEN PAR TONNE DE MARCHANDISES.	
				vapeurs.	voiliers.		vapeurs.	voiliers.
Bordeaux.	Lisbonne, Dakar et Gorée	Messag. marit.	4300	10 jours.	1 mois	750, 500, 250.	50 p. m. c.	30 à 35.
Londres.	Lisbonne, Tanger, Mazagan, Mogador.	Mersey Steam S. Company.	»	12 à 15 j.	25 jours.	150.	28 à 38 par tonneau.	20 à 22.
Liverpool.	Madère, Ténériffe.		»	»	»	»	»	»
—	Sierra-Leone, Cape-Coast, Bonny.		10000	31 jours.	»	1125 et 875.	60 à 112 p. mèt.cube.	40 à 60.
—	Fernando-Po, Cameroons.	Comp. d'Afrique.	»	34 jours.	1 mois 1/2 à 2 m.	Id.		
—	St-Paul de Loanda (par Cape-Coast).		»	44 jours.	»	1250 et 1000	»	
Plymouth.	Cap de Bonne-Espérance.	Union Steam Sh. Company.	13800	37 jours.	2 mois.	775 et 525.	60 à 100 p. mèt.cube.	35 à 60.
Dartmouth.	Madère, le Cap, Algoa-bay, Natal.	Comp. du Cap et de Natal.	»	»	»	875 et 625.	70 à 120 p. mèt.cube.	»
Londres et Falmouth.	Madère, Ste-Hélène, le Cap, Port-Elisabeth.	»	»	»	»	»	»	40 à 56.
Marseille.	Gibralt., Tang., Mogad., Ste-Croix de Ténériffe.	Comp. de navig. marocaine.	»	9 j. (de Mogad.)	»	240 (Mogador).	60 à 80 par tonneau.	»
—	Port-Saïd, Suez, Aden, Mahé, la Réunion.	Messageries maritimes.	»	26 jours.	2 m. 1/2 à 3 m. par le Cap.	2000, 1500, 900, 600.	125 à 100 par mètre cube.	60 à 75.
—	Maurice.	»	10060	28 jours.		Id.		
Londres.	Aden, Zanzibar.	British-India St. Ship. Comp.	»	»	3 m. 1/2 à 4 mois.	»	»	50 à 60.

Routes de l'Asie méridionale et de l'extrême Orient par l'isthme de Suez et par le Cap.

PORTS D'EMBARQUEMENT	PORTS DE DESTINATION OU DE RELACHE.	COMPAGNIES. SERV. RÉGULIERS.	DISTANCES KILOMÉTR.	DURÉE DU TRAJET.	FRAIS DE PASSAGE.	FRET MOYEN PAR TONNE DE MARCHAND.
Marseille.	Naples, Port-Saïd, Ismaïlia, Suez.		3028	8 jours.	610, 400, 240, 160.	Vapeurs. »
—	Aden.		5450	13 jours.	1000, 750, 450, 300.	200 et 150.
—	Pointe-de-Galles.		9405	23 jours.	1500, 1125, 675, 450.	Id.
—	Singapour.		12200	30 jours.	1875, 1405, 845, 565.	Id.
—	Saïgon.		13360	34 jours.	2000, 1500, 900, 600.	200 et 160.
—	Hong-Kong.	Messag. marit.	15050	38 jours.	2125, 1595, 955, 640.	Id.
—	Chang-Haï.		16540	43 jours.	2375, 1780, 1070, 715.	Id.
—	Yedo (Yokohama).		18000	49 à 50 j.	Id.	250 et 200.
—	Pointe-de-Galles, Pondichéry.		10310	27 jours.	1500, 1125, 675, 450.	200 et 150.
—	Madras.		10500	28 jours.	Id.	Id.
—	Calcutta.		11900	30 jours.	1500, 1220, 730, 490.	Id.
Gênes.	Livourne, Naples, Port-Saïd, Suez, Aden, Bomb.	Compagnie Rubattino.	»	23 jours.	»	100 et 75 par mètre cube.
Trieste.	Port-Saïd, Suez, Aden, Bombay.	Lloyd autrichien.	»	23 jours.	1125 et 875.	»
Southampton.	Gibraltar, Malte, Port-Saïd, Suez, Aden.		»	21 jours.	1125.	»
—	Bombay.	Compagnie péninsulaire et orientale.	»	28 jours.	1625.	»
—	Pointe-de-Galles, Madras, Calcutta.		»	»	1625.	»

Routes de l'Asie méridionale et de l'extrême Orient par l'isthme de Suez, par le Cap, etc. (*suite*).

PORTS D'EMBARQUEMENT	PORTS DE DESTINATION OU DE RELACHE.	COMPAGNIES. SERV. RÉGULIERS.	DISTANCES KILOMÉTR.	DURÉE DU TRAJET.	FRAIS DE PASSAGE.	FRET MOYEN PAR TONNE DE MARCHAND.
						Vapeurs.
Southampton.	Pointe-de-Galles, Penang, Singapour.	Comp. péninsul. et orientale.	»	»	1875.	»
—	Hong-Kong, Chang-Haï, Yokohama.		»	»	2375.	»
Liverpool.	Chang-Haï.	Comp. Holt.	»	»	2225.	»
Londres.	Bombay et Calcutta.	Wilson – Linie, etc.	»	»	1375, 1250, 1000 (Calcutta).	»
Amsterdam.	Bombay, etc., par Gênes.	»	»	»	»	»
Hambourg.	Chang-Haï par Singapour.	Deutsche Dampfschiff Rhederei.	»	»	1800.	»
San-Francisco.	Yokohama.	Cᵢₒ Américaine.	»	16 à 17 j.	»	»
—	Chang-Haï et Hong-Kong	»	»	27 jours.	»	»
						Voiliers.
Londres.	Aden.		»	»	»	»
—	Bombay.		23800	100 à 110 j.	»	45 à 60.
—	Calcutta.	Voiliers par le cap de Bonne-Espérance.	24000	110 à 120 j.	»	45 à 60.
—	Singapour.		24300	110 à 120 j.	»	60 à 70.
—	Canton.		27000	120 à 130 j.	»	60 à 80.
—	Chang-Haï.		29000	130 à 140 j.	»	60 à 80.
—	Yédo.		32000	140 à 160 j.	»	60 à 85.

PORTS D'EMBARQUEMENT	PORTS DE DESTINATION OU DE RELACHE.	COMPAGNIES. SERV. RÉGULIERS.	DISTANC. KILOM.	DURÉE DU TRAJET.	FRAIS DE PASSAGE.	FRET DES MARCHANDISES PAR TONNE.	
						vapeurs.	voiliers.
Marseille.	Singapour, Batavia.	Messageries.	13320	32 jours.	2125, 1595, 955, 640.	125 et 100 par m. c.	100 à 120.
Southampton.	Pointe-de-Galles, Kings-Georges Sund.	Compagnie péninsulaire et orientale.	»	»	»	»	»
—	Adélaïde.	Id.	»	»	2000.	100 à 125 p. mèt. cube.	60 à 80.
—	Melbourne.	Id.	»	46 jours.	Id.		55 à 70.
—	Sidney.	Id.	19000	49 jours.	Id.	115 à 140.	60 à 75.
—	Manille par Hong-Kong.	Id.	»	48 jours.	2375.	Id.	60 à 70.
—	Wellington et Sidney par l'isthme de Panama.	Compagnie New-Zélandaise et Australienne.	»	54 jours.	»	»	»
San-Francisco.	Iles Sandwich.	Comp. améric.	»	8 jours.	»	»	»
Londres.	Sidney et Melbourne par le Cap.	Clippers.	25000	3 mois.	1000, 500, 375.	»	»
Liverpool.	Melbourne par le Cap.	Id.	»	76 à 80 jours.	»	»	»
Bordeaux.	Taïti, Nouvelle-Calédonie par le cap Horn.	Voiliers.	24000	3 à 4 mois.	»	»	100.
New-York.	Melbourne par le cap de Bonne Espérance, retour par le cap Horn.	Clippers.	»	135 à 150 jours aller et retour	»	»	45 à 60 (aller).

Côte occidentale d'Amérique par l'isthme de Panama et par le cap Horn.

PORTS D'EMBARQUEMENT	PORTS DE DESTINATION OU DE RELACHE.	COMPAGNIES. SERV. RÉGULIERS.	DISTANC. KILOM.	DURÉE DU TRAJET.	FRAIS DE PASSAGE.	FRET MOYEN PAR TONNE DE MARCHANDISES.	
						vapeurs.	voiliers.
Panama.	Guayaquil.	Pacific Steam navigation C.	»	»	de St-Nazaire 1675, 1575, 1475, 750.	de St-Nazaire 150, 225 p. mèt.cube.	»
—	Callao.	»	»	6 jours.	Id.	125, 135, 250 (id.).	»
—	Valparaiso.	»	5000	14 jours.	1975, 1875, 1775, 825.	150, 160, 275 (id.).	»
—	Acapulco.	PacificMailSteam Ship Company.	»	»	1690,1310,600	210, 225 (id.).	»
—	San-Francisco.	»	5000	13 jours.	Id.	175, 200, 225 (id.).	»
—	Victoria (Vancouver).	»	6500	17 jours.	»		»
Liverpool.	Bordeaux,Lisbonne,Rio-Janeiro.	Pacific Steam navigation Comp.	»	»	750, 500, 250.	»	25 par mèt. cube.
—	Buénos-Ayres, Valpàraiso.	»	17000	39 à 40 jours.	1875,1250,500	»	35 à 36(id.)
—	Callao.	»	»	»	Id.	»	40 (id.).
Hambourg.	Anvers, le Havre, Montevideo, Valparaiso.	Comp. Kosmos.	»	44 à 46 jours.	1310, 750.	»	»
—	Arica, Islay.	Id.	»	»	1406, 937.	»	»
—	Callao.	Id.	»	»	1500, 1030.	»	»
Londres.	San-Francisco par le cap Horn.	Voiliers.	»	130 jours.	»	»	»
Bordeaux.	Id.	Id.	25000	125 à 130 jours.	»	»	55 par tonn.

Côte orientale de l'Amérique du Sud par l'Atlantique.

PORTS D'EMBARQUEMENT	PORTS DE DESTINATION OU DE RELACHE.	COMPAGNIES. SERV. RÉGULIERS.	DISTANC. KILOM.	DURÉE DU TRAJET.	FRAIS DE PASSAGE.	FRET MOYEN PAR TONNE DE MARCHANDISES.	
						vapeurs.	voiliers.
Bordeaux.	Lisbonne, Dakar, Pernambuco.	Messageries maritimes.	7285	18 jours.	756, 550, 300.	60 par mètre cube.	»
—	Bahia.	»	»	20 jours.	800, 550, 300.	60 (id.).	20 à 25 (t.)
—	Rio-Janeiro.	»	9400	23 jours.	850, 600, 300.	60 (id.).	
—	Montevideo.	»	»	29 jours.	1000, 700, 300.	65 (id.).	30 à 45 par tonne.
—	Buénos-Ayres.	»	11600	31 jours.	Id.	65 (id.).	
Marseille.	Bahia, Rio-Janeiro, Buénos-Ayres, Rosario.	Soc. gén. de transports à vapeurs.	»	30 jours.	»	60 (id.).	»
Le Havre et Anvers.	Lisbonne, Pernambuco, Bahia, Rio-Janeiro, Santos, Montevideo, Buénos-Ayres, Rosario.	Chargeurs réunis.	13000	30 jours.	500, 300, 200 (pour Rio Jan.) 550, 350, 200 (Mont. et B. A.)	60 p. m. c. (Rio Jan.). 65 (M.B.A.) 90 (Rosar.)	»
Liverpool.	Bahia, Rio-Janeiro, Montevideo, Buénos-Ayres.	Liverpool Braz. and. Riv. Plat. Mail Steamer.	»	»	»	»	»
—	Pernambuco, Bahia, Rio-Janeiro, Montevideo, Buénos-Ayres.	Id.	»	30 jours.	»	»	»
—	Para, Céara, Maragnan par Lisbonne.	Liverpool and North Braz. Mail Steam Comp.	»	»	625, 312.	40 à 50 par mèt. cube.	»

Côte orientale de l'Amérique du Sud par l'Atlantique.

PORTS D'EMBARQUEMENT	PORTS DE DESTINATION OU DE RELACHE.	COMPAGNIES. SERV. RÉGULIERS.	DISTANC. KILOM.	DURÉE DU TRAJET.	FRAIS DE PASSAGE.	FRET MOYEN PAR TONNE DE MARCHANDISES.	
						vapeurs.	voiliers.
Londres.	Anvers, le Havre, Rio-Janeiro, Montevideo, Buénos-Ayres.	Liv. Braz. and Riv. Plat. Mail Steam.	»	»	»	»	»
Southampton.	Lisbonne, Saint-Vincent, Rio-Janeiro, Montevideo, Buénos-Ayres.	Linie Ryde.	»	»	»	»	»
Anvers.	Southampton, Lisbonne, Rio-Janeiro, Montevideo, Buénos-Ayres.	Linie Ryde.	»	»	750.	»	»
Hambourg.	Lisbonne, Bahia, Rio-Janeiro, Santos.	Hambourg Sud-Amerik. Dampf-Gesellschafft.	»	»	637, 280.	»	»
	Montev., Buénos-Ayres.		»	33 jours.	750, 300.	»	»
Gênes.	Marseille, Gibraltar, Rio-Janeiro, Montevideo, Buénos-Ayres.	Comp. Italo-Platense.	»	28 jours.	850, 650, 300.	»	»
—	Barcelone, Cadix, Saint-Vincent, Rio-Janeiro, Montevideo, Buénos-Ayres.	Soc. Lavarello.	»	25 jours.	850, 650, 350.	»	»

Routes de l'Amérique centrale et de l'Amérique du Nord par l'océan Atlantique.

PORTS D'EMBARQ.	PORTS DE RELACHE OU DE DESTINATION.	COMPAGNIES. SERV. RÉGULIERS.	DIST. KILOM.	DURÉE DU TRAJET.		FRAIS DE PASSAGE.	FRET MOYEN PAR TONNE DE MARCHANDISES.	
				Vapeurs.	Voiliers.	Vapeurs.	Vapeurs.	Voiliers.
							par mèt. cube.	par tonne.
St-Nazaire.	Santander, St-Pierre (Martinique), Fort-de-France.	Comp. Transatlantique.	6950	16 jours.	25 à 30 j.	965, 825, 750, 400.	80, 65 et 50.	25 à 30.
—	Pointe-à-Pitre.	»	7150	»	»	Id.	Id.	»
—	Saint-Thomas.	»	7650	18 jours.	»	Id.	Id.	»
—	La Havane.	»	9580	22 jours.	»	1100, 965, 825, 400.	100, 85, 60.	40 à 55.
—	Vera-Cruz.	»	11080	26 jours.	35 à 40 j.	1240, 1100, 900, 500.	110, 90, 60.	45 à 60.
—	Fort-de-France, La Guayra, Puerto-Cabello et Carupano.	»	»	20 jours.	»	1100, 965, 825, 450.	100, 85, 60.	»
—	Pointe-à-Pitre, Saint-Pierre, Fort-de-France, La Guayra.	»	»	»	»	1100, 965, 825, 450.	Id.	»
—	Puerto Cabello, Savanilla, Colon.	»	10000	21 jours.	35 à 38 j.	Id.	Id.	40 à 50.
—	Fort-de-France, Ste-Lucie, Trinité, Demerari, Paramaribo, Cayenne.	»	8940	24 jours.	34 jours.	Id.	Id.	35 à 40.

Routes de l'Amérique centrale et de l'Amérique du Nord par l'océan Atlantique. (*Suite.*)

PORTS D'EMBARQ.	PORTS DE RELACHE OU DE DESTINATION	COMPAGNIES. SERV. RÉGULIERS.	DIST. KILOM.	DURÉE DU TRAJET.		FRAIS DE PASSAGE.	FRET MOYEN PAR TONNE DE MARCHANDISES.	
				Vapeurs.	Voiliers.	Vapeurs.	Vapeurs.	Voiliers.
Le Havre.	Bordeaux, Saint-Thomas, Mayaguez,	Comp. Transatlantique.	»	»	»	1000, 875, 800, 400.	90, 70, 50, p. m. c.	»
	Le Cap (Haïti), Port-au-Prince, Santiago (Cuba), Kingston.	»	»	»	»	1050, 925, 825, 450.	Id.	»
	Colon.	»	10400	29 à 30 j.	»	1100, 965, 825, 450.	100, 85, 60, p. m. c.	»
—	New-York.	»	5740 3100 milles	10 jours.	15 à 28 j.	625, 575, 370, 200.	40 à 60 par mèt. cube.	20 p. tonne.
Southampton.	Saint-Thomas, Porto-Rico, La Havane, Vera-Cruz, Tampico.	Royal Mail Steam Packet Company.	»	26 jours.	»	1288, 1100.	»	»
—	Saint-Thomas, Guadeloupe, Dominique, Martinique, Grenade, Tabago.	»	»	22 jours.	»	952, 825.	»	»
—	Saint-Thomas, Jacmel, Kingston, Colon, Ste-Marthe et Greytown.	»	»	25 jours.	»	1100, 952.	»	35 à 50.
Liverpool.	St-Thomas, Barbade, La Guayra, Puerto-	West-India and Pacific Steam	»	30 jours.	»	700.	40 à 100 par mèt. cube.	»

	Cabello, Savanilla, Carthagène, Colon.	Ship Company.						
—	Port-au-Prince, Kingston, Vera-Cruz, Tampico.	Id.	»	34 à 35 j.	»	875.	»	»
—	La Havane.	Ligne anglo-espagnole.	»	23 jours.	»	»	»	»
—	Lisbonne, Nouvelle-Orléans.	Dominion and Mississipi Linie.	»	»	»	500.	40 à 100 par mèt. cube.	35 à 40.
—	Bordeaux, Nouvelle-Orléans.	State-Linie.	»	»	»	500.	»	»
—	Queenstown, Halifax, Baltimore.	Allan-Linie.	»	»	»	475, 395.	»	»
—	Queenstown, New-York, Philadelphie.	Inman-Linie.	»	»	»	375, 300, 250.	»	»
—	Queenstown, New-York.	Lignes Cunard, etc.	»	»	»	525, 425, 375.	»	»
—	Queenstown, Boston.	»	»	»	»	Id.	»	»
—	Londonderry, Portland.	Allan-Linie.	»	»	.»	475, 395.	»	»
—	Québec.	»	»	»	»	»	»	»
Glasgow.	Barbade, Trinité, Demerari.	Ligne Cunard.	»	»	»	750, 625.	»	»
—	New-York, par Moville.	Anchor-Linie.	»	»	»	420, 367, 341.	»	»
—	New-York, par Belfast.	State-Linie.	»	»	»	375, 325.	»	»
Plymouth.	Québec, Montréal.	Temperley London Linie.	»	»	»	450, 325.	»	»

Routes de l'Amérique centrale et de l'Amérique du Nord par l'océan Atlantique. (*Suite.*)

PORTS D'EMBARQ.	PORTS DE RELACHE OU DE DESTINATION.	COMPAGNIES. SERV. RÉGULIERS.	DIST. KILOM.	DURÉE DU TRAJET.		FRAIS DE PASSAGE.	FRET MOYEN PAR TONNE DE MARCHANDISES.	
				Vapeurs.	Voiliers.	Vapeurs.	Vapeurs.	Voiliers.
							par mèt. cube.	par tonne.
Bristol.	New-York.	Great - Western Steam Ship Linie.	»	»	»	325, 213.	»	»
Cardiff.	New-York.	South Wales Linie.	»	»	»	375, 300, 225.	»	»
Anvers.	New-York.	Whit Cross Linie.	»	»	»	350, 110.	»	»
—	New-York, Philadelphie.	Red Star Linie.	»	»	»	500, 350, 150.	50	»
Rotterdam.	New-York.	Société américaine - hollandaise.	»	14 à 15 j.	»	431, 322, 217, 105.	»	»
Brême.	Southampton, Baltimore.	Lloyd de l'Allemagne du Nord.	»	15 jours.	»	510, 112.	»	»
—	Le Havre, La Havane, Nouvelle-Orléans.	»	»	»	»	790, 206.	»	»
—	Southampton, New-York.	»	»	»	»	618, 375, 112.	»	»
Hambourg.	Saint-Thomas, Trinité, La Guayra, Maracaïbo, Savanilla, Colon, par Grimsby et	Société hambourgeoise américaine.	»	»	»	875 Porto-Rico), 1062 (Colon).	»	»

	le Havre, St-Thomas, Porto-Rico, Porto-Plata, Le Cap, Port-au-Prince.							
—	Le Havre, New-York.	»	»	15 jours.	»	620, 375, 112.	»	»
—	New-York.	Adler-Linie.	»	»	»	»	»	»
Stettin.	Copenhague, Christiansand, New-York.	Lloyd de la Baltique.	»	15 jours.	»	450, 337, 225, 168.	»	»
Christiania.	Christiansand, Bergen, New-York.	Ligne à vapeur de l'Amérique du Nord.	»	15 jours.	»	»	»	»
Santander.	La Corogne, Porto-Rico, La Havane.	Compag. Lopez.	»	»	»	»	»	»
Cadix.	Porto-Rico, La Havane.	»	»	»	»	»	»	»
New-York.	Nouvelle-Orléans, Mississipi, jusqu'à Saint-Louis et tous les ports de l'Atlantique (États-Unis).	Lignes américaines.	»	»	»	»	»	»
New-York.	Colon.	»	3200	9 jours.	»	»	55.	25 à 30.

CHAPITRE II (N° 31).

Tableau comparatif des forces productives des grands États.

ÉTATS	SUPERFICIE (kilomètres carrés.)	NOMBRE d'habitants par kilomètre carré.	BUDGET (en millions de francs.)		CHEMINS de fer exploités. (kilomèt.)	EFFECTIF de la marine marchande (milliers de tonneaux.)	PRODUCTION des céréales. (millions d'hecto-litres.)	PRODUCTION de la houille. (milliers de tonnes.)	VALEUR MOYENNE des échanges. (commerce spécial.) (millions de francs.)	
			RECETTES	DÉPENSES					IMPORTATION	EXPORTAT.
France.........	528,576	68	2,700	2,700	22,000	1,070	260	16,000	3,600	3,780
Colonies françai-ses	874,000	»	»	»	700	»	9	»	3,500	3,800
Grande-Bretagne.	315,000	104	1,875	1,874	27,000	6,000	150	126,000	9,000	6,000
Colonies britanni-ques.........	20,500,000	»	1,820	1,800	20,000	1,500	»	»	»	»
Belgique	29,455	186	243	238	3,450	46	26	16,000	1,400	1,150
Pays-Bas	32,840	115	208	208	1,600	512	12	25	1,350	1,050
Colonies néerlan-daises........	1,720,000	»	270	250	300	95	»	»	350	440
Allemagne (Zoll-verein)........	540,630	79	643 (empire)	643 (empire)	27,000	1,100	250	35,000	3,400	2,900
Autriche-Hongrie.	624,000	57	1,463	1,537	16,300	330	200	7,500	1,500	1,000
Suisse..........	41,418	65	40	40	2,000	»	5	12	750	650
Espagne........	500,000	33	600?	600?	5,500	680	80	500	450	530

Colonies espagnoles..........	304,000	»	»	»	300	»	»	»	»	»
Portugal........	93,000	47	145	150	1,000	110	11 à 12	20	190	160
Colonies portugaises........	1,824,000	»	14	13	»	»	»	»	»	»
Italie..........	296,000	90	1,396	1,494	8,000	1,000	90	60	1,300	1,100
Empire turc (sans l'Egypte).....	3,180,000	7	537	650	2,000	180	?	?	750	850
Roumanie.......	121,000	37	94	100	1,000	?	40	»	90	170
Grèce..........	50,123	29	39	39	12	240	9	»	100	80
Russie d'Europe.	5,400,000	13	2,240	2,235	20,000	600	530	1,800	1,000	880
Possessions russes d'Asie....	16,250,000	»	»	»	309	»	»	»	»	»
Suède et Norvége........	761,000	8	183	180	4,400	1,640	30 à 35	40	360	360
Danemark.......	38,000	47	53	54	1,050	235	30	3	326	240
Etats-Unis......	9,333,000	4	1,490	1,375	122,000	4,800	570	36,000	2.780	3,250
Brésil..........	8,600,000	1	360	390	1,500	»	»	»	400	500
Chine..........	10,000,000	42	1,500?	1,500?	»	?	?	?	750	800
Japon..........	402,000	82	260	250	60	?	?	?	140	120

Lieux de provenance des principales denrées ou matières premières importées en Europe.

OBJETS DE CONSOMMATION.	AMÉRIQUE.	ASIE.	AFRIQUE.	OCÉANIE.
Sucres.	Brésil, Antilles (*Cuba, Porto-Rico, Martinique, Guadeloupe, Antilles anglaises, Haïti*).	Indes anglaises.	Égypte, Maurice, la Réunion (*Bourbon*).	Java. Philippines.
Cafés.	Brésil, Antilles (*Porto-Rico, Cuba, Martinique et Guadeloupe, Jamaïque, Haïti*), Colombie (*Guayra, Porto-Cabello*), Guyanes, Costa-Rica.	Arabie (*Moka*), Ceylan, Malabar et Maïssour.	Bourbon, Zanzibar.	Java. Sumatra (*Padang*). Manille.
Thés.	. . . . .	Chine, Japon, Assam.	. . . . .	Java. Australie.
Cacao.	Vénézuéla, Nouvelle-Grenade, Equateur, Brésil (*Para, Maragnan*), Antilles, Guyanes, Mexique.	. . . . .	La Réunion et Maurice.	Philippines.
Epices et aromates.	Mexique, Antilles, Amérique centrale, Guyanes, Brésil.	Indes anglaises (*Ceylan, Malabar*), Chine, Arabie.	Côte occidentale. Maurice et la Réunion, Zanzibar.	Iles Moluques. Java, Bornéo, Sumatra.
Céréales.	Etats-Unis, Chili.	Turquie d'Asie, Indes.	Egypte, Algérie.	Australie.
Riz.	Etats-Unis (*Caroline*).	Indes (*Bengale, Akyab. Rangoun*), Indo-Chine.	Egypte.	Java.
Huiles.	. . . . .	Turquie d'Asie.	États barbaresques.	. . . . .
Tabac.	États-Unis (*Virginie, Ohio, Maryland, Kentucky*), Antilles (*La Havane, etc., Haïti*), Nouvelle-Grenade, Paraguay, Brésil, Mexique, Amérique centrale.	Turquie d'Asie, Perse, Indes anglaises.	Algérie.	Java. Manille.

MATIÈRES PREMIÈRES.				
Coton.	États-Unis, Brésil, Antilles, Colombie, Pérou.	Indes anglaises (*Surate, Bengale, Madras*, etc.). Chine, Turquie d'Asie.	Égypte. Algérie.	Java, etc. Manille, etc.
Soies.	. . . . .	Chine, Japon, Perse, Indes anglaises.	. . . . .	. . . . .
Lin, chanvre, jute.	Mexique, Amérique centrale.	Indes anglaises.	Égypte.	Manille.
Laines.	La Plata (*Buénos-Ayres, Montevideo*), Chili, Pérou, Brésil.	Indes orientales, Syrie, Asie-Mineure (*Smyrne*).	Le Cap, Maroc, Algérie, Tunis.	Australie. Nouvelle-Zélande.
Peaux brutes.	La Plata, Uruguay, Brésil, Mexique, Pérou et Chili.	Indes anglaises (*Bombay. Calcutta*).	Le Cap, Etats barbaresques, Sénégal.	Java, Australie. Nouvelle-Zélande.
Pelleteries et fourrures.	Nouvelle-Bretagne, États-Unis, Chili.	Sibérie.	. . . . .	. . . . .
Indigo.	San-Salvador, Honduras, Vénézuéla.	Indes anglaises.	. . . . .	Java.
Bois de teinture.	Brésil, Mexique, Amérique centrale, Haïti, Colombie.	Indes anglaises (*Ceylan*).	Côte occidentale d'Afrique.	Les Philippines. Java, etc.
Cochenille.	Guatemala, Honduras, Mexique.	. . . . .	. . . . .	Java.
Gommes et résines exotiques (caoutchouc, gutta-percha, gomme, etc.).	Brésil, Mexique, États-Unis, etc.	Indes anglaises, Arabie.	Sénégal, Côte occidentale d'Afrique, Soudan.	Java, etc.
Graines oléagineuses, huiles non comestibles.	. . . . .	Indes anglaises, Indo-Chine, Turquie d'Asie.	Sénégal, Guinée. Egypte, Soudan.	. . . . .

Lieux de provenance des principales denrées ou matières premières importées en Europe.
(Suite.)

MATIÈRES PREMIÈRES.	AMÉRIQUE.	ASIE.	AFRIQUE.	OCÉANIE.
Bois de construction et d'ébénisterie.	Honduras, Mexique, Haïti, Cuba Antilles, Brésil, Côte-Ferme, États-Unis, Nouvelle-Bretagne.	Indes anglaises (*Ceylan*, etc.), Chine, Turquie d'Asie.	Algérie, Guinée, Mozambique.	Moluques. Java, Sumatra. Australie, etc.
Guanos, engrais.	Pérou, Chili.	. . . . .	Le Cap.	Mers du Sud.
Pétrole.	États-Unis, Nouvelle-Bretagne.	Birmanie.	. . . . . .	. . . . .
MÉTAUX ET MINÉRAUX.				
Diamants, pierres précieuses.	Brésil, Nouvelle-Grenade.	Indes anglaises, Sibérie.	Le Cap.	Bornéo.
Or.	États-Unis (*Californie*, etc.), Colombie britannique, Mexique.	Sibérie.	Soudan, Sénégal, Afrique occidentale.	Australie. Nouvelle-Zélande. Bornéo.
Argent.	Mexique, Nevada, Colorado, Bolivie, Pérou, Chili.	Sibérie.	. . . . .	Australie.
Cuivre.	Chili, Bolivie, Pérou, Etats-Unis, Nouvelle-Bretagne.	Sibérie, Turquie d'Asie.	Algérie, le Cap.	Australie.
Etain.	Pérou, Bolivie, Chili.	Indo-Chine, Chine.	. . . . .	Iles Banca.
Fer.	. . . . .	. . . . .	Algérie.	. . . . .

Lieux de destination des principaux produits manufacturés, etc., exportés d'Europe.

PRODUITS MANUFACTURÉS.	AMÉRIQUE.	ASIE.	AFRIQUE.	OCÉANIE.
Cotonnades. (*Angleterre, France, Zollverein, Belgique, Suisse.*)	Toute l'Amérique, surtout le Brésil et les Etats-Unis.	Indes anglaises, Turquie d'Asie, Perse, Arabie, Chine et Japon.	Egypte, Soudan, Algérie et Maroc, Côte occidentale d'Afrique, etc.	Colonies hollandaises, espagnoles et anglaises.
Lainages. (*Angleterre, France, Belgique, Zollverein, Autriche.*)	Toute l'Amérique, surtout les Etats-Unis.	Turquie d'Asie, Indes orientales, Chine et Japon.	Egypte, Côtes barbaresques, Colonies européennes.	Colonies anglaises et hollandaises.
Soieries. (*France, Zollverein, Suisse, Angleterre.*)	Etats-Unis, Mexique, Brésil, Républiques de l'Amérique du Sud.	Turquie d'Asie.	Egypte, Algérie, Colonies européennes.	Colonies européennes.
Tissus de lin, chanvre, etc. (*Angleterre, Belgique, Zollverein, France.*)	Toute l'Amérique.	Turquie d'Asie, Indes orientales, Chine.	Algérie, Egypte, Colonies européennes.	Australie. Indes néerlandaises.
Vêtements confectionnés, lingerie, modes. (*France, Angleterre, Belgique.*)	Toute l'Amérique, surtout le Brésil, et l'Amérique du Sud.	Turquie d'Asie, Indes orientales.	Egypte, Algérie, Colonies européennes.	Colonies européennes. Iles Sandwich.
Ouvrages en peau ou en cuir. (*France, Angleterre, Zollverein, Suisse.*)	Toute l'Amérique.	Indes orientales, Turquie d'Asie et Perse, Chine.	Egypte, Côtes barbaresques, Soudan, Colonies européennes.	Colonies européennes. Iles Sandwich, etc.
Articles de Paris, bimbeloterie, tabletterie, mercerie. (*France, Zollverein, Suisse, Angleterre, Belgique, Autriche.*)	Toute l'Amérique, surtout l'Amérique du Sud.	Indes orientales, Turquie d'Asie, Perse.	Egypte, Côtes barbaresques, Colonies européennes.	Colonies européennes.

Lieux de destination des principaux produits manufacturés, etc., exportés d'Europe.

PRODUITS MANUFACTURÉS.	AMÉRIQUE.	ASIE.	AFRIQUE.	OCÉANIE.
Bijouterie, orfévrerie, horlogerie. (*France, Zollverein, Suisse, Angleterre.*)	Toute l'Amérique.	Turquie d'Asie, Perse, Arabie, Indes anglaises, Chine, Japon.	Toute l'Afrique ouverte aux Européens.	Colonies européennes. Iles Sandwich, etc.
Meubles, etc. (*France, Autriche, Italie.*)	Toute l'Amérique.	Turquie d'Asie, Perse, Indes orientales.	Egypte et Colonies européennes.	Colonies européennes.
Produits chimiques. (*Angleterre, France, Autriche, Zollverein.*)	Toute l'Amérique.	Turquie d'Asie, Indes orientales.	Egypte, Côtes barbaresques et Colonies.	Colonies européennes.
Savons, bougies. (*France, Autriche, Angleterre, Italie.*)	Toute l'Amérique.	Turquie d'Asie, Perse, Indes orientales, etc.	Toute l'Afrique et surtout l'Egypte et les Colonies européennes.	Colonies européennes.
Poterie et verrerie. (*France, Angleterre, Zollverein, Belgique, Autriche, Italie.*)	Toute l'Amérique.	Toute l'Asie.	Toute l'Afrique ouverte au commerce.	Colonies européennes.
Quincaillerie et coutellerie. (*Angleterre, Zollverein, France, Belgique, Autriche.*)	Toute l'Amérique, surtout l'Amérique du Sud.	Toute l'Asie.	Toute l'Afrique ouverte au commerce.	Toute l'Océanie.
Armes. (*Angleterre, Belgique, France, Zollverein.*)	Etats-Unis, Mexique, Amérique du Sud.	Toute l'Asie.	Toute l'Afrique.	Toute l'Océanie.
Machines. (*Angleterre, France, Zollverein, Belgique.*)	Mexique, Antilles, Amérique du Sud.	Turquie, Perse, Indes orientales, Chine, Japon.	Egypte, Tunis, Colonies européennes.	Colonies européennes.

Papier, livres, gravures. (*Angleterre, France, Belgique, Zollverein.*)	Toute l'Amérique.	Turquie d'Asie, Perse, Indes orientales, Japon.	Egypte, Algérie, Colonies européennes.	Colonies européennes. Iles Sandwich.
Instruments de précision et de musique. (*Angleterre, France, Zollverein, Autriche, Suisse.*)	Toute l'Amérique.	Indes orientales, Japon.	Egypte et Colonies européennes.	Colonies européennes.
OBJETS DE CONSOMMATION.				
Vins et spiritueux. (*France, Espagne, Portugal, Italie,* etc.)	Toute l'Amérique.	Toute l'Asie, surtout les Indes orientales.	Toute l'Afrique.	Toute l'Océanie.
Sucres raffinés. (*France, Zollverein, Angleterre, Belgique, Autriche.*)	Nouvelle-Bretagne.	Perse.	Etats barbaresques, Algérie.	Australie.
Beurre et fromages. (*Angleterre, France, Suisse, Hollande.*)	Antilles, Brésil, Etats-Unis.	Turquie d'Asie.	Algérie, Egypte, Maurice.	Indes néerlandaises.
Farines et conserves alimentaires. (*Angleterre, France, Hollande, Zollverein*).	Antilles, Brésil.	. . . . .	Algérie, Côte occidentale d'Afrique.	. . . . .
Huiles d'olive. (*Italie, Turquie, Grèce. Espagne, Portugal, France.*)	Antilles, Amérique du Sud, Etats-Unis, Mexique.	Indes orientales.	. . . . .	Australie.

Les forces productives. — Dans les tableaux qui précèdent nous n'avons pu indiquer qu'une partie des éléments qui constituent la force et la richesse d'une nation. Les uns, tels que l'étendue du territoire, la densité de la population, les revenus publics, la valeur des échanges, les voies de communication, la production agricole et industrielle, l'effectif des flottes et des armées, le nombre des écoles et de la population scolaire, peuvent se traduire en chiffres que la statistique nous fournit d'une manière plus ou moins approximative : les autres, et ce ne sont pas les moins puissants, échappent aux calculs du statisticien, et ne peuvent être saisis que par l'observation impartiale du moraliste et de l'historien. La simplicité des mœurs, la puissance de l'esprit de famille et des traditions nationales, l'union intellectuelle et morale, telles sont les sources vives de la grandeur et de la prospérité d'un peuple. Il ne faut donc pas oublier, en essayant de comparer les forces des États, que la comparaison si elle se réduit aux données numériques fournies par la statistique est nécessairement incomplète, et qu'il faut chercher ailleurs que dans des chiffres le secret de la décadence ou du progrès des nations.

Étendue du territoire et densité de la population. — Les plus vastes États du monde sont l'empire Russe (21,700,000 k. c.), l'empire Anglais (20,800,000 k. c.), l'empire Chinois (10,300,000 k. c.), les États-Unis de l'Amérique du Nord (9,333,000 k. c.), l'empire du Brésil (8,500,000 k. c.) et l'empire Ottoman (5,700,000 k. c.), mais la densité de la population n'est pas en raison directe de l'étendue du territoire.

Les pays les plus peuplés de l'Europe, par rapport à leur superficie, la Belgique et la Hollande, sont en même temps les plus petits des États européens. La France n'occupe au point de vue de la densité de la population que le sixième rang en Europe : elle vient après la Belgique, la Hollande, la Grande-Bretagne, l'Italie et l'Allemagne, et tandis qu'en Angleterre et en Allemagne la population s'accroît de 400,000 âmes par an, l'augmentation moyenne annuelle n'était dans notre pays que de 135,000 à 140,000 âmes pendant la période quinquennale de 1871 à 1876.

Production agricole. — La richesse agricole ne dépend pas seulement du climat et de la nature du sol, mais de l'intelligence et de l'activité du cultivateur, et des capitaux dont il dispose. Le grand propriétaire ou le riche fermier anglais récoltent 30 ou 40 hectolitres de blé à l'hectare, tandis que dans le centre de la France des terres aussi fertiles, mais moins bien cultivées ne rapportent que 10 ou 12 hectolitres.

Le *seigle* et l'*avoine* qui sont les céréales des pays froids réussissent en Europe jusqu'au 69° de latitude septentrionale : le *froment* mûrit jusqu'au 60° ; le *maïs* cultivé en grand dans l'Europe méridionale, en Amérique, et dans l'Asie occidentale exige une température plus élevée ; enfin le *sorgho*, le *dourrâ* et le *riz* remplacent nos céréales européennes dans les régions chaudes de l'Asie et de l'Afrique.

Les principaux pays producteurs de céréales sont les États-Unis, la Russie, la France et l'Allemagne (*froment* et *maïs*), en Amérique et en Europe ; l'Indoustan, l'Indo-Chine et la Chine (*riz*) en Asie ; l'archipel Malais (*riz*) en Océanie ; mais si on considère le rendement à l'hectare au lieu de la masse des produits, le premier rang appartient à l'Angleterre et à la Belgique qui cependant ne produisent pas assez pour leur consommation.

La *pomme de terre* originaire d'Amérique joue dans l'alimentation de certaines contrées européennes un rôle aussi important que les céréales : l'Irlande, la Grande-Bretagne, l'Allemagne du Nord, la France, les États-Unis, la Hollande et la Belgique sont les principaux centres de production et de consommation.

Le *vin* en France, en Italie, en Portugal, en Autriche, en Suisse et en Espagne, la *bière* dans l'Europe septentrionale et centrale, et aux États-Unis, le *thé* en Chine et au Japon, les liqueurs alcooliques extraites du maïs (États-Unis et Amérique du Sud), du riz (Malaisie,

Chine, etc.), de la canne à sucre (Antilles, Brésil), du sorgho et du dourrâ (Afrique centrale) sont les boissons les plus usitées. L'usage du *café* s'est répandu depuis deux siècles dans le monde entier, et les plantations du Brésil, des Indes néerlandaises, de Ceylan, des Antilles, de l'Arabie suffisent à peine à une consommation toujours croissante.

La production et la consommation de la *viande* considérable dans l'Europe septentrionale et occidentale, et aux États-Unis (18 à 28 kilogrammes par tête) est beaucoup moins importante dans l'Europe méridionale (9 à 10 kilogrammes par tête), et insignifiante dans la plus grande partie de l'Asie et de l'Afrique.

Les grandes *cultures industrielles* sont dans l'Europe centrale et septentrionale, le lin et le chanvre, la betterave, les graines oléagineuses, le tabac; en Afrique le tabac dans le nord, les arachides, le coton et la canne à sucre, dans la plus grande partie du continent; en Asie le coton aux Indes, en Chine dans la Turquie d'Asie, le jute dans l'Indoustan, les plantes oléagineuses dans l'Asie occidentale et méridionale, l'indigo et l'opium au Bengale, la canne à sucre aux Indes et en Chine : en Océanie le coton, la canne à sucre, le tabac, l'indigo dans l'archipel Malais; en Amérique le tabac, le coton, la canne à sucre et les plantes tinctoriales.

Les *laines* d'Angleterre, de France, d'Allemagne et d'Autriche ont conservé leur antique réputation ; mais des pays nouveaux où le peu de valeur de la terre permet la production à bon marché, la Russie, l'Australie, les États de la Plata, la colonie du Cap se sont fait une large place sur le marché européen.

Les *soies* de la Chine, du Japon, de la Perse et de l'Asie-Mineure suppléent également à l'insuffisance de la production française et italienne.

Les *forêts* et les *cultures arborescentes*, même sans compter le cotonnier, l'arbre à thé, le caféier, le mûrier et la vigne jouent un rôle des plus importants dans l'économie agricole. Les régions tempérées de l'Europe ont leurs arbres fruitiers et leurs pommiers à cidre, les régions chaudes leurs oliviers, leurs orangers, leurs citronniers, la Russie et la Scandinavie leurs immenses forêts de pins et de sapins (220 millions d'hectares sur 280 millions d'hectares boisés en Europe) : l'Afrique ses orangers, ses dattiers, ses palmiers à huile, ses gommiers, ses forêts de thuyas et de chênes liéges : l'Asie ses cèdres, ses palmiers, ses bois de teck, ses bambous, ses cocotiers : l'Océanie ses arbres à épices, ses arbres à pain et à caoutchouc, ses eucalyptus : l'Amérique du Nord ses gigantesques forêts de sapins, de pins, de chênes, d'érables, ses bois d'acajou et de campêche ; l'Amérique méridionale ses cacaoyers, ses bananiers, ses bois de teinture et d'ébénisterie, ses essences résineuses (caoutchouc, etc.), ses fougères arborescentes et ses quinquinas.

En résumé l'Europe seule est presque entièrement cultivée et les produits du sol, s'il y était exploité partout avec la même activité qu'en Angleterre et en Belgique suffiraient à nourrir une population quatre fois plus considérable que celle qui l'habite aujourd'hui.

Production industrielle. — Industries extractives. — De la nature des terrains dépend la distribution des métaux et des autres substances minérales, dont l'exploitation exerce une si puissante influence sur la destinée des peuples.

L'*or*, qui ne se rencontre que dans les roches quartzeuses des terrains primitifs ou dans les sables entraînés par les eaux et provenant de la désagrégation de ces mêmes roches, est exploité aux *États-Unis* (1) (région Californienne), en *Australie* (Victoria), dans la Nouvelle-Zélande, dans la Colombie britannique, dans l'Afrique australe et centrale, en Sibérie.

L'*argent* se trouve d'ordinaire dans les terrains primitifs, dans les terrains de transition, et dans les dépôts les plus anciens de la période jurassique. Il est presque tou-

(1) Les centres de production les plus importants sont imprimés en *italique*, ainsi que les noms des métaux ou minéraux.

jours mélangé à d'autres substances minérales. On l'exploite au *Mexique*, aux *États-Unis* (Nevada), au Pérou, en Bolivie, en Australie, au Chili, en Sibérie, en Espagne, en Allemagne, en Hongrie, en Russie.

Le *plomb*, qui se rencontre dans les mêmes terrains, s'exploite surtout en *Angleterre*, en *Espagne*, en Belgique, en Portugal, en Italie, en Autriche, en France, aux *États-Unis*.

Les principaux gisements de *cuivre* qui appartiennent aux terrains primitifs, aux terrains de transition et aux terrains secondaires, sont ceux du *Chili*, de la Bolivie, du Pérou, des *États-Unis*, de l'*Australie*, de la *Sibérie*, du Japon, de l'*Angleterre*, de la Russie, de l'Allemagne, de la Suède, de l'Espagne, de la Toscane, de l'Algérie et de l'Afrique australe.

Les minerais de *zinc* se rencontrent dans les terrains de transition et les terrains secondaires : les plus riches sont ceux de *Prusse*, de *Belgique*, d'Angleterre, des États-Unis, et de l'Indo-Chine.

L'*étain* ne se trouve que dans les terrains les plus anciens ou dans les sables qui proviennent de leur désagrégation. On l'exploite surtout en *Angleterre*, en Bohême, en Saxe, en Suède, dans la presqu'île de Malacca, dans l'île de *Banca*, au Pérou et en *Bolivie*.

Le *fer* se trouve dans tous les terrains, mais surtout dans ceux de l'époque jurassique. Les gisements les plus riches sont ceux de l'*Angleterre*, de la *France*, de la *Suède*, de la *Belgique*, de l'*Allemagne*, de l'Autriche, de l'Espagne, des *États-Unis*, de la *Nouvelle-Bretagne*, de l'Algérie et de la Sibérie.

Le *platine*, que l'on recueille dans les sables quartzeux, est un métal rare, qui a peu d'usages dans l'industrie, et dont les principaux gisements sont ceux de l'*Oural*, du Brésil, de la Colombie et de la Californie.

Le *mercure*, qui appartient aux terrains de transition et à ceux de la période jurassique, est exploité en *Espagne*, (Almaden), en *Autriche* (Idria), au Pérou, en *Californie* et en Chine.

Le *diamant*, a toujours été découvert dans des sables qui proviennent de détritus des roches primitives : les gisements exploités aujourd'hui sont ceux de la *colonie du Cap*, du *Brésil*, de la Sibérie, de Bornéo ; les autres pierres précieuses se trouvent également dans les terrains primitifs et viennent surtout de l'Asie et de l'Amérique du Sud.

Les diverses variétés de quartz et de *granits* sont exploitées dans tous les terrains primitifs, qui fournissent également le *kaolin*, ou terre à porcelaine, dont les gisements les plus renommés sont ceux de *Saint-Yrieix*, en France, de la *Saxe*, de l'Angleterre, de la *Chine*, du *Japon*. Les terrains de transition nous donnent des *ardoises* (*Anjou*, Dauphiné, Ardennes, Bretagne, Limousin, *Pays de Galles*, Moravie, Suisse, etc.) des *schistes bitumineux* (Écosse, Bourgogne, etc...) des *marbres* (Flandre et Belgique) ; mais le plus important de leurs produits est la *houille*, qui forme des couches puissantes en *Angleterre*, en *Belgique*, en *Allemagne*, en *France*, en Autriche, en Espagne, en Russie, en Sibérie, en Chine, aux Indes, aux *Etats-Unis*, en *Australie*. C'est dans les mêmes terrains que se trouvent les dépôts de *pétrole* si abondants aux *Etats-Unis*, dans le *Caucase* et en Birmanie.

Les terrains secondaires produisent les *marbres* (carrières de *Carrare*, en Italie, de *Paros* et du Pentélique en Grèce, des Pyrénées en France) ; les *grès* (grès blanc de *Fontainebleau*, grès rouge d'Egypte, etc.) ; la *pierre de taille*, la *pierre lithographique* (*France*, *Bavière*, etc.) : la *pierre à chaux*, la *craie*, les *argiles*, le *sel gemme* (*Lorraine*, Cheshire en Angleterre, *Wieliczka* en Gallicie, *Salzbourg* en Autriche, *Halle* en Allemagne, Bex en Suisse, etc.) ; le *lignite*, combustible qui n'est autre chose qu'une houille imparfaite (Provence, Dauphiné, Alsace, Allemagne, Autriche, Italie, Suisse, États-Unis).

Les terrains tertiaires, qui renferment également des couches immenses de pierres de taille, des carrières de grès, des dépôts de marnes, nous offrent comme produits spéciaux la *pierre à plâtre* (environs de Paris, etc.), la *pierre meulière* sans coquilles, qui sert à fabriquer les meules de moulin (*La Ferté-sous-Jouarre*, en France; Crawinkel en Saxe, etc.), et la *meulière coquillière*, employée dans les constructions.

Les alluvions anciennes ou modernes n'ont guère d'autre exploitation caractéristique que celle de la *tourbe* (Italie, Turquie, France, Allemagne, Suisse, Etats-Unis, Nouvelle-Bretagne, etc.), et des vastes dépôts salins des pampas de l'Amérique du Sud, de la Russie méridionale, du Sahara algérien et du plateau central asiatique. Enfin les terrains volcaniques livrent à l'industrie les *porphyres*, les *basaltes*, les *laves*, la *pouzzolane*, la *pierre-ponce*, et le *soufre* (*Sicile*, Italie, Antilles, Mexique, Amérique du Sud, etc.).

Industries manufacturières. — Les industries manufacturières sont peu développées dans le nord, dans l'est et dans le midi de l'Europe, où l'Italie seule peut soutenir sur quelques points la concurrence avec les grandes puissances industrielles du centre et de l'ouest.

La France l'emporte, en général, dans les industries de luxe, glaces et cristaux, porcelaines, bronzes d'art, bijouterie, parfumerie, articles de toilette, soieries, dentelles, etc. L'Angleterre lui est supérieure dans la plupart des industries textiles, cotonnades, lainages, toiles de lin et de chanvre, et dans les industries métallurgiques et chimiques. La Belgique pour les industries textiles et métallurgiques, la verrerie et les dentelles, la Suisse pour l'horlogerie, les soieries et les cotonnades, disputent le premier rang à la France et à l'Angleterre; puis viennent l'Allemagne, avec ses grandes manufactures de draps et de soieries et ses usines métallurgiques, l'Autriche avec ses cristaux de Bohême et ses forges de la région des Alpes; l'Italie avec ses soieries et ses chapeaux de paille; la Suède avec ses fers.

L'industrie du Japon, de la Chine (laques, porcelaines, papiers, soieries, couleurs), et celle des Indes (cotonnades, soieries, tapis, cachemires), n'offre qu'un intérêt médiocre au point de vue des échanges avec l'Europe; et dans le Nouveau Monde les Etats-Unis sont la seule puissance dont les manufactures rivalisent avec celles de l'Ancien.

Commerce. — L'importance commerciale se traduit surtout par le chiffre des échanges, par le tonnage de la marine marchande, par le développement des voies de communication.

La *Grande-Bretagne*, occupe incontestablement le premier rang avec un mouvement d'échanges de plus de 15 milliards, une marine marchande qui jauge 6 millions de tonneaux, 27,000 kilomètres de chemins de fer, et 5,000 kilomètres de canaux.

Les *Etats-Unis*, viennent au second rang avec un mouvement d'échanges de près de 7 milliards, 120,000 kilomètres de voies ferrées et une marine marchande de 5 millions de tonneaux.

La *France* vient au troisième, avec un mouvement d'échanges de plus de 7 milliards, une marine de plus d'un million de tonneaux, 22,000 kilomètres de voies ferrées en activité et 4,600 kilomètres de canaux.

L'*Allemagne* occupe le quatrième rang avec un mouvement d'échanges qui dépasse 6 milliards (commerce spécial), un réseau de voies ferrées de 27,000 kilomètres, 3,500 kilomètres de canaux, et une marine marchande qui jauge plus de 1,100,000 tonneaux.

La *Belgique*, les *Pays-Bas*, la *Suisse*, doivent à leur position, à leur industrie, à leurs voies de communication un mouvement commercial qui, toute proportion gardée, égale ou surpasse celui des grandes puissances commerçantes, tandis que l'*Autriche*, l'*Italie*, la *Turquie*, la *Russie* et l'*Espagne*, malgré leurs richesses naturelles, ne dépassent que de bien peu, ou même atteignent à peine le chiffre d'échanges de ces trois pays, les plus petits et les plus actifs de l'Europe.

Puissance militaire. — La puissance militaire d'un État ne dépend pas seulement du nombre de ses armées, mais de leur organisation, de leur esprit, de leur mode de recrutement, conditions difficiles à apprécier et à énumérer.

Si l'on ne tient compte que du nombre de troupes de campagne, de réserve ou de dépôt, la *Russie*, qui pourrait mettre sur pied 1,400,000 hommes occuperait le premier rang ; le second appartiendrait à la *Prusse* qui, grâce à son organisation militaire et à sa suprématie sur l'Allemagne, peut lever 1,200,000 hommes, à l'*Autriche* et à la *France*, qui disposent d'une force à peu près égale : le troisième à l'*Italie*, dont les forces se sont élevées en 1866 à plus de 350,000 hommes effectifs ; le quatrième à la *Grande-Bretagne*, qui n'a jamais mis sur pied plus de 200,000 hommes de troupes de ligne, au moins en Europe; le cinquième à la *Turquie*, dont les troupes régulières atteindraient difficilement ce chiffre, mais qui peut lever une masse considérable d'irréguliers ; le sixième à l'*Espagne*, dont l'armée ne dépasse pas 150,000 hommes. Les *États-Unis*, que leur situation dispense d'entretenir de grandes armées, ont levé en 1864 un million et demi de soldats.

Puissance maritime. — La puissance maritime se mesure également moins par le nombre des navires que par la supériorité de leur construction et de leur armement, et la révolution qui s'opère aujourd'hui dans l'art des constructions navales enlève tout intérêt à des données statistiques peu exactes.

La *Grande-Bretagne* (69 navires blindés, et 300 vapeurs), occupe toujours le premier rang en Europe, suivie par la *France* (56 navires blindés, 150 vapeurs), et par les *États-Unis* (29 navires blindés, 100 vapeurs). Puis viennent la *Russie*, (29 navires blindés, 90 vapeurs armés) l'*Italie*, l'*Autriche*, l'*Espagne*, les *Pays-Bas*, les *États-Scandinaves*, enfin l'*Allemagne* qui est appelée à prendre un rang important parmi les puissances maritimes.

Puissance financière. — La puissance financière d'un État s'apprécie moins par le chiffre de ses recettes et de ses dépenses ou par celui de ses dettes que par son crédit, c'est-à-dire par la confiance qu'il inspire et par le taux auquel il peut emprunter. L'Angleterre avec sa dette de plus de 19 milliards et son budget de 1,880 millions trouve à emprunter à moins de 4 0/0; la situation de la Belgique, de la Hollande est presque aussi florissante ; la France, avec une dette portée tout à coup à 23 milliards et un budget de 2,700,000,000, pourrait aujourd'hui emprunter à 5 p. 100 ; l'Allemagne malgré le bon état de ses finances et le chiffre peu élevé de sa dette, les Etats-Unis avec leur richesse agricole et industrielle et leurs dépenses relativement modestes (budget fédéral 1,375 millions), ne trouveraient pas de conditions plus favorables : enfin la Russie, l'Autriche, l'Italie et surtout l'Espagne et la Turquie ne pourraient conclure d'emprunt qu'à un taux plus élevé, et qui, pour ces deux dernières puissances, n'a jamais été depuis de longues années au-dessous de 10 à 15 %.

Instruction publique. — Les pays d'Europe où l'instruction élémentaire est le plus répandue sont l'Allemagne, les États scandinaves et les Pays-Bas ; moins avancée en Angleterre, en France, en Belgique, en Suisse, en Autriche, peu développée dans la région du midi, elle est presque nulle en Turquie et en Russie. En dehors de l'Europe, les Etats-Unis et les colonies anglaises de l'Amérique du Nord et de l'Australie, sont à peu près les seuls pays où l'instruction primaire soit organisée d'une manière sérieuse.

En résumé, cinq puissances marchent aujourd'hui à la tête des nations civilisées: les *Etats-Unis* qui par leur admirable situation, le progrès continu de leur population, leur activité agricole, industrielle et commerciale, leur esprit d'initiative dominent le Nouveau-Monde ; l'*Angleterre* avec ses finances florissantes, ses colonies, sa marine et son commerce sans rivaux, son industrie dont le monde entier est tributaire ; la *Russie* avec son immense territoire, sa population ignorante, mais forte par la simplicité des mœurs et l'énergie des sentiments, et gouvernée par un pouvoir absolu qu'entoure un respect religieux ; l'*Allemagne* avec sa puissante organisation militaire, et l'étrange combinaison qu'elle a su faire de la science et de la force brutale.

La *France* a pour elle sa position, la fertilité de son sol, les ressources infinies dont elle a fait preuve même après les désastres les plus accablants ; c'est elle qui a créé la civilisation moderne, comme la Grèce a donné naissance à la civilisation antique ; s'affaissera-t-elle comme la Grèce dans les discussions stériles et dans les luttes des partis ?

CHAPITRE III (N° 32)

RÔLE DE LA FRANCE DANS LE COMMERCE DU MONDE. — CONCLUSION.

Nous avons indiqué la part de la France dans le commerce général du monde, et cette part est considérable, puisqu'elle place notre pays immédiatement après l'Angleterre et au-dessus des États-Unis ; cependant la France est encore loin du développement commercial qu'elle doit espérer et que la nature lui assigne.

Située au cœur de l'Europe occidentale, c'est-à-dire du monde civilisé, maîtresse, par sa situation géographique, des routes de la Méditerranée, de l'océan Atlantique, de la Manche et de la mer du Nord, elle peut défier en Europe toutes les concurrences, même celle de l'Angleterre.

Marseille attire le commerce de l'Europe méridionale, celui de la Russie, de la Turquie d'Asie et de la Perse, par la mer Noire : celui du Levant, de l'Égypte, des côtes barbaresques, par la Méditerranée ; celui de l'extrême Orient et de l'Océanie, par l'isthme de Suez.

Bordeaux est le débouché naturel de la côte occidentale d'Afrique et de l'Amérique du Sud ; Nantes et Saint-Nazaire, celui de l'Amérique centrale, des Antilles, de l'océan Pacifique, par l'isthme de Panama. Le Havre, dispute à l'Angleterre le commerce des États-Unis et celui de l'Europe du Nord : à Nantes, celui de l'Amérique centrale ; à Bordeaux, celui de l'Amérique du Sud et de l'Afrique.

Sans parler de nos relations avec l'Europe, l'Amérique tout entière, avec ses populations anglo-saxonnes, si riches et si actives, avec ses populations espagnoles, passionnées pour les recherches du luxe européen, est déjà ouverte aux produits de notre sol et de nos manufactures, à nos vins, à nos draps, à nos soieries, et la création de nos lignes transatlantiques, en multipliant les relations, doit nous y fournir de nouveaux débouchés.

En Afrique, l'Algérie, le Sénégal, la Réunion pourraient nous ouvrir les plus riches marchés africains, le Soudan, Madagascar, etc., et nos relations avec l'Égypte s'étendraient facilement jusqu'à l'Abyssinie : nos cotonnades, nos lainages, notre quincaillerie, nos armes, nos ouvrages en cuir, nos vins y trouveraient un débouché assuré ; et le coton, l'ivoire, les gommes, les aromates, la poudre d'or, les graines oléagineuses fourniraient à nos caravanes et à nos navires un précieux fret de retour ; mais notre commerce semble hésiter devant la barbarie ou le fanatisme des populations, l'incertitude des routes commerciales, l'ignorance des mœurs et des usages, qui n'arrêtent pas les voyageurs et les commerçants anglais.

En Asie, nous avons déjà signalé les avantages que pourrait nous offrir le marché de la Perse, ce pays où le goût du luxe est si répandu, et où le nom français rencontre tant de sympathies.

Aux Indes, si nous allions chercher nous-mêmes le coton, le café, les épices, la soie, l'indigo que nous tirons en partie des entrepôts anglais, nous répandrions facilement dans les classes supérieures le goût de nos marchandises de luxe, qu'elles ne reçoivent que par l'intermédiaire de l'Angleterre ; enfin, en Chine et au Japon, où les négociants n'ont plus aujourd'hui de dangers à redouter, pourvu qu'ils respectent les usages et les préjugés nationaux, nos draps, nos cotonnades, nos articles de

Paris, nos armes, nos vins, nos livres même s'échangeraient sans peine contre la soie et le thé, ces deux riches produits que nous demandons aujourd'hui à l'Angleterre, en lui laissant le monopole d'un commerce que les traités nous permettent de lui disputer à armes égales.

En Océanie, où notre pavillon paraît encore si rarement, l'Australie et la Nouvelle-Zélande accueilleraient avec empressement, en échange de leurs métaux précieux et de leurs laines, nos marchandises de luxe, nos vins, nos sucres, et les traités avec la Hollande nous ouvrent le marché de Java.

Mais pour atteindre les destinées que nous avons le droit d'ambitionner, il faut savoir profiter des leçons que nous donnent nos rivaux ; il faut étudier, jusque dans les détails les plus minutieux, les mœurs, les goûts, les besoins des peuples à qui nous offrons nos marchandises.

Il faut connaître la législation, les usages commerciaux, la langue des affaires : dans l'Amérique du Nord, l'anglais ; dans l'Amérique centrale et les Antilles, l'anglais et l'espagnol ; dans l'Amérique du Sud, l'espagnol et le portugais ; sur la côte septentrionale et orientale d'Afrique, dans le Soudan, au Sénégal, l'arabe et le berbère ; sur la côte occidentale et dans l'Afrique australe, le portugais et l'anglais ; aux Indes, l'anglais et l'hindoustani ; en Chine, l'anglais et le portugais ; en Océanie, le hollandais, le malais et l'anglais.

Il faut surtout accepter franchement les conséquences de la liberté, et ne pas demander à l'État ce qui n'appartient qu'à l'initiative privée.

Les gouvernements français qui se sont succédé depuis quarante ans ont largement accompli leur tâche ; les traités nous ouvrent tous les marchés du monde : nos lignes de paquebots sillonnent toutes les mers ; nos stations et nos consuls assurent ou devraient assurer partout à nos négociants sécurité et protection : c'est au commerce à faire le reste, et à poursuivre la route que l'État lui a frayée.

TABLE DES MATIÈRES

Les chiffres arabes correspondent aux numéros du programme.

LIVRE PREMIER.

EUROPE, CONTRÉES LIMITROPHES DE LA FRANCE ET LEURS DÉPENDANCES.

Introduction.. 1
CHAPITRE I (n° 1). Royaume-Uni de Grande-Bretagne et d'Irlande.
  Situation et production... 2
CHAPITRE II (n° 2). Royaume-Uni de Grande-Bretagne, etc. Communications extérieures. Ports principaux. Commerce........ 12
CHAPITRE III (n° 3). Royaume-Uni de Grande-Bretagne, etc. Institutions commerciales. Traités de commerce. Poids et mesures.
  Empire colonial.. 24
CHAPITRE IV (n° 4). Royaume de Belgique........................ 31
CHAPITRE V (n° 5). Royaume des Pays-Bas........................ 42
CHAPITRE VI (n° 6). Empire d'Allemagne (Zollverein)............ 50
CHAPITRE VII (n° 7). Empire d'Autriche-Hongrie 70
CHAPITRE VIII (n° 8). Suisse.................................... 80
CHAPITRE IX (n° 9). Royaume d'Italie............................ 85
CHAPITRE X (n° 10). Royaume d'Espagne........................... 97
  Royaume de Portugal... 107

LIVRE SECOND.

EUROPE, CONTRÉES NON LIMITROPHES DE LA FRANCE.

CHAPITRE I (n° 11). Etats scandinaves. Royaumes de Suède et de
  Norvége.. 111
  Royaume de Danemark... 116
CHAPITRE II (n° 12). Empire de Russie........................... 120
  Possessions asiatiques de la Russie............................ 130
CHAPITRE III (n° 13). Empire de Turquie (Possessions d'Europe et
  d'Asie)... 137
  Etats vassaux de la Turquie. Monténégro et Serbie.............. 149
  Principautés Roumaines.. 150
  Royaume de Grèce.. 152

LIVRE TROISIÈME.

AFRIQUE.

CHAPITRE I (n° 14). Routes de l'Afrique septentrionale par la Méditerranée. Egypte. L'isthme et le canal de Suez.......... 155
  Abyssinie. 160
CHAPITRE II (n° 15). Routes de l'Afrique septentrionale par la Méditerranée. (Suite). Etats barbaresques. Tripoli............ 161
  Tunisie... 161
  Maroc... 163
  Afrique intérieure. Routes de caravanes, Sahara et Soudan.... 166

CHAPITRE III (n° 16). Côte occidentale d'Afrique. Historique du
  commerce de cette région.............................. 167
  Açores. Madère. Canaries. Iles du Cap-Vert............. 168
  Sénégambie.. 169
  Guinée septentrionale................................. 170
  Guinée méridionale. (Congo.).......................... 172
CHAPITRE IV (n° 17). Routes de l'Afrique australe et orientale.
  Sainte-Hélène et l'Ascension.......................... 173
  Afrique australe. Possessions anglaises. Le Cap et Natal....... 173
  Transwaal et République de l'Orange. Afrique intérieure...... 175
  Mozambique.. 176
  Zanguebar... 177
  Iles de l'océan Indien. Maurice. Les Seychelles, etc. 178
  Madagascar.. 179

LIVRE QUATRIÈME.

ASIE.

CHAPITRE I (n° 18). Routes de l'Asie méridionale et orientale par
  l'isthme de Suez. Arabie.............................. 181
  Perse... 183
  Turkestan... 186
Afghanistan et Béloutchistan............................ 188
CHAPITRE II (n° 19). Indes anglaises. Empire birman........... 189
CHAPITRE III (n° 20). Indo-Chine. Cambodge. Siam. Empire d'An-
  nam.. 198
  Empire chinois.. 201
CHAPITRE IV (n° 21). Empire du Japon...................... 209

LIVRE CINQUIÈME.

OCÉANIE.

CHAPITRE I (n° 22). Routes commerciales..................... 212
CHAPITRE II (n° 22). Colonies hollandaises.................. 213
  Colonies espagnoles................................... 217
CHAPITRE III (n° 22). Colonies anglaises. Australie. Nouvelle-Zé-
  lande... 218
  Iles Sandwich ou Haouaï............................... 222

LIVRE SIXIÈME.

AMÉRIQUE.

CHAPITRE I (n° 23). Routes de la côte occidentale d'Amérique par
  le Cap Horn et par l'isthme de Panama. La Colombie bri-
  tannique et Vancouver................................. 223
  Californie.. 224
  Mexique. Amérique centrale. Panama................... 226
  Equateur.. 226
  République du Pérou................................... 227
  Bolivie... 230
  Chili... 231
  Les Passages du Sud. Le Cap Horn...................... 233
CHAPITRE II (n° 24). Routes de l'Amérique méridionale (côte

orientale), par l'océan Atlantique. Confédération argentine (la Plata)........ 234
Uruguay 236
Paraguay........ 237
Empire du Brésil........ 238
CHAPITRE III (n°s 25 et 26). Routes de l'Amérique centrale et de l'isthme de Panama. Indes occidentales. Les Antilles........ 241
Antilles espagnoles........ 242
Antilles anglaises........ 245
Antilles hollandaises, danoises et suédoises........ 246
Haïti........ 247
Guyanes 248
Vénézuéla et Etats-Unis de Colombie........ 249
L'isthme de Panama........ 252
Amérique centrale........ 252
Mexique 254
CHAPITRE IV (n°s 27 et 28). Routes de l'Amérique du Nord par l'océan Atlantique. Etats-Unis de l'Amérique du Nord........ 257
Nouvelle-Bretagne (n° 29)........ 269

LIVRE SEPTIÈME.

RÉSUMÉ.

CHAPITRE I (n° 30). Les grandes routes du commerce........ 274
Chemins de fer européens........ 275
Routes maritimes. Les courants et les vents........ 277
La navigation à vapeur et la navigation à voiles. Tableau des grands services maritimes........ 278
CHAPITRE II (n° 31). Tableau comparatif de la force productive des principaux Etats........ 298
Tableau des lieux de provenance des principales denrées ou matières premières importées en Europe........ 300
Tableau des lieux de destination des principaux produits manufacturés, etc., exportés d'Europe........ 303
Comparaison des forces productives des Etats........ 306
CHAPITRE III (n° 32). Rôle commercial de la France. Conclusion. 316

FIN DE LA TABLE DES MATIÈRES.

TABLE DES CARTES

1. Iles Britanniques.. 11
2. Belgique et Hollande... 35
3. Europe centrale et septentrionale........................... 56
4. Suisse.. 81
5. Italie, Turquie et Grèce... 89
6. Espagne et Portugal.. 98
7. Europe physique et Russie................................... 127
8. Delta et canal de Suez... 156
9. Afrique et Algérie... 164
10. Madagascar.. 180
11. Cochinchine française... 199
12. Asie et Turquie d'Asie.. 204
13. Océanie... 215
14. Amérique du Sud... 229
15. Les grandes Antilles... 243
16. Les petites Antilles.. 245
17. Amérique du Nord. Etats-Unis et Amérique centrale....... 259

SAINT-CLOUD. — IMPRIMERIE DE Mme Ve EUG. BELIN.

COURS D'ENSEIGNEMENT SECONDAIRE SPÉCIAL
RÉDIGÉ CONFORMÉMENT AU PROGRAMME OFFICIEL

HISTOIRE ET GÉOGRAPHIE.
ANNÉE PRÉPARATOIRE.

Petite Histoire de France, divisée en 22 leçons. Chaque leçon est précédée d'un *résumé* historique et suivie d'un *questionnaire;* par M. H. Pigeonneau, professeur d'histoire au lycée Louis-le-Grand, membre de la Société de géographie. Douzième édition. 1 vol. in-18, cart. **80 c.**
Ouvrage en usage dans les écoles de la ville de Paris.

Histoire de France (Simples récits). Chaque *récit* est précédé d'un *résumé* historique ; par le même. Nouvelle édition. 1 vol. in-12, cart. **1 fr. 80 c.**

Géographie de la France. — Etude du département, etc.; par le même. Nouvelle édition. 1 vol. in-12, cart. **? c.**

Atlas d'histoire et de géographie; par MM. Drioux et Ch. Leroy, contenant 12 cartes coloriées, petit in-4°, cart. **2 fr.**

PREMIÈRE ANNÉE.

Les grandes époques de l'histoire ancienne, grecque, romaine et de l'histoire générale du moyen âge jusqu'en 1453 ; par M. Pigeonneau. Nouvelle édition, augmentée de *résumés.* 1 vol. in-12, cart. **2 fr.**

Géographie des cinq parties du monde. — Etude détaillée de l'Europe. Nouvelle édition, par le même. 1 vol. in-12, cart. **1 fr.**

Atlas d'histoire et de géographie ; par MM. Drioux et Ch. Leroy, contenant 24 cartes coloriées, petit in-4°, cart. **3 fr.**

DEUXIÈME ANNÉE.

Histoire de France depuis l'origine jusqu'à la Révolution française et grands faits de l'histoire moderne de 1453 à 1789, par M. Simonet, professeur d'histoire à l'École supérieure de commerce, membre de la Société philotechnique. Nouvelle édition. 1 vol. in-12, cart. **2 fr. 50 c.**

Géographie commerciale, agricole, industrielle et administrative de la France et de ses colonies, nouvelle édition; par M. H. Pigeonneau.
— **Cours complet.** 1 vol. in-12, cart. **1 fr. 60 c.**
— **Cours abrégé.** 1 vol. in-12, cart. **90 c.**

Atlas d'histoire et de géographie, par MM. Drioux et Ch. Leroy, contenant 24 cartes coloriées. Petit in-4°, cart. **3 fr.**

TROISIÈME ANNÉE.

Histoire moderne et contemporaine de la France, et histoire générale depuis 1789 jusqu'à nos jours, rédigée conformément au programme officiel (troisième et quatrième années); par M. Pigeonneau. 1 vol. in-12, cart. **» »**

Géographie commerciale des cinq parties du monde : *La France considérée dans ses rapports avec l'étranger;* par le même. Nouvelle édition.
— **Cours complet.** 1 vol. in-12, cart. (*Épuisé.*) **3 fr.**
— **Cours abrégé.** 1 vol. in-12, cart. **1 fr. 80 c.**
Le Cours de géographie commerciale de M. Pigeonneau est approuvé par le Conseil supérieur de perfectionnement de l'enseignement secondaire spécial.

Atlas d'histoire et de géographie; par MM. Drioux et Ch. Leroy. **» »**

Atlas universel et classique (A) de géographie ancienne, romaine, du moyen âge, moderne et contemporaine; par MM. Drioux et Leroy. Nouvelle édition de quatre-vingt-huit cartes et cartons avec les délimitations fixées par les derniers traités, contenant une carte nouvelle des États-Unis, du Mexique, de l'Asie orientale, et plusieurs planches gravées à nouveau. 1 vol. grand in-4° double. Demi-reliure en basane. **12 fr. 50 c.**
Approuvé par le Conseil supérieur de perfectionnement de l'enseignement secondaire spécial et suivi à l'École normale spéciale de Cluny.

www.ingramcontent.com/pod-product-compliance
Lightning Source LLC
LaVergne TN
LVHW010753060726

842527LV00002B/462